뉴 펑셔널 트레이닝
포 스포츠

뉴 펑셔널 트레이닝 포 스포츠

New Functional Training for Sports

■ 제2판 ■

마이클 보일 지음

성진민, 이제승, 이준영, 조욱래, 차민기, 홍지헌 옮김

대성의학사

NEW FUNCTIONAL TRAINING FOR SPORTS, SECOND EDITION

역자 서문

마이클 보일은 현대 스트렝스 & 컨디셔닝 계의 간달프와 같은 현자입니다. 그는 새로운 교육이 있을 때 언제나 맨 앞자리에서 경청하는 모습으로 유명하며, 그의 판단과 생각은 신중하면서도 사려가 깊고, 실용적이면서도 체계적 면모를 드러냅니다.

풍부한 경험과 훌륭한 결과들이 넘쳐남에도 불구하고 자신의 철학만을 고수하지 않고 가설과 검증을 게을리하지 않으며, 능동적으로 변화를 수용합니다.

이 책은 마이클 보일의 트레이닝 철학을 집약한 것으로, 기능해부학과 자신의 실험에 근거한 과학적이고 체계적인 트레이닝 방법론을 소개하고 있습니다.

비단 선수를 지도하는 선수 트레이너뿐만 아니라 일반인을 지도하는 트레이너 및 환자를 재활하는 의료인들도 그의 조언을 참고해볼 것을 권합니다.

차 례

비디오 차례

폼 롤링, 스트레칭, 다이나믹 웜업

하체 트레이닝

코어 트레이닝

하체 트레이닝

Cat-Cow

Single-Arm Double-Leg Rotational Throw

Sports Flex High-Low

Sports Flex T

Standing External Rotation

플라이오메트릭 트레이닝

Total Gym Jump Trainer

Box Jump

Single-Leg Box Hop

Single-Leg Lateral Box Hop

Lateral Bound and Stick

Hurdle Jump and Stick

Single-Leg Hurdle Hop and Stick

Single-Leg Lateral Hurdle Hop and Stick

45-Degree Bound and Stick

45-Degree Lateral Bound

Power Skip

올림픽 리프팅

Hang Clean

Close-Grip Snatch

Single-Arm Dumbbell Snatch

Single-Leg Clean or Single- Leg Snatch

온라인 영상 접속 방법

이 책에는 책에서 소개하는 많은 운동들을 보여주는 71개의 동영상이 포함되어 있다. 책 전반에 재생 단추 아이콘 ▶ 이 표시된 운동은 온라인 비디오 클립에 의해 더 잘 이해될 수 있을 것이다.

아래의 단계를 수행하여 비디오 클립에 접속하라. 언제든 도움이 필요한 경우 화면 오른쪽에 있는 고객 서비스 기술 지원 링크를 클릭하여 문의할 수 있다.

1. www.HumanKinetics.com/NewFunctionalTrainingforSports를 접속한다.
2. 책 표지 옆의 View online video를 클릭한다.
3. 그림 1의 화면으로 이동한다. 페이지 왼쪽 또는 위에 있는 로그인 링크를 클릭하라. 만약 Human Kinetics 계정이 없다면, 계정을 만들라는 메시지가 나타날 것이다.

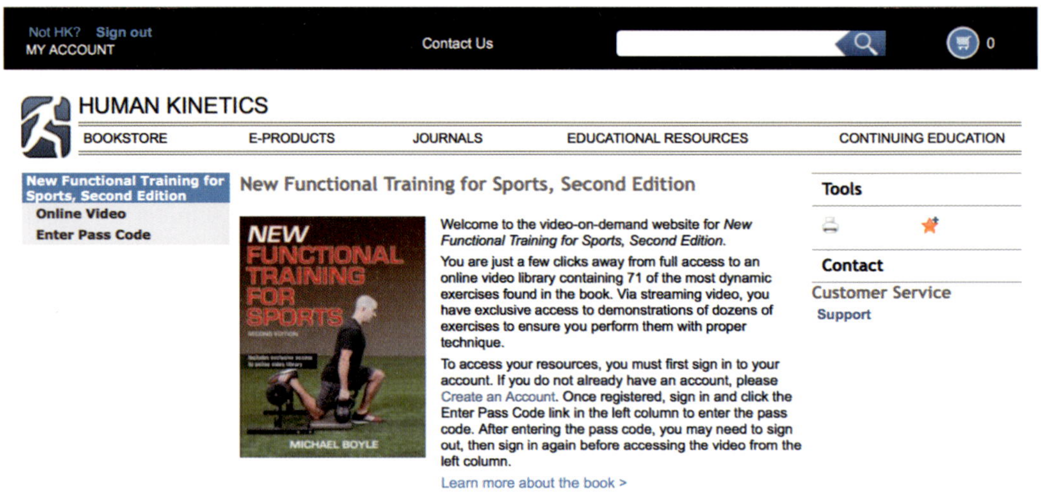

그림 1

4. 페이지 왼쪽의 목록에 온라인 비디오가 나타나지 않으면 해당 목록에서 패스 코드 입력을 클릭한다. 모든 하이픈을 포함하여 여기에 인쇄된 **패스 코드를 입력**하라. Submit(제출) 버튼을 클릭하여 온라인 비디오의 잠금을 해제한다. 이 패스 코드를 처음 입력한 후에는 다시 입력할 필요가 없다. 나중에 다시 방문하려면 책의 웹사이트에 로그인하고 왼쪽 메뉴에 나타나는 링크를 따라가기만 하면 된다.

Pass code for online video: BOYLE-9NXR-OV

5. 사이트에 로그인하고 패스 코드를 입력한 후 화면 왼쪽의 목록에서 온라인 비디오를 선택한다. 그러면 그림 2에 표시된 것처럼 비디오에 대한 정보가 포함된 온라인 비디오 페이지가 표시된다. 페이지 하단의 파란색 링크를 클릭하면 각 주제에 대한 비디오로 바로 이동할 수 있다.

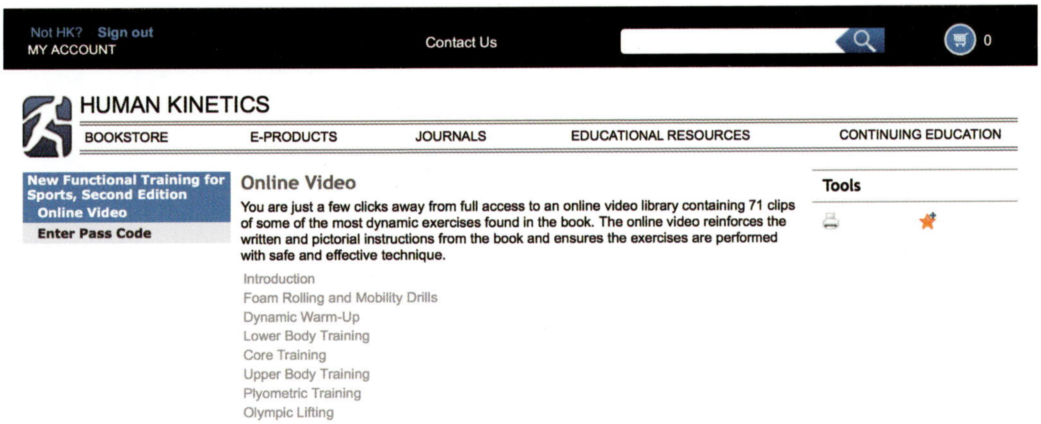

그림 2

6. 이제 이전 화면에서 선택한 항목뿐만 아니라 이 책과 함께 제공되는 다른 항목의 비디오를 볼 수 있다. 페이지 상단에는 비디오가 포함된 텍스트의 항목에 해당하는 버튼들이 표시된다.

- 폼 롤링과 모빌리티 드릴들
- 다이나믹 웜업
- 하체 훈련
- 코어 훈련
- 상체 훈련
- 플라이오메트릭 훈련
- 올림픽 리프팅

7. 항목을 클릭하면 플레이어가 나타난다. 플레이어에서 해당 항목의 클립은 오른쪽을 따라 수직으로 표시된다. 보고 싶은 비디오를 선택하고 주 플레이어 창에서 본다. 기본 플레이어 창의 아래쪽에 있는 버튼을 사용하여 비디오 전체 화면을 보고, 캡션을 설정/해제하며 클립을 일시 중지, 빨리 감기 또는 뒤로 감기를 할 수 있다.

서문

마이클이 나에게 이 책의 서문을 써달라고 했을 때, '자격이 있을까?'라는 말이 내 머릿속에 크게 울렸다. 나는 스트렝스 & 컨디셔닝 분야 선구자들의 업적을 잘 알진 못한다. 나는 많은 피지컬 트레이닝 간행물들을 대충 훑어보기만 하는 사람이기 때문이다.

하지만 조금 더 깊이 생각해보면, 아마 나는 스스로를 과소평가했던 것 같다. 아마도 스트렝스 & 컨디셔닝 분야의 신예는 마이클 보일의 기능적 훈련 프로그램의 전문성과 통찰력을 평가하는 데 적격일 것이다. 결국, 그의 지도 아래 훈련한 선수보다 마이클의 방대한 지식과 방법을 더 잘 검증할 수 있는 사람이 있겠는가?

나는 2000년 초에 프로야구 세계에 입문했다. 당시 포지션 플레이어는 다른 종목처럼 근력 훈련을 했고, 투수는 그런 훈련을 하지 않았다. 스트렝스를 얻기 위해 훈련하는 포지션 플레이어들은 보디빌더의 근육을 얻기 위해 노력했다. 투수는 폴pole을 향해 달리는 훈련을 했다. 지난 10년간 우리는 훈련의 패러다임이 기능적 훈련에 접근하는 방식으로 변화하는 것을 지켜보았다. 투수는 진짜 운동선수처럼 고려되고, 선수들은 선수 특성에 맞는 훈련을 하게 되었다.

마이클 보일은 스트렝스와 컨디셔닝에 치료, 유연성, 안정성, 스트렝스, 그리고 파워의 요소들을 통합한 그만의 역동적인 접근으로 유명한 트렌드세터였다. 나는 2014년 겨울에 마이클 보일 스트렝스 & 컨디셔닝 센터에서 훈련을 받았기에 이러한 점을 잘 알고 있다.

마이클과 나는 2012년 내가 보스턴 레드삭스로 트레이드되었을 때 만났다. 그는 우리 팀의 스트렝스 & 컨디셔닝 컨설턴트를 맡고 있었다. 그와 짧은 몇 번의 대화 후 나는 감동을 받았다. 그 뒤 마이클의 『어드밴시스 인 펑셔널 트레이닝』을 읽고 더욱더 감명을 받았다. 그의 접근 방식에 공감을 하였다. 이 책의 서문에, 마이클은 한 친구에게 선수를 적절하게 훈련시킨다는 것은 '무언가를 밀고, 무언가를 당기고 그리고 다리를 훈련시킨다'라는 간결한 철학을 언급하였다. 그가 말한 단순성은 내 심금을 울렸다. 기능적 훈련 프로그램을 위해서, 나는 그의 말을 약간만 수정하여 "어떤 것을 들어 올리고, 벽에 뭔가를 던지고, 어떤 것을 점프해 뛰어넘어라"고 말하곤 한다.

몇 년간 나는 마이클과 투구역학과 부상 예방, 그리고 속도를 만들어내는 것에 대해 사려 깊은 대화를 나누었다. 나는 마이클이 교육하는 것과 공부하는 것을 지켜봤다. 사실 그의 진정한 면모는 마이클이 교사라는 것이다. 그리고 이 점은 매우 훌륭한 것이다.

하지만 이 산업에서 마이클이 차별화되는 것은 그의 훈련 처방의 기초가 되는 생리학과 인체역학을 명확히 전달하는 능력과 각 선수에 맞는 특정한 필요와 목표에 맞는 프로그램을 맞춤 처방할 수 있는 그의 능력이다. 마이클은 모든 주요 프로 스포츠에서 수천 명의 운동선수들을 지도해왔기에, 그가 추천하고 가르치는 것은 증명되지 않은 가설과 추측이 아니라 확인되고 장기간 테스트를 거친 결과들이 바탕이 되었다.

『뉴 펑셔널 트레이닝 포 스포츠New Functional Training for Sports』에서 마이클은 수천 명의 클라이언트를 데이터 포인트로 사용하여 수십 년간의 연구와 경험을 통해 그가 다듬어온 운동선수의 퍼포먼스와 프로토콜에 대한 지식을 공유한다. 당신은 이 책의 페이지를 넘길 때마다 거기에 실린 새로운 사실이나 운동 테크닉에 푹 빠진 자신을 발견하게 될 것이다. 마이클은 우리를 교육하기 위해 자신의 시간을 할애하여, 우리에게 최고의 최신 훈련 기술을 제공하였다. 그가 제공한 이 정보는 주말에만 체육관에 가는 사람들과 노련한 스트렝스 & 컨디셔닝 코치 모두에게 이익이 되는 귀중한 자원이다. 내가 그랬던 것처럼 이 책을 찾은 당신도 빛을 발하길 바란다.

크레이그 브레슬로우
보스턴 레드삭스

머리말

2002년 휴먼키네틱스Human Kinetics 출판사의 편집장이 나에게 선수들의 기능적 훈련에 관한 책을 쓰자고 제안하였다. 이것은 어려운 일이었다. 왜냐하면 당시 나는 어떤 기능적 훈련이 있는지조차 몰랐기 때문이다. 그래서 나는 선수 고객들에게 내가 현재 하고 있는 일을 간단히 써도 되는지 물었다. 편집자는 그렇다고 말했는데, 휴먼키네틱스는 우리가 훈련한 방식이 이 새로운 개념인 기능적 훈련의 가장 좋은 본보기가 된다고 믿었다. 내 생각에 우리가 훈련한 방식은 단순히 상식적인 내용이었고 그 당시까지 내가 생각하기에 최고의 관행이었던 것에 기초했다. 그때 나는 그 책과 그 안에 제시된 개념과 프로토콜이 내가 종사하고 있는 이 분야에 그렇게 큰 영향을 미칠지 전혀 몰랐다.

또한 『뉴 펑셔널 트레이닝 포 스포츠』를 개선하기 위해, 여러분은 책에 수록된 많은 연습 비디오를 볼 수 있을 것이다. 온라인 비디오는 운동들에 대한 책의 내용 및 그림 지침을 강화한다. 5장부터 10장까지는 특정 운동 옆에 비디오 기호가 있는 것을 볼 수 있을 것이다. 이것은 어떤 운동들이 온라인 비디오에 포함되어 있는지를 나타낸다.

『뉴 펑셔널 트레이닝 포 스포츠』의 초판을 쓴 이후 많은 것이 바뀌었다. 스트렝스와 컨디셔닝, 퍼스널 트레이닝 및 물리치료법이 발전했고 또 이들 중 일부는 퍼포먼스 개발 또는 퍼포먼스 향상으로 분류되던 것들과 병합되었다. 기능적 훈련은 이제 전 세계를 훈련시키는 필수적인 방법으로 널리 받아들여지고 있다. 큰 체육관들은 기능적 훈련이 필요한 고객을 두고 경쟁한다. 매일 전 세계 헬스클럽에서 기존의 머신들이 플라이오메트릭 장비, 썰매, 케틀벨 등을 위한 공간을 확보하기 위해 밖으로 내쳐지고 있다. 보스턴 근처에 있는 나의 마이크 보일 스트렝스 & 컨디셔닝 시설과 같은 체육관은 최적의 퍼포먼스를 펼칠 수 있고 부상이 없도록 운동할 수 있는 장소뿐만 아니라 효과적이고 구체적으로 훈련하는 방법에 대한 지침을 제공함으로써 회원들을 위해 경쟁자들과 경쟁한다.

기능적 훈련 혁명의 최전선에 있다는 것은 전문가로서 만족감을 주는 것이었지만, 이것은 결코 내가 바라던 바가 아니었다. 나는 결코 다른 사람들과 내가 다르다고 하거나 뛰어나다고 뽐내려는 의도가 없다. 나의 유일한 목표는 선수들과 고객들에게 더 나은 서비스를 제공하는 것이었다. 내가 하고 싶었던 것은 선수들이 뛰어나게 하면서 동시에 건강을 유지하기 위해 내가 할 수 있는 최고의 프로그램을 제공하는 것이었다.

또 다른 세기가 바뀔 무렵, 나는 스트렝스와 컨디셔닝 사회에서 받아들여지는 파우스트적인 계약과 같은 인식에 환멸을 느끼게 되었다. 그렇다. 우리는 운동선수들을 더 강하게 만들고, 어쩌면 더 좋게 만들었다. 하지만 어떤 대가를 치렀는가? 내 가까운 동료인 그레이 쿡이 말한 것처럼 우리는 비기능dysfunction적인 것 위에 스트렝스를 올리는 것을 잘하게 되지 않았을까?

그래서 이 책의 새 판을 고려했을 때, 나의 의도는 단순히 기능적 훈련의 사례를 더하고, 사용하는 운동과 장비들을 업데이트하는 것이었다. 그저 예전 책을 현재에 맞게 약간 변형하려고 했던 것이다. 하지만 2004년 출판물을 검토해보니, 내가 바라던 것만큼 시대를 초월한 내용을 담고 있지 않았다는 것이 확연히 드러났다. 따라서 일부 내용을 추가하고 삭제해야 했다. 이전 책에서는 현재 진행중인 프로그램의 가장 중요한 조각들이 언급도 되고 있지 않았기 때문에, 훨씬 더 광범위한 개정이 필요했다. 이러한 노력으로 인해 개정판이라기보단 사실상 새로운 책이 되었다!

『뉴 펑셔널 트레이닝 포 스포츠』는 오늘의 모범 사례를 반영하기 위해 이전 판본에 포함된 모든 정보를 업데이트하였다. 또한 2004년에 언급되지 않은 주제인 폼 롤링 및 모빌리티 등의 영역을 커버하기 위해 새 섹션이 추가되었다. 또한 대부분의 챕터들은 과학의 발달, 철학적인 변화, 그리고 지난 10년 동안 얻은 추가적인 경험을 반영하기 위해 완전히 다시 썼다.

이는 마치 한 챕터를 업데이트하려고 할 때마다 아예 다시 써야 한다는 사실을 알게 된 것 같았다. 코어 트레이닝 챕터(이 책에서 가장 긴 부분 중 하나인)에서는 코어 훈련을 바라보는 관점의 수많은 변화와 발전된 사항들을 반영하기 위해 완전히 새로 써야 했다. 스쿼트와 데드리프트 사이의 경계가 흐릿해지면서 하체 훈련에 대한 챕터들에도 완전히 재작업이 필요했다. 2004년에는 헥스 바와 케틀벨은 고려 대상이 아니었지만, 이 도구들은 이제 우리의 하체 훈련 철학의 중요한 부분이다. 사실 예전보다 훨씬 더 많이 바뀌었고, 이 책을 읽으면서 업데이트된 내용을 즐기는 동안 이전 책과 유사한 내용도 찾을 수 있을 것이다. 개선된 디자인과 색상으로 강화된 텍스트와 그림에도 주목하길 바란다.

우리는 상체와 하체 운동을 베이스라인, 리그레션, 그리고 프로그레션으로 분류한다. 이 책 전반에 걸쳐, 운동들은 이 세 가지 유형 중 하나로 분류된다. 베이스라인 운동은 평균적인 운동선수의 일반적인 출발점이다. 여기서부터 선수는 진보하거나 퇴보한다. 프로그레션에는 쉬운 것에서 어려운 순서로 번호가 매겨져 있다. 리그레션에도 번호가 매겨지지만, 쉬운 것에서 더 쉬운 것으로 번호가 매겨진다. 따라서 프로그레션 3은 상당히 어려운 운동이며, 리그레션 3은 매우 단순한 운동이다.

나는 이 책의 저자로서의 역할을 매우 진지하게 생각한다. 이 책의 이전 버전이 출판된 이후 전 세계를 다니면서, 이런 교육 자원들이 일으킬 수 있는 긍정적인 영향에 대해 깊이 이해하게 되었으며, 이 책이 여러분을 교육하고 도울 수 있는 엄청난 기회라고 생각한다. 따라서 『뉴 펑셔널 트레이닝 포 스포츠』의 목표는 기능적 훈련의 모범 사례를 기반으로 하는 선수의 퍼포먼스 개발에 명확하고 정확하며, 최신 접근 방식을 제공하는 것이다. 그리고 다음 페이지에서부터 제공되는 많은 권고사항, 운동들, 프로토콜들이 전 세계 코치, 트레이너, 운동선수들이 각자의 역할을 잘 할 수 있게 해주길 바란다. 이보다 나를 더 기쁘게 해줄 수 있는 것은 없을 것이다.

CHAPTER 1

훈련 설계는 좀 더 기능적인 관점에서 이루어져야 한다

기능function이란 본질적으로 목적에 입각하고 있다고 봐야 한다. 기능이란 용어를 사용할 때 우리는 무언가 목적이 있다고 말하는 것이다. 따라서 스포츠를 위한 훈련에서 기능이란 용어를 사용할 때는 해당 스포츠를 위한 목적지향적 훈련을 이야기하는 것이다. 사실 기능적 훈련 또는 기능적 운동이란 스포츠의학의 세계에서 유래하였다. 흔히 보는 경우인데, 재활의 세계에서 온 생각들과 운동들이 물리치료실에서 선수 트레이닝룸의 웨이트실로 향한 것이다. 여기에 깔린 가장 기본적인 개념은 선수를 건강한 상태로 되돌리는 운동들이 또한 건강을 유지하고 증진시키는 데 있어 최고의 운동이라는 것이다.

기능적 훈련functional training이라는 개념이 스포츠 현장에 도입된 이후 이는 수많은 선수들과 코치들에 의해 잘못 이해되어 쓰이고 있다. 몇몇 기능적 훈련의 콘셉트를 표현하기 위해 특정 용어들이 사용된다(예를 들어 '스포츠 특성'은 각 스포츠 종목에 쓰이는 특정한 움직임들과 움직임 패턴들이 있다는 것을 의미). 그러나 스포츠 특성 훈련은 매트, 필드 또는 경기장에서 이루어지는 반면 우리는 선수들이 더 강해지고 특정 컨디셔닝conditioning을 향상시키기 것에 집중한다. 사실 기능적 훈련은 '스포츠 특성sport specific' 훈련이라는 용어보다는 '스포츠 일반sprots-general' 훈련이라고 표현하는 것이 더 정확할 것이다.

비록 우리는 이 책에서 스포츠 특성 적응 과정adaptation의 작은 디테일들에 대해서도 다루긴 하겠지만, 대부분의 스포츠들은 서로 차이점들보다는 유사한 특성들이 더 많다는 것을 아는 것이 중요하다. 스포츠 일반성의 관점에서 각각의 스포츠들은 서로 다르다기보다는 유사성이 많다고 본다. 스프린팅sprinting, 스트라이킹striking, 점핑jumping, 그리고 측면 움직임들moving laterally은 여러 스포츠들에서 적용되는 일반적인 기술들이다. 스포츠 일반론자들은 모든 스포츠의 스피드 훈련은 비슷하다고 믿는다. 선수를 빠르게 만드는 법은 미식축구 선수든 축구 선수든 상관없이 비슷하다. 골프 선수의 코어를 강하게 하는 훈련법이 하키나 테니스 선수의 코어를 훈련하는 법과 다른 점은 별로 없다. 사실 스포츠 각각의 스피드 훈련과 코어 훈련의 차이점을 찾기란 매우 어렵다.

기능적 훈련의 접근에 있어, 우리는 스포츠들의 공통점을 주목하고 그것을 강화한다. 내가 운영하고 있는 마이크 보일 스트렝스 & 컨디셔닝(MBCS)에선 유도와 아이스하키 올림픽 금메달리스트들에게 매우 유사한 프로그램을 사용해오고 있다. 당신이 만약 우리의 프로그램을 살펴본다면 어떤 종목의 선수이든 상관없이 유사한 프로그램을 사용하고 있다는 점에 놀랄 것이다.

기능적 훈련을 정의하기 위한 세 가지 질문

기능적 훈련의 개념을 보다 잘 이해하기 위해 아래의 질문에 대해 생각해보라.

1. 앉아서 하는 스포츠가 과연 얼마나 될까?

내가 알고 있는 범위 내에서, 앉아서 수행하는 스포츠는 매우 드물다. 고작해야 조정 경기rowing 정도일 것이다. 만약 앉아서 하는 스포츠가 거의 없다면 앉은 자세에서 근육을 훈련하는 것은 대부분의 스포츠에서 기능적 훈련이라고 하기 힘들다.

2. 외부 요소들에 의해 안정성이 제공되는 환경의 스포츠는 얼마나 될까?

내 대답은 "그런 스포츠는 전무하다"이다. 대부분의 스포츠는 필드나 경기장에서 이루어진다. 안정성은 선수 스스로가 발휘하는 것이지 외부적 요소가 제공하는 것이 아니다. 대부분의 머신 기반machine-based 훈련 시스템은 기능적이라고 부르지 않는다. 왜냐하면 선수에게 가해지는 부하는 선수 스스로가 아니라 머신에 의해 안정화되기 때문이다. 머신 기반 훈련 시스템을 지지하는 사람들은 머신 기반 훈련이 더 안전하다고 주장할 수도 있겠지만, 웨이트룸에서의 상대적인 안전성에 대해서는 얻고 잃는 게 있다.

비록 머신 기반 훈련의 이론에 따르면 훈련중에 일어나는 부상은 적을 수 있지만, 고유수용성 감각 정보(자세와 움직임에 대한 내부 감각 피드백) 입력의 부재와 안정화 능력의 부재로 인해 실제 경기중 부상을 일으킬 가능성이 매우 높아질 것이다.

3. 하나의 관절이 분리되어isolation 수행하는 스포츠 기술이 얼마나 될까?

역시 대답은 같다. 그런 스포츠 기술은 전혀 없다. 기능적 훈련은 가능한 많은 다관절 움직임에 집중하려 한다. 기능적 훈련 분야의 세계적인 명성을 가지고 있는 번 감베타Vern Gambetta와 게리 그레이Gary Gray는 "특정 근육이 단독으로 움직이는 단일 관절 움직임은 전혀 기능적이지 않다. 여러 근육 그룹들을 움직임 패턴들로 통합시키는 다관절 움직임이야말로 매우 기능적이라고 할 수 있다."(2002)

이 세 질문을 통해 기능적 훈련의 특성을 알 수 있을 것이다. 기능적 훈련은 발이 지면에 접촉하고(극소수의 예외를 제외하고), 머신의 도움을 받지 않는 운동들을 통해 이루어진다.

기능적 훈련에 대한 개념에 대해 사람들은 저항하면서 "우리는 계속 이런 방식을 해왔다"는 말을 한다. 그러나 리 코커렐Lee Cockrell이 그의 저서 『Creating Magic』에서 한 질문을 상기해보라. "만약 우리가 지금까지 계속 해왔던 것이 잘못된 것이라면 어떡할 것인가?"

기능적 훈련의 기전

기능적 훈련의 가장 기본적인 적용 분야는 선수가 종사하고 있는 스포츠를 준비시킨다는 것이다. 기능적 훈련은 어떤 스포츠를 위해 다른 스포츠 활동을 이용하지 않는다. 그런 훈련은 크로스 트레이닝이라고 부르지 기능적 훈련이 아니다. 대학에서 이루어지고 있는 많은 스트렝스 훈련 프로그램은 이 둘을 혼동하여 진행되고 있고, 그 결과 선수들은 자신들의 주종목보다 파워리프팅이나 역도 능력이 더 뛰어나게 되어버린다.

반면 기능적 훈련은 여러 코치들이 발달시킨 많은 콘셉트들을 활용한다. 이 코치들은 선수들의 스포츠 퍼포먼스를 향상시키고 부상 위험도를 낮추기 위해 스피드, 스트렝스, 그리고 파워를 훈련시킨다. 트랙 코치와 파워리프팅 전문가들로부터 나온 콘셉트를 받아들이는 것의 핵심은 선수들에게 현명하게 적용하라는 것이다. 아무리 좋은 콘셉트라도 모든 스포츠들에 맹목적으로 적용할 수는 없다. 특정 선수를 위한 최고의 실현 가능 시나리오를 만들기 위해, 훈련 프로그램은 스포츠의학, 물리치료학, 그리고 스포츠 퍼포먼스 분야와 같은 여러 분야에서 나온 콘셉트들과 지식들을 신중히 혼합하여야 한다.

기능적 훈련은 선수들이 자신의 몸을 다루는 법을 가르치는 데 이러한 의미에서 보면 20세기 초에 유행했던 캘리스테닉스calisthenics와 유사하다고 볼 수 있다. 처음에 코치는 체중을 저항으로 사용하고 선수에게 도움이 되는 포지션을 (찾고) 적용하고자 연구한다.

기능적 훈련은 의도적으로 균형과 고유수용성 감각(신체 인지 감각)을 훈련에 통합하는데 이는 편측성 운동unilateral exercise들을 사용하여 이루어진다. 감바타와 그레이(2002)는 "기능적 훈련 프로그램은 통제된 양의 불안정성을 이용하여 선수들이 자신의 안정성을 발휘하여 반응할 수 있도록 해야 한다"고 말했다. 불안정성을 이용하는 가장 단순하면서도 최고의 방법은 한 다리로 서서 운동을 수행하는 것이다. 기능적 훈련은 균형감에 필요한 근육들을 발달시키는 한 다리 움직임을 활용한다. 훈련에서의 한 다리 움직임은 스포츠 상황에서 사용되는 방식으로 작동한다. 단순히 두 발로 높은 부하 아래에서 힘을 만들어내는 법을 배우는 것은 대부분 선수의 경우 기능적이지 못하다nonfunctional.

기능적 훈련은 심플한 버전의 스쿼팅squatting, 포워드 밴딩forward bending, 런징lunging, 푸싱pushing, 그리고 풀링pulling 동작들과 연관되어 있다. 이러한 훈련의 목적은 운동 동작들의 연속체를 제공하는 것으로, 모든 움직임 면plane에서 자신의 체중을 다루는 법을 선수에게 가르치는 것이다.

최종 결론은 다음과 같다. 기능적 훈련 프로그램은 근육이 아닌 '움직임'을 훈련한다. 이는 특정 움직임에서의 스트렝스를 과도하게 발달시키는 것을 강조하는 것이 아니라, 푸싱과 풀링 스트렝스, 무릎 주도적 고관절 신전knee-dominatn hip extension(대퇴사두근과 둔근)과 고관절 주도적 고관절 신전hip dominant hip extension(햄스트링과 둔근) 사이의 균형에 무게를 둔다는 의미이다.

기능적 훈련의 과학

기능적 훈련에 대한 콘셉트를 진정으로 이해하기 위해서는 움직임을 설명하는 새로운 패러다임을 받아들이는 것이 필수이다. 이 새로운 패러다임은 물리치료사인 게리 그레이가 1990년대에 연 그의 역학 사슬 반응 코스에서 처음 소개되었다. 그는 근육의 굴곡, 신전, 내전, 그리고 외전과 같은 오래된 정의가 아니라 역학 사슬들의 수행과 기능적 해부학에 근거하여 근육 기능을 새롭게 정의하였다.

과거의 해부학은 한 근육인 한 단일 관절을 어떻게 움직이는지에 대해 설명하는 비기능적 해부학이었고 우리는 그러한 정보를 배웠다. 이는 기시-정지 해부학이라고도 불렸는데, 이는 테이블 위의 카데바(연구용 시신)나 골격 모형에서나 통용되는 움직임만을 설명한 것이었다. 기시-정지 해부학은 한 근육의 시작 부분(기시부)과 끝부분(정지부)을 외우는데 이는 분리된 단일 움직임을 설명하기 때문이다. 하지만 이러한 관점으로는 사람이 서 있거나 움직일 때 어떤 근육들이 작용하는지를 설명하기 힘들었다. 반면, 기능적 해부학은 근육들이 여러 관절들을 움직이게 하는 데 어떻게 작용하는지 그리고 움직임을 만들기 위해 근육들이 서로 어떻게 상호작용하는지를 설명한다.

그레이는 기능적 해부학의 관점에서 연이은 움직임이 일어나는 동안 인체의 하지에서 일어나는 활동들에 대해 기술하였다. 발이 지면에 닿을 때, 체간 아래의 모든 근육들은 한 가지 단순한 기능을 한다. 하체의 근육들(둔근, 대퇴사두근, 햄스트링) 모두 함께 발목, 무릎 그리고 고관절이 구부러지는 것을 멈추게 하려 한다. 이는 지면으로 고꾸라지는 것을 막으려는 것이다. 그레이는 이 근육들이 같은 기능, 혹은 활동을 한다고 하였다. 이 근육들은 모두 발목, 무릎, 그리고 고관절의 움직임을 감속시킨다. 이러한 내용은 전통적인 기시-정지 해부학에만 익숙한 사람에게는 쉽게 받아들여지기 힘들 것이다. 그러나 앞에서도 살펴보았듯이, 완벽히 논리적인 생각이다. 스프린팅의 착지 단계에서 대퇴사두근은 무릎을 신전시키는 역할을 하는가? 아니다. 발이 지면에 닿을 때 대퇴사두근은 실제로 무릎 굴곡을 막기 위해 원심성으로 수축한다. 햄스트링은 무릎 굴곡근인가? 햄스트링은 사실 무릎 굴곡과 고관절 굴곡 모두를 막는 두 가지 기능을 발휘하는 근육이다.

이런 점들을 처음부터 곰곰이 생각해보면, 대답은 더욱 명확해지고 상대적으로 받아들이기 더욱 쉬워질 것이다. 보행이나 달리기의 착지 단계에서, 하체의 모든 근육들은 어떤 활동을 일으키기 보단 막는 쪽으로 통합되어 활동한다. 하체의 모든 근육들은 발목과 무릎 그리고 고관절에서의 굴곡 활동을 원심성으로(근육 길이가 길어지는 활성으로) 그 속도를 감속시키고 줄인다.

일단 앞서 설명한 콘셉트를 이해하고 나면 다음 단계는 더욱 심플해질 것이다. 선수의 발이 바닥에 닿고 굴곡이 감속된 후, 하체의 모든 근육들은 다시 하나의 단위로 발목, 무릎, 그리고 고관절을 신전시키기 시작한다는 점을 이해해야만 한다. 사실 대퇴사두근은 단지 무릎을 신전시키는 것만이 아니라, 발목의 족저굴곡과 고관절 신전을 돕는 근육인 것이다.

기능해부학적 렌즈를 통해 볼 때, 모든 근육은 움직임을 멈추기 위해 첫 번째 순서에서 원심성으로 작용하고, 바로 1000분의 1초 뒤 움직임을 만들기 위해 구심성으로 작용한다. 만약 이러한 개념들이 이해되기 시작한다면, 당신은 기능해부학의 과학과 기능적 훈련의 개념을 이해하게 될 것이다.

선수가 레그 익스텐션과 같은 비기능적인 운동을 할 때, 그녀는 걷거나 달릴 때는 결코 사용하지 않는 근육 활동과 신경계 패턴을 사용한다. 이 선수는 정의상 '개방형 사슬' 근육 활동을 하고 있는 것이다. '개방형 사슬'이란 발이 지면(또는 안정적인 지지면)과 접촉하지 않음을 의미한다.

어떤 근육을 운동시키기 위해선, 사슬을 닫고 발이 바닥에 닿았을 때 해당 근육이 활동하는 방식으로 작동하게 해야 한다. 하체의 경우 '개방 사슬 활동'이나 '단일 관절 움직임은 비기능적이다'는 동의어로 간주된다.

기능적 훈련에 대한 논쟁 재검토

지난 20년 동안, 트레이닝계에서는 더욱 기능성을 강조하는 쪽으로 변화하려는 큰 움직임이 있었다. 코치들은 바벨 중심의 매우 양측적bilaterally인 훈련에서 일측성unilateral 운동에 더 중점을 두는 방향으로 바꾸고, 덤벨이나 케틀벨 훈련을 더욱 많이 통합하는 프로그램을 선택하기 시작했다. 게리 그레이의 연구는 이 변화의 촉매제가 되었다.

이러한 변화는 물리치료 전문가들에게서 비롯되었지만, 기능적 훈련의 개념은 스트렝스 & 컨디셔닝 코치들과 퍼스널트레이너에 의해 천천히 채택되었다. 스트렝스 훈련을 연속체적인 관점에서 바라볼 때, 한쪽 끝에는 그레이의 다양한 움직임면multiplane 접근 방식이 있고 다른 쪽 끝에는 웨스트사이드 바벨 파워리프팅 접근법이 있다고 생각하면 도움이 될 것이다.

기능적 훈련의 폭발적인 성장과 빠른 수용의 이유는 간단하다. 바로 코치들과 선수들에게 이치가 맞고, 훈련장, 코트, 트랙, 또는 필드에서의 경험을 통해 입증되기 때문이다.

기능적 훈련이 지금의 자리에 머물게 된 첫 신호는 과거에 인기 있었던 단일 관절 및 고립 스트렝스 훈련 기구를 만드는 거대 제조사들이 지면-기반 기구ground-based machines라고 부르는 것을 도입하기 시작했고 또한 기본적인 스쿼트랙과 웨이트 벤치들을 생산하기 시작했다는 것이다. 심지어 일반 대중들도 좀 더 기능적 훈련 개념을 지향함에 따라 머신 기반 훈련의 인기는 꾸준히 떨어졌다.

기능적 훈련의 인기가 높아지면서 폼 롤러, 케틀벨, 저항 밴드 같은 품목이 스포츠용품점에서 현재 판매되고 있다. 많은 헬스클럽들은 인조잔디가 있는 공간을 갖추고 있으며, 고객들이 기능적 훈련을 실시할 수 있는 일련의 기능적 도구를 갖추고 있다. 소규모 그룹 기능적 훈련은 피트니스계에서 가장 큰 성장 분야일 수 있다.

그러나 기능적 훈련의 초기 성장기에 논쟁과 방해물이 없는 것은 아니었다. 이는 정보 부족과 널리 알려져 있지 못함에서 온 오해에서 비롯되었다. 이 때문에 몇몇 그룹에선 기능적 훈련이 균형 운동과 스태빌리티 볼 훈련과 동의어로 여겨졌다. 그리고 이 견해는 (부분적으로는) 자신들의 접근 방식을 강조하고 명확한 메시지를 전달하고자 하는 기능적 훈련 지지자들의 파벌에 의해 지지되었다. 그들은 기능적 훈련은 머신 없이, 선 자세에서, 그리고 다관절을 동원해야 한다고 주장하는 사람들이었다. 이러한 이야기는 상식적이고 논쟁하기 어려워 보였다. 그러나 많은 코치는 기능적 훈련을 양측성 리프팅과 바벨로부터 멀어지고 밸런스 보드와 밸런스 볼에서 가벼운 역기를 드는 운동으로 보았다.

그러나 놀랍게도, 기능적 훈련을 받아들인 일부 코치들은 초기 분석에서 비기능적으로 보이는 개념을 지지하였다. 기능적 훈련의 옹호자라고 가정되는 사람들에 의한 명백히 기능적인지 않는 운동들의 사용은 업계에 혼란을 야기하였다. 이 명백한 모순이 발생한 이유는 사실 간단하다. 관절은 각각 그 기능이 다르다. 안정화가 필요한 관절의 기능을 촉진하는 운동과 가동성을 가지기 위해 노력하는 관절의 기능을 촉진하는 운동은 다르다.

안정화를 시키는 것이 주된 기능인 특정 근육과 근육 그룹들이 있다. 이러한 근육들에는 안정화 기능을 향상시키는 기능적 훈련을 하는데, 종종 작은 범위의 움직임을 이용하는 단순한 운동들을 사용한다. 한편, 인체의 모든 요소들을 다루고 싶은 욕심에 이러한 특정 근육 그룹의 중요한 안정화 기능을 무시하는 경향을 보이는 코치들과 선수들이 많이 있다.

다음은 안정화 훈련을 할 때 고려해야 하는 세 가지 핵심 근육 그룹이다.

- 심부 복근deep abdominals
- 고관절 외전근과 회전근hip abductors and rotators
- 견갑 안정화근scapular stabilizers

많은 코치가 이러한 분야에 대한 운동을 재활적 또는 사전 재활적 운동이라고 이름 붙이기 시작했지만, 사실 이러한 훈련은 기능적 훈련의 또 다른 형태일 뿐이다. 발목, 무릎, 엉덩이의 기능은 고관절의 안정성이 뛰어날 때 극대화된다.

일부 선수는, 고관절 안정성을 발달시키기 위해 처음엔 고관절 근육들을 제대로 깨우거나 활성화시키기 위한 고립 운동을 시킬 수도 있다. 애리조나 주 피닉스에 있는 EXOS(Athletes' Performance의 후신)의 퍼포먼스 전문가 마크 베르스테겐Mark Verstegen은 이 개념을 '신경 감응innervation을 위한 고립화'라고 부른다. 특정 시기에 특정 근육 그룹들(특히 심부 복근, 고관절 외전근, 그리고 견갑 안정화근)들은 그 기능을 향상시키기 위해 고립 훈련을 해야 할 수도 있다. 이러한 이유로, 일부 명백하게 비기능적으로 보이는 단일 관절 운동들이 사실은 하체 전체의 기능을 향상시킬 수도 있는 것이다. 이는 기능적 훈련의 역설 중 한 가지 예이다.

어깨 관절의 기능은 견갑 안정화근과 회전근개의 기능 향상으로 강화된다. 비록 많은 선수들이 회전근개를 위해 운동을 하지만 견갑 안정화근을 위한 운동은 거의 하지 않는다. 강력한 견갑 안정화근 없이 스포츠 기술을 발휘하려는 것은 마치 카누 위(불안정한 지지대 위)에서 대포를 쏘려는 것과 같다. 현재 운영되고 있는 훈련 시설들에 가보면, 대부분의 선수들은 회전근개 근력이 부족하면서 견갑 안정화근의 조절력이나 근력도 부족한 경우가 많다. 그 결과 우리는 종종 견갑 안정화근과 회전근개에 기능적으로 보이지 않는 운동들을 적용하곤 하는데, 이러한 부위의 발달이 어깨 관절의 장기적인 건강 상태에 필수적이기 때문이다.

물리치료사들은 다시 한 번 허리의 안정화근들을 발달시키는 길을 열고 있다. 허리의 안정화를 돕기 위해 복부의 근력을 높이는 것이 새로운 콘셉트는 아니지만, 그 구체적인 방법들은 빠르게 변화하고 있다.

진정한 기능적 훈련 프로그램을 개발하는 열쇠는 어떤 특정한 방향으로도 너무 멀리 가지 않는 것이다. 운동들의 대부분은 선 자세로 수행하고, 다관절 운동이어야 하지만 동시에 고관절, 코어, 그리고 어깨 후면에 있는 주요 안정화 근육들의 발달에 주의를 기울여야 한다.

두 번째 기능적 역설은 스포츠 특성 자세sport-specific position에서의 다중면multiplaner 활동과 관련 있다. 기능적 훈련 지지자들이 옹호하는 이 자세의 발의 위치와 몸의 굴곡 상태에서 하는 중량(덤벨이나 중량조끼 등)을 이용한 운동을 스트렝스 & 컨디셔닝 코치들은 우려를 표한다.

비록 선수들이 경쟁적인 상황에서 스스로 보상된 자세를 찾는다고 하지만 코치들은 척추가 굴곡된 이런 자세에서 선수들이 어느 정도 부하를 견딜 수 있는지 평가해야 한다. 예를 들어 야구 선수가 경기장 바닥에 위치한 공을 잡기 위해 척추를 구부려 쪼그려 앉아야 하는 경우가 있지만, 척추를 구부린 상태에서 부하가 실린 상태의 쪼그려 앉는 동작은 현명하지 않을 수 있다. 어느 지점에서 안전한 훈련에서 안전하지 않는 훈련의 경계선을 넘나들어야 하는 것인가? 이 질문에 대한 우리의 입장은 단순하다. "그러한 일(부상을 입을 수도 있는 동작)은 스포츠 현장에서는 언제나 일어난다"라는 주장은 웨이트룸에서 위험을 감수하기에는 충분한 설득이 되기 어렵다. 스트렝스를 위한 훈련을 할 때, 운동에 대한 몸의 자세를 더욱 특화시키기 위한 명목으로 허리 안전을 포기하는 결정은 절대로 하지 말도록 하라.

스포츠를 위한 기능적 훈련의 콘셉트를 탐구하기 시작할 때, 선수들은 해당 스포츠에서 어떻게, 그리고 왜 그렇게 움직이는지에 대해 열린 마음을 가져야 한다. 훈련은 단순히 스트렝스를 높이기 위해서가 아닌 퍼포먼스를 향상시키기 위한 수단이라고 생각하라. 야구, 테니스, 축구와 같은 종목의 많은 선수들이 스트렝스가 퍼포먼스 증진에 끼치는 가치를 완전히 이해하진 못하기 때문에 스트렝스 훈련을 게을리한다. 선수들의 관점에서의 핵심은 그 훈련이 쓸모가 있는 것이다. 코치의 관점에서 핵심은 선수에게 먹히는 훈련을 만드는 것이

스포츠 종합sports-general 훈련의 예시

올림픽 금메달리스트인 카일라 해리슨Kayla Harrison은 스포츠 종합 훈련이 어떻게 선수에게 도움이 될 수 있는지를 보여주는 좋은 예이다. 카일라의 프로그램에서 우리는 유도의 던지기 동작을 모방할 필요가 없었다. 우리는 단지 그녀가 기본적인 움직임 패턴에서 더 강해지도록 할 필요가 있었다. 카일라에게 중요한 것은 밀기, 당기기, 회전하기, 스쿼트, 런지 움직임의 스트렝스를 키우는 것이었다. 우리는 유도의 움직임 특성보다는 부상 과거력과 스포츠 요구sport demand에 따라 운동을 선택하였다.

유도는 많은 양의 연습 시간이 요구되고 신체 충격 스트레스impact body stress가 높은 스포츠다. 우리는 기본적인 밀기, 당기기, 무릎 지배적, 고관절 지배적, 그리고 코어에 초점을 맞춘 간략한 주당 2회 운동을 계속해서 반복하도록 훈련을 구성하였다.

유도는 일년 내내 하는 스포츠이기 때문에, 이 프로그램은 마지막 장에서 보게 될 기본적인 이틀짜리 프로그램 버전이었다. 훈련에선 유도 동작을 흉내를 내려는 시도는 거의 없었고 우리가 추구하는 스트렝스와 컨디셔닝의 기본에 강한 강조점을 두었다.

카일라의 훈련은 다음과 같이 구성하였다.

- 폼 롤러
- 스트레칭
- 다이나믹 웜업
- 파워 훈련: 메디신 볼 훈련과 플라이오메트릭 훈련
- 스트렝스 훈련: 밀기(덤벨 벤치 프레스), 당기기(링 로우), 무릎 지배적(싱글 레그 스쿼트), 고관절 지배적(싱글 레그 스트레이트 레그 데드리프트)
- 코어 훈련: 세트와 세트 사이에 실시(플랭크, 사이드 플랭크, 그리고 캐리 종류의 기본적인 운동)
- 컨디셔닝: 4분간 실시되는 유도 시합의 에너지 요구에 맞게 구성하였고, 특히 관절에 부담이 가지 않게 자전거로 수행하였다.

다. 스포츠에서 일어나지 않는 활동을 중심으로 만들어진 훈련 프로그램이 이치에 맞지 않는 것은 당연하다. 핵심은 선수들을 해당 스포츠에 진정으로 대비시키는 프로그램을 고안하는 것이다. 이것은 근육들이 그 스포츠에서 작동되는 방식으로 그 근육을 훈련시키는 운동을 통해서만 할 수 있다. 즉 기능적 훈련을 통해서이다.

스트렝스와 컨디셔닝 전문가에게 있어, 스트렝스와 컨디셔닝 프로그램의 첫 번째 목표는 부상 감소여야 한다. 프로 스포츠 세계에서, 스트렝스와 컨디셔닝 프로그램의 성공과 실패는 승패보다 선수의 건강 여부에 따라 평가된다. NFL 풋볼은 '선발 출전율'이라는 통계를 사용하고, 야구에서는 '출전 목록표'가 기록되며, 하키는 '부상으로 인한 출전 불가율'을 본다. 각각의 경우에 있어 선수의 건강 상태는 훌륭한 스트렝스 & 컨디셔닝 프로그램 여부와 팀의 성공과 관련이 있는 것처럼 보인다. 한편, 만약 코치가 훈련중에만 부상이 생기지 않고 경기중 부상률을 낮추지 못하는 훈련 시스템을 운영한다면, 그들이 자신의 역할을 충실히 수행한다고 할 수 있는가?

모든 기능적 프로그램의 핵심은 다음과 같다. 당신이 주장하는 것을 연습하고 그것을 단순하게 유지하라.

참고문헌

Cockrell, L. 2008. *Creating Magic.* Crown Business.

Gambetta, V., and G. Gray. 2002. *The Gambetta Method: Common Sense Guide to Training for Functional Performance.* Gambetta Sports Training Systems: Sarasota, FL.

CHAPTER 2

스포츠 요구 분석

효과적인 기능적 훈련 프로그램을 설계하기 전에 그 스포츠에서 요구되는 바를 분석하고 이해해야만 한다. 해당 스포츠에 대해 생각해보라. 그리고 마음속으로 그림을 그려보라. 훈련시키려는 종목은 어떤 타입의 스포츠인가?

대부분의 스포츠는 지구력이 요구되거나, 스피드와 파워가 요구된다. 거의 모든 팀 스포츠는 스피드와 파워 스포츠이다. 체조와 피겨 스케이팅 같은 개인 종목도 주로 스피드와 파워에 의존한다. 테니스를 포함한 래킷 스포츠 역시 스피드와 파워 스포츠이다.

이제 당신이 종사하는 스포츠에서 최고인 선수에 대해 스스로 질문해보라. 그들은 최고의 지구력을 가진 선수인가 아니면 최고의 유연성을 가진 선수인가? 대부분 그렇지도 않다. 보통 최고의 선수나 최고 수행자는 가장 효율적이면서 폭발적으로 움직이는 사람이다. 스피드와 민첩성은 모든 높은 페이스fast-paced의 파워 스포츠에서 가장 중요한 자질이다.

스포츠의 타입과 테스트 타입을 대응하기

1980년대 초, 프로 스포츠팀, 최고의 아마추어 선수, 프로 선수들이 훈련 조언을 구하기 시작했을 때, 그들은 종종 잘못된 사람들에게 의지했다. 전문 팀과 스포츠 연맹에서 고용된 컨설턴트는 스피드와 파워 스포츠에서 운동선수들의 요구를 다루는 데 대한 경험이 거의 없거나 전혀 없는 운동생리학자였다. 일반적으로 그들은 지구력 종목의 스포츠 선수였다.

따라서 스피드와 파워 스포츠에 가장 적합한 방식으로 평가하고 훈련을 처방하는 대신, 이 운동생리학자들은 다음과 같은, 그들이 이전에 모든 선수에게 했던 것과 동일한 일반적인 프로토콜을 적용했다.

1. 선수들을 테스트한다.
2. 그 테스트 결과를 분석한다.
3. 결론을 도출하다.

안타깝게도, 선수들의 피트니스와 퍼포먼스를 향상시키려고 했던 이와 같은 너무나 단순한 방법은 결함으로 가득 차 있었고, 이 중 많은 것들이 30년이 지난 후에도 계속해서 스트렝스와 컨디셔닝 전문가들을 괴롭히고 있다.

대부분의 스피드와 파워 선수들은 지속적steady-state인 유산소 능력(VO_2) 테스트에서 낮은 성적을 낸다. 테스트의 단순함을 위해, 이러한 테스트들은 보통 사이클 에르고미터에서 수행되지만, 이 선수들은 정기적으로 자전거 훈련을 하지 않는다. 결국 VO_2 점수에 근거한 점수는 이 종목의 선수들에게는 적합하지 않다는 결론이다. 이들을 준비시키는 계획은 항상 선수의 유산소성 능력 향상에 강조점을 두었다. 그 근거는 최대 산소섭취량maximal oxygen uptake이 높은 선수가 더 오래 뛰고 더 빨리 회복할 수 있다는 것이었다. 일견 이 모든 것이 과학적이고 타당한 것처럼 보였다. 그러나 이러한 접근 방식이 스피드와 파워 스포츠에서 운동선수의 요구를 충족하지 못하는 다음과 같은 여러 이유가 있다.

- 주로 속근fast-twitch muscle과 폭발적인 움직임을 사용하는 선수들은 일반적으로 유산소 능력 시험에서 좋지 않은 성적을 낸다. 이것은 새로운 발견이 아니다.
- 간헐적인 성질을 지닌 스포츠(즉 대부분의 팀 스포츠. 경기중 페이스 조절이 가능한 스포츠)에서 컨디션이 좋은 운동선수는 지속적인 유산소 능력 테스트에서 반드시 성적이 좋진 않을 수 있다. 특히 테스트가 해당 선수가 주로 훈련에 사용하지 않은 기구(예: 자전거)로 수행된다면 더욱 그렇다.
- 빠르고 폭발적인 선수의 피트니스와 유산소 능력aerobic capacity을 향상시키기 위해 지속적, 또는 장거리 훈련을 사용하는 것은 그 선수를 특별하게 하는 생리학적 자질을 종종 훼손시키기도 한다.
- 폭발성 운동선수들은 많은 양의 지속성 작업을 수행해야 할 때 과사용 부상을 자주 겪는다.
- 유산소 능력을 향상시키려는 테크놀러지는 사실 해악이 될 수 있다. 실제 지면을 접촉하지 않음과 고관절 신전 움직임의 부재는 운동선수에게 수많은 부상을 초래할 수 있다.

사이클리스트는 자전거를 타고, 노 젓는 사람은 노를 젓고, 빨리 뛰어야 하는 선수는 땅에서 빨리 뛰어야 하고, 점프해야 하는 선수는 점프해야 한다. 크로스 트레이닝은 볼륨이 제한된 상황에선 좋은 생각일 수 있지만 능동적인 휴식 또는 부상 방지 도구로 사용해야 한다. 어떤 테크놀러지에 너무 많이 의존하는 것은 대가를 치를 수 있다.

그 뒤로부터 수년이 지난 지금, 우리는 이제 그 운동생리학자들이 잘못된 관점에서 선수들의 피트니스와 퍼포먼스를 향상시키는 문제를 검토했다는 사실을 분명히 알 수 있게 되었다. 최고의 선수를 분석하고 약점을 개선시킨다는 단순한 관점에서 벗어나야 한다. 약점으로 인식되는 것을 개선하려는 맹목적인 시도는, 스트렝스를 손상시킬 수도 있다. 이점은 특히 젊은 선수들을 훈련시킬 때 적용된다. 어린 선수들을 지도할 때, 전반적인 피트니스의 발달보다 스피드와 스트렝스 같은 특성의 발달에 중점을 두어야 한다.

느리게 훈련하면 선수도 느려진다

많은 선수들이 단순한 훈련 실수 때문에 저조한 성적을 거둔다. 그 실수는 바로 크로스컨트리로 훈련하는 것이다. 수많은 선수들(종종 당황한 부모의 손에 이끌려)이 자신들이 열심히 훈련했다고 생각했음에도 실망스러운 시즌을 보내고 나를 찾아온다. 그들은 자신이 열심히 노력했던 것들이 왜 성과를 보여주지 못했는지 알아차리지 못했다. 어떤 이들은 심지어 자신들이 필요로 할 때 빠르고 폭발적인 움직임을 상실하고 한걸음 더디게 느껴진다고까지 말했다.

이때 필요한 것은 위로와 격려가 아니다. 대신 나는 몇 가지 사실을 지적해준다. 어떠한 팀 스포츠에서도 한 번에 몇 마일씩 뛰는 경기는 없다. 축구에서 한 경기에 몇 마일을 뛴다고 할지라도 그것은 스프린트와 걷기와 가볍게 뛰는 움직임이 조합된 것이다. 하키 선수들은 짧은 스프린트를 몇 차례하고 나면 자리에 잠깐 앉아 있다가 다시 일어나 뛴다. 장거리로 달리는 훈련은 경기에서 짧은 거리를 뛰는 선수들을 준비시켜주지 않으며, 반복적인 스프린트도 포함되어 있지 않을 것이다.

스포츠 특성 훈련sport-specific training이라고 불리는 개념이 있다. 단어의 의미에서 알 수 있듯, 해당 스포츠에서 요구되는 에너지 시스템을 모방하여 훈련하는 것이 그 스포츠를 준비시키는 가장 좋은 훈련법이라는 뜻이다. 만약 해당 스포츠에서 보이는 활동이 스프린트, 조깅, 걷기 형태를 띠고 있다면 훈련은 스프린트, 조깅, 걷기를 구성해야 한다. 명쾌한 이야기이다.

여기에 꼭 짚고 넘어가야 하는 매우 중요한 개념이 있다. 훈련을 느리게 하면 결과도 느리다. 누군가를 빠르게 하는 것은 매우 어렵고, 느리게 만드는 것은 매우 쉽다. 현실은 누군가를 빨리 만들고 누군가를 느리게 만드는 것은 매우 어렵다는 것이다. 선수를 느리게 만들고 싶다면 그저 천천히, 멀리 뛰라고 하면 된다. 간단하다. 부상을 입지는 않겠지만, 만족스러운 훈련 결과를 얻지는 못할 것이다.

크로스컨트리와 같은 장거리 스포츠의 또 다른 문제는 바로 부상이다. 달리기를 시작하는 사람들 중 약 60%가 부상을 당한다. 만약 당신이 건강한 시즌을 시작하고 싶은 선수라면 이는 형편없는 확률인 것이다.

스포츠를 지배하는 선수들은 가장 빨리 달리고, 가장 높이 점프하고, 가장 빠르게 폭발적인 움직임을 보이는 선수들이다. 물론 컨디셔닝도 중요하지만, 종사하는 스포츠 특성에 맞는 훈련을 하라. 리프팅 훈련을 하고, 점프하고, 스프린트를 하라. 비시즌기에 스트렝스와 파워를 얻는 것이 관건이다.

간단한 일이다. 크로스컨트리 선수가 아니라면 크로스컨트리 형식의 훈련을 해서는 안 된다. 더 빨라지고 싶고 좋은 스포츠 컨디션을 가지고자 한다면 최고의 선수들이 훈련하는 방법(스트렝스 훈련과 인터벌 훈련의 조합)을 따라야 한다.

핵심 자질을 확인하고 향상시키기

저명한 스피드 전문가인 찰리 프란시스Charlie Francis는 1986년에 『찰리 프란시스 트레이닝 시스템The Charlie Francis Training System』이라는 기념비적인 작품을 썼다(『Training for Speed』, 1997

재출간). 거기서 그는 스프린터의 특징과 이러한 특징들을 적절하게 훈련시키는 방법을 설명했다. 이 정보는 그때부터 우리의 프로그램 설계와 철학의 토대가 되어왔다.

프란시스는 세계 신기록 보유자인 스프린터 벤 존슨을 포함한 많은 최고의 단거리 선수들을 지도했다. 그리고 비록 존슨의 기록은 동화성 스테로이드 사용 문제로 약간 더렵혀졌지만, 코치로서 프란시스의 업적은 아무리 강조해도 지나치지 않다. 캐나다는 단거리 경주 강국으로 여겨지지 않았지만 프란시스는 많은 인구 자원이 없는 이 나라에서 세계 기록 보유자들을 만들어냈다. 그의 선수들은 올림픽, 세계선수권, 영연방 경기에서 금메달을 땄다.

프란시스는 스프린터 육성에 대한 간단하면서도 논리적인 결론을 내렸다. 그는 유전적으로 결정되는 흰색 근육 섬유(속근 또는 파워 관련 섬유)의 수준을 유지하기 위해서는 어린 시기(13~17세)에 충분한 파워 관련 훈련을 해야만 한다고 믿었다. 파워와 관계된 작업은 또한 전환성 섬유transitional fiber가 파워 관련 근육 섬유로 변화하도록 촉진한다. 프란시스(1997)는 "지구력 운동은 낮은 볼륨~낮은 볼륨/중간 볼륨으로 조심스럽게 제한되어야 하는데 이는 전환성 섬유 또는 중간 근섬유가 붉은 섬유 즉 지구력 근섬유로 변환되는 것을 막기 위해서"라고 말한다.

프란시스는 이러한 방식이 선수를 스프린터로 만들 수 있을 뿐만 아니라, 더 중요한 것은 지구력에 초점을 맞춤으로써 스피드를 내야 하는 선수의 능력에 끼치는 부정적인 영향을 막을 수 있다고 믿었다. 즉 스프린터를 지구력이 필요한 선수로 만드는 것은 쉽지만, 그렇게 하는 것은 바람직한 결과를 낼 수가 없다는 것이다.

여기서 더 비중 있고 중요한 점은 해당 스포츠에 있어 훌륭한 성과를 내는 자질이 무엇인지 분석하고 그러한 자질을 향상시키는 프로그램을 개발하는 것이 필수적인 사항이란 것이다. 이는 그 스포츠 특성이 아니라 선수를 분석하고 그의 약점을 찾아 개선하려는 노력과

잃어버린 파워 되찾기

조 하이켈Zoe Hickel은 미네소타 덜루스대학 여자 하키팀의 주장이었다. 그녀는 열심히 노력하고 훌륭한 컨디션을 지녔지만 잘못된 자질에 강조점을 둔 선수에 대한 완벽한 예였다. 18세 때 조는 동료 중 가장 뛰어난 선수 중 하나였고 18세 이하 미국 여자 대표팀에 속했었다. 하지만 대학에서 3년간 열심히 노력한 결과, 그녀의 수직 점프력이 실제로 감소하였고 그녀의 능력이 제한되고 있었다.

2014년 조는 마이크 보일 스트렝스 & 컨디셔닝에서 인턴십을 하기 위해 보스턴으로 이사를 갔고, 우리의 프로그램에 집중했다. 이 프로그램에는 지구력 훈련이 거의 또는 전혀 없고, 느린 속도의 장거리 훈련도 없었다. 조가 그 해 여름에 가장 오래 달린 것은 아마도 300야드짜리 셔틀런 정도였다.

불과 7주 만에 조는 수직 점프를 3인치 늘렸고(3년 전 그녀가 지녔던 기록이다), 체중은 6파운드 늘었으며, 드디어 4년 만에 처음으로 국가 선발 캠프를 위한 적절한 준비를 했다. 그 열쇠는 지구력 훈련 비중을 현저히 낮추고, 하체 스트렝스에 강조점을 늘렸으며, 제지방 체중을 늘리는 프로그램이었다. 조는 선발 캠프에서 득점 선두를 차지했고 미국 여자 국가대표팀의 자리를 얻었다. 당연히, 조는 1년 동안 19골 13도움으로 UMD를 이끌어 전체 리그의 영예All-League honors를 안았다.

는 방향이 많이 다르다.

수년간 코치들은 폭발적인 움직임이 필요한 선수들에게 유산소 능력을 향상시키려는 노력을 해왔다. 결국 선수들의 산소섭취량이 높아지긴 했지만 퍼포먼스의 실제적인 변화를 가져오진 못했다. 이러한 방식으로 설계된 프로그램은 지속적인 페이스가 필요없는 스포츠의 선수들에게 지속적으로 활동하게끔 하는 능력만 키워줄 뿐이었다.

이런 훈련 포인트를 옹호하는 사람들은 유산소 시스템의 회복력에 대한 중요성을 지적하면서 "축구 선수는 경기당 5마일을 달린다" 혹은 "테니스 경기는 2시간 동안 지속될 수 있다"와 같은 말을 한다. 이 점은 논쟁거리가 되지 않는다. 문제는 어떠한 속도로 어느 정도의 시간 동안 활동하느냐이다. 테니스 경기를 하는 데 2시간이 걸릴 수도 있지만 스프린트를 하는 시간이나 서 있는 시간의 비율은 얼마나 되는가? 선수들이 2시간 내내 끊임없이 움직이는가? 유산소 훈련을 옹호하는 사람들은 이러한 훈련의 목표가 애초에 퍼포먼스 향상이 아니라 오로지 회복 능력 향상 때문이라고도 말한다. 하지만 훈련의 목표는 결국 퍼포먼스 향상 아닌가.

축구 경기는 사실 약 2시간에 걸쳐 일련의 달리기, 조깅, 걷기 움직임들이 일어나는 스포츠이다. 모든 선수들은 2시간 안에 5마일 정도는 달릴 수 있다. 2시간 동안 5마일을 달린다는 것은 시간당 2.5마일이란 말이다. 이는 느리게 걷는 정도의 속도이다. 그다지 단련되지 않은 대부분의 사람들도 2시간 안에 5마일은 걸을 수 있다. 중요한 포인트는, 뛰어난 축구 선수들은 2시간 동안 반복적으로 가속과 감속을 할 수 있다는 것이다. 이제 스스로에게 물어보라. "축구 선수들을 위한 컨디셔닝은 어떻게 구성해야 하는가?"

축구나 테니스 같은 스포츠 선수들을 훈련시킬 때 선수들은 스프린트와 감속 훈련을 해야만 하는데, 경기를 준비하기 위해선 종종 최고 속도까지도 내보아야 한다. 이러한 능력을 5마일 달리기 내내 할 수 있도록 발달시켜야 할까? 아마도 아닐 것이다. 이와 같은 논리는 거의 모든 파워 스포츠들에도 적용될 수 있다. 축구 경기에서 선수들은 일반적으로 10야드 이하로 달린다. 이때는 5초 정도가 걸린다. 그리고 이렇게 달리는 사이사이에 40초 정도 휴식한다. 그렇다면 축구를 위한 컨디셔닝은 어떻게 해야 할까? 아마 30~40초 정도 휴식을 가지는 짧은 스프린트 훈련일 것이다. 이렇게 하는 것이 스포츠를 분석하는 핵심이다. 경기를 보라. 훌륭한 선수들을 보라. 그리고 공통분모를 찾아라. 그들이 할 수 없는 것에 초점을 맞추지 마라. 위대한 선수들이 왜 성공하는지를 알아내려고 노력하라. 만약 그것이 (당신의) 상식에 어긋난다면, 상식이라고 여겨졌던 것들을 그대로 답습하지 마라.

어떤 스포츠를 분석하려면 다음과 같은 질문들에 대해 생각해보라.

- 해당 스포츠는 스프린트나 점프가 필요한가? 만약 그렇다면 하체의 스트렝스(특히 한 다리 스트렝스 종류)가 중요하다.
- 해당 스포츠에서 멈추고 다시 출발해야 하는 것이 자주 일어나는가?
- 해당 스포츠의 시간은, 즉 얼마나 오래 하는 스포츠인가? (이 요소는 약간 복잡하지만 경기, 프로그램, 또는 루틴한 동작들의 총 길이를 고려하거나, 교대, 경기 또는 득점 사이의 휴식 시간을 고려해본다.)
- 선수들은 경기 내내 필드, 빙상경기장, 트랙 또는 코트에 머물러야 하는가?
- 만약 그렇다면, 얼마나 자주 스프린트(전력질주)를 해야 하고, 얼마나 자주 조깅을 하는가? 장시간(5분 이상?) 조깅하는가? 그렇지 않다면 왜 조깅과 같은 훈련을 해

야 하는가?

- 해당 선수의 스피드와 파워가 그 스포츠 선수들 중 상위 10%에 속하는가? [남자 선수: 10야드 대시를 1.65 전자 계측 이하로 들어오는가?(전자식 계측이란 전자 계측기를 사용하여 손을 사용한 스톱워치보다 더 정확하게 측정하는 계측치를 의미한다.) 수직 점프가 34인치(86cm) 이상인가? 여자 선수: 10야드 대시를 1.85 전자 계측 이하로 들어오는가? 수직 점프가 25인치(64cm) 이상인가? 만약 이 질문의 답이 "아니오"인 경우 언제나 스피드와 파워 훈련을 더 사용할 수 있다.]

스피드와 파워는 거의 모든 스포츠에서 필수적이다. 테니스, 축구, 야구, 체조, 피겨 스케이팅, 그리고 언급할 수 없을 만큼 많은 다른 스포츠는 모두 파워와 스피드에 크게 의존한다. 스포츠 퍼포먼스를 향상시키는 열쇠는 스피드와 파워를 생산하는 능력을 향상시키는 것이다. 지구력은 나중에 생각해야 한다. 우리는 우리가 훈련시키고 있는 선수들에게 빠르고 파워풀해지는 데는 수년이 걸리고 유산소 능력을 갖추는 데는 불과 몇 주 정도만 걸릴 뿐이라고 반복해서 이야기해주고 있다. 이 책을 읽는 동안 이러한 점을 염두에 두면서, 당신이 현재 자신이나 훈련시키고 있는 선수들을 어떻게 훈련시키고 있고, 어떻게 하면 더 현명하게 훈련시킬 수 있는지 생각해보라.

참고문헌

Francis, C. 1997. *Training for Speed.* Ottawa, Ontario: TBLI Publications.

CHAPTER 3

기능적 스트렝스 평가

1장에서 언급한 것과 같이, 기능적 훈련은 이해하기 쉬운 이치를 따르는 트레이닝이다. (2장에서 다룬) 해당 스포츠에서 요구되는 바를 분석한 다음 단계는 당신의, 또는 당신이 훈련시키는 선수의 강점과 단점을 측정하는 것이다. 이번 챕터의 테스트들을 통해 자가진단이 가능할 것이다.

자신의 스포츠에서 "저는 지나치게 스트렝스가 강하고, 파워와 스피드가 너무나 뛰어나요"라고 말하는 선수는 매우 드물 것이다. TV에서 경기 해설자들이 "저 선수는 날아가는 공보다 빠르게 달리고 있습니다"라고 말하는 경우는 거의 없을 것이다. 스트렝스는 파워와 스피드로 연결되는 지름길이다. 핵심은 선수가 사용할 수 있는 기능적 스트렝스를 발달시키는 것이다.

기능적 스트렝스를 객관적으로 측정하면, 최고의 선수들마저도 겸손해진다. 기능적 스트렝스를 측정하기 위해, 선수는 반드시 스포츠나 일상에서 일어나는 것과 비슷한 형태의 저항을 극복해야 한다. 그렇기 때문에 기능적 스트렝스를 평가하는 테스트 운동들에는 자신의 체중(가장 일반적인 형태의 저항)을 가장 빈번하게 적용한다.

흔히 수행되는 전형적인 스트렝스 테스트들에서는 정해진 무게를 기준으로 하여 선수가 그 무게를 얼마나 다룰 수 있는지를 측정하는 방식을 사용해왔다. 예를 들어 벤치 프레스는 주로 선수들의 상체 스트렝스를 측정하기 위해 사용되는 테스트이다. 그러나 이러한 테스트들이 그 선수의 기능적 스트렝스 능력을 잘 설명한다고 말할 수 있을까?

또한 스트렝스와 관련한 수치들에 대한 실제도 이러한 문맥에서 파악해야 한다. 일반적으론 350파운드(약 160kg)를 벤치 프레스하는 선수는 힘이 강하다고 볼 수 있다. 하지만 만약 그 선수의 몸무게가 350파운드라면 어떠한가? 이 선수는 그저 자신의 몸무게 정도만 벤치 프레스할 수 있는 것이다. 숫자에 속으면 안 된다. 선수들은 자신의 몸무게로 기능적인 운동들을 할 수 있어야 한다.

기능적 스트렝스의 발달을 지지하는 사람들은 선수가 등을 바닥에 대고 하는 테스트의 가치에 대해 의문을 제기한다. 대부분의 스포츠에서, 등을 바닥에 대고 눕는다는 것은 퍼포먼스가 떨어진 사람이라는 것을 의미하기 때문이다. 우리는 우리에게 훈련을 받는 풋볼 선수들에게 다음과 같이 말한다. "만약 밀어내는 움직임을 누워서만 한다면, 풋볼의 퍼포먼스가 떨어질 것이다." 그럼 기능적 훈련 프로그램에서는 벤치 프레스를 하면 안 된다는 뜻일까? 아니다. 전반적인 상체 스트렝스를 키우기 위해선 벤치 프레스를 활용할 수 있다. 하지만 푸시업이나 친업과 같은 자신의 체중을 이용한 운동들을 할 수 없다면 기능적으로 강하지 않다는 것이고, 부상의 위험도 더욱 클 것이다.

좋은 기능적 스트렝스 훈련 프로그램은 진정한 스트렝스 운동인 벤치 프레스 같은 운동들과 조금 덜 전통적인 운동들(싱글 레그 스쿼트, 리어 풋 엘리베이티드 스플릿 스쿼트, 푸시업, 또는 싱글 레그 데드리프트 같은) 모두를 사용한다. 핵심은 좋은 것들을 쓸데없는 것과 함께 버리지 않고, 더욱더 기능적인 관점에서 프로그램을 만들어야 한다는 것이다. 50년간 성공적으로 스트렝스를 발달시켜온 방법을 더 기능적인 프로그램을 만든다는 명목 아래 항상 쓰레기통으로 내던져서는 안 된다.

반면, 단지 스트렝스만을 위해 스트렝스를 발달시키면 안 된다. 우리는 너무나 오랫동안 우리가 훈련시키는 선수들의 스트렝스 수준을 확인하기 위해 파워리프팅 또는 올림픽 웨이트 리프팅과 같은 스포츠에 의존해왔다. 코치들은 종종 자기 선수들의 퍼포먼스를 향상시키기 위해 다른 스포츠를 모방하거나 복제하기도 했다. 기능적 훈련에서 중요한 것은 (그 스포츠에서) 사용할 수 있는 스트렝스를 키우는 것이다.

하지만 그렇다고 해서 기능적 훈련을 이분법적으로 나누어 생각할 필요는 없다. 스트렝스 & 컨디셔닝 분야에서, 코치들은 너무나도 자주 각 선수들에게 맞는 적절한 훈련 프로그램을 개발하기보다 한 관점만을 고수하는 경향이 있다. 선수들이 파워리프터나 올림픽 리프터는 아니기 때문에, 가능한 최고의 트레이닝 프로그램을 만들기 위해 여러 가지 원리들에서 나오는 지식을 조합해야 한다. EXOS(맞춤 운동 프로그램 서비스 회사) 코치 데니스 로간Denis Logan은 다음과 같이 말했다. "우리는 괜찮은 웨이트 리프터면서도 훌륭한 선수를 키워야 한다."

기능적 상체 스트렝스 평가

그렇다면 선수의 기능적 스트렝스를 가장 잘 확인할 수 있는 방법은 무엇일까? 몇 년에 걸쳐 나는 기능적 상체 스트렝스 평가를 하기 위한 가장 효과적이고 정확한 세 가지의 테스트를 발견하였다.

친업과 풀업의 최대 횟수

바른 자세의 친업(손바닥의 방향이 얼굴 쪽)과 풀업(손등의 방향이 얼굴 쪽) 테크닉은 정확한 평가에 필수적이다. 한 반복수가 끝날 때마다 팔꿈치는 반드시 신전되어 있어야 하고, 견갑골이 외전되는 움직임이 눈으로 보여야 한다(그림 3.1 참고). 완전한 신전 상태 혹은 턱이 바 위로 올라가지 않는 경우가 있다면 횟수에 포함시키지 않는다.

키핑(몸을 움직이기 위해 모멘텀을 사용하는 행위)은 허용되지 않는다. 많은 횟수의 풀업이나 친업을 할 수 있다고 주장하는 대부분의 선수들이 실제로는 주장한 횟수의 반이나 3/4 정도만 시행할 수 있다.

친업을 할 수 없는 선수들은 기능적으로 강하지 않고, 또한 부상당할 위험이 높으며 특히 어깨 부상의 위험이 높다. 자주 친업을 하지 않은 대부분의 선수들은 고등학교 수준의 친업 능력에 도달하기까지에도 1년이 걸린다.

그림 3.1 친업

친업 능력을 향상시키기 위해 머신을 이용한 풀다운 운동 프로그램을 하면 안 된다. 대신 보조 친업 혹은 원심성 동작의 친업(10~20초간 바 위에서부터 천천히 내려가기)을 해야 한다. 친업에 대해서는 8장을 참고하라.

우리는 현재 기준에 맞는 10회 친업을 할 수 있는 선수들에게는 중량을 사용한 친업을 하도록 한다. 자신의 체중으로 10회 친업을 할 수 있다면, 그 선수는 딥벨트를 이용해 25파운드(약 10kg)를 매달고 테스트를 진행한다. 일반적으로 중량을 매달면 친업 횟수가 3회로 줄어들지만, 가장 중요한 것은 선수가 스트렝스 트레이닝을 할 수 있게 이끈다는 것이다. 우리의 목표는 스트렝스인 만큼, 이 테스트가 스트렝스라는 목표에 도달하는 길로 이끌어주길 원한다.

맨몸 친업 또는 풀업의 최대 반복 가능수는 중량 친업에 사용할 무게를 결정할 때 이용될 수 있다. 이러한 방식의 테스트와 트레이닝을 통하여 현재 우리 훈련시설에는 45파운드(20kg)의 중량 친업이 5회 가능한 여자 선수들과 90파운드(45kg)의 중량 친업이 5회 가능한 남자 선수들이 있다.

서스펜션 인버티드 로우 최대 횟수

서스펜션 인버티드 로우는 벤치 프레스와는 정반대의 움직임을 보이며, 견갑골 후인근들 scapular retractors, 즉 당기는 움직임과 관계된 어깨 근육들이 주로 작용하는 운동이다. 만약 선수들이 서스펜션 인버티드 로우 운동을 수행할 수 없다면 상부 등의 스트렝스가 부족한 것이고, 8장에 설명된 베이직 로잉 프로그레션을 먼저 시작해야 한다. 상부 등 스트렝스가 부

그림 3.2 서스펜션 인버티드 로우

족한 선수들은 회전근개에 문제가 생길 가능성이 매우 크다. 이것은 회전근개에 문제가 생길 경향이 높은 수영 선수, 테니스 선수, 투수, 쿼터백 및 기타 던지는 운동을 하는 선수들에 특히 더 중요하다.

선수는 벤치 또는 플라이오 박스에 두 발을 올리고 벤치 프레스를 하는 것처럼 핸들 또는 링을 쥔다. 서스펜션 장비의 줄은 허리 높이에 맞춰 세팅한다. 전신을 단단하게 조이고 핸들을 가슴까지 당긴다. 자세가 흐트러지지 않은 상태로, 양 엄지가 가슴에 닿도록 핸들을 당겨야 한다. 팔을 펼 때 팔꿈치는 최대로 신전되어 있어야 하고 몸은 완벽하게 곧은 상태를 유지해야 한다는 것을 명심한다. 엄지가 몸에 닿고 몸이 곧은 상태를 유지하는 경우에만 횟수를 센다(그림 3.2 참고).

친업 테스트와 마찬가지로 선수가 10회 반복을 할 수 있다면 10파운드(5kg) 중량조끼를 추가한다. 다시 얘기하지만 중요한 것은 지구력이 아닌 스트렝스의 성장이다.

푸시업 최대 횟수

푸시업은 체격이 큰 선수들에게 있어 벤치 프레스보다 훨씬 더 정확한 테스트이다. 푸시업 매 반복마다 가슴은 2인치(5cm) 두께의 폼 패드에 닿아야 하고 몸통은 단단하게 유지한다. 머리는 몸통과 일직선을 유지해야 한다. 허리를 바르게 유지하지 못하거나, 가슴이 패드에 닿지 않거나, 머리가 앞으로 빠지거나 또는 팔꿈치를 최대로 펴지 않을 경우 횟수를 세지 않는다. 속임수 동작을 피하고 횟수를 세기 편하게 하기 위해 메트로놈을 분당 50beat 속도에 맞추어 사용하라. 선수는 메트로놈과 페이스를 맞추어 첫 번째 박자에서 팔을 펴고, 두 번째 박자에서 내려가도록 해야 한다. 선수가 푸시업 동작을 실패하거나 메트로놈과 페이스를 맞출 수 없을 때 테스트는 끝난다.

앞선 두 테스트와 마찬가지로, 선수가 맨몸으로 10회 반복을 할 수 있다면, 중량조끼[처음에는 10파운드(약 5kg)로 시작하고 그 뒤에 20파운드(약 10kg)를 사용한다]를 추가한다. 20파운드 조끼를 입은 뒤의 단계는 횟수를 늘리거나, 등에 중량 플레이트를 추가하도록 한다.

기능적 하체 스트렝스 평가

기능적 하체 스트렝스functional lower body strength를 안전하고 정확하게 평가하는 것은 상체 스트렝스를 평가하는 것보다 훨씬 더 어렵다. 사실 기능적 하체 스트렝스를 안전하게 측정할 수 있는 테스트는 거의 존재하지 않는다. 하체 스트렝스 테스트를 하기 위해 전통적인 더블레그 백 스쿼트가 오랫동안 이용됐지만, 이 테스트의 안전성에 대하여 의문이 있는데, 특히 1회 최대중량 반복one maximum repetition을 하는 경우에 그러하다. 또한 많은 운동 종사자들은 백 스쿼트가 미식축구를 위한 훈련에서 채택된 운동이라고 보고, 따라서 그들의 스포츠 종목에는 적합하지 않은 것으로 생각한다.

리어 풋 엘리베이티드 스플릿 스쿼트

지난 5년 동안 우리는 타당성 있고 신뢰할 수 있으며, 안전하고 무엇보다도 수행하기 쉬운 테스트를 만들어 사용하려는 시도를 하였다. 우리는 리어 풋 엘리베이티드 스플릿 스쿼트rear-foot-elevated split squat의 최대 반복횟수, 또는 RM(정해진 무게에서 선수가 수행할 수 있는 최대 반복횟수)을 기능적 하체 스트렝스 테스트로 사용하고 있다. 이 테스트가 완벽하지는 않지만 스트렝스에 대한 평가 및 훈련의 진행 수준 측정에 효과적임을 발견하였다.

테스트는 비교적 간단하다. 선수는 뒷발을 일반적인 벤치 혹은 특별히 디자인된 스탠드 위에 올려놓고, 무릎은 반복되는 지면과의 접촉으로부터 보호하기 위하여 에어렉스 패드

그림 3.3 리어 풋 엘리베이티드 스플릿 스쿼트

Airex pad 위에 올려놓는다. 선수의 5RM 범위로 무게를 정하고 실패할 때까지(즉 완벽한 자세 또는 기술을 더 이상 유지 못할 때까지) 최대 횟수로 반복 수행한다.

중량을 더하기 위해 일반적으로 2개의 덤벨 또는 케틀벨을 사용하는데, 손에 쥐기 편한 케틀벨이 더 낫다. 이렇게 양옆으로 부하를 더하는 것이 바벨을 사용한 백 스쿼트, 프런트 스쿼트 자세보다 더 안전하다. 양손에 덤벨(또는 케틀벨)을 쥐고 스플릿 스쿼트를 할 때는 동작을 실패하는 경우 단순히 덤벨을 바닥에 떨어뜨리기만 하면 된다. 반면 바벨 백 스쿼트 혹은 프런트 스쿼트의 경우 동작을 실패할 때 위험하며 보상 작용으로 인한 자세가 발생할 수 있다.

또 다른 테스트로는 싱글 레그 스쿼트가 있다. 우리가 관찰한 바에 따르면, 기능적으로 강한 선수들은 잘 만들어진 훈련 프로그램의 4주째부터 5파운드(2.5kg) 덤벨을 들고 싱글 레그 스쿼트 5회 반복 세트를 할 수 있었다(그림 3.3 참고). 싱글 레그 스트렝스 운동이 생소하고 익숙하지 않은 선수들은 싱글 레그 스쿼트를 시작하기 전에 3주간 스플릿 스쿼트(양발이 앞뒤로 바닥에 닿은 상태) 또는 3주간 리어 풋 엘리베이티드 스플릿 스쿼트(뒷발을 올린 상태)를 수행해야 한다. 우리 훈련시설의 엘리트 여자 선수들은 총 40파운드(약 20kg, 20파운드 중량조끼와 10파운드 덤벨 2개)의 무게로 10회의 스쿼트를 할 수 있고 남자 선수들은 총 100파운드(약 45kg)까지의 무게를 추가한 상태에서 10회의 싱글 레그 스쿼트를 할 수 있다. 중량을 추가한 반복이 특히 남성들에게는 어려울 수 있는데, 그 이유는 중량조끼를 여러 개 겹쳐 입어야 하기 때문이다.

마지막으로 당부하자면, 위 테스트들에서 사용되는 운동을 선수들에게 먼저 가르치지 않으면 기능적 하체 스트렝스를 안전하게 평가를 하는 것은 불가능하다. 그렇지 않을 경우엔 이 테스트들에서 얻을 수 있는 정보에 대한 잠재적인 이득보다 위험성이 훨씬 더 클 것이다.

더블 레그 버티컬 점프

하체의 파워를 평가하기 위해, 그리고 적절한 스트렝스 프로그램을 시작한 후 하체 파워의 성과를 재평가하기 위해 할 수 있는 간단한 대체 운동은 더블 레그 버티컬 점프double-leg vertical jump이다. 버티컬 점프 테스트는 상대적으로 수행하기 안전하며 쉽게 평가할 수 있는 기준을 가지고 있다. 하체의 파워가 증가하면 하체 스트렝스의 증가에 부분적으로나마 최소한 기여하는 부분이 있을 것이다.

버티컬 점프를 평가하기 위한 최고의 도구는 더 점프 시스템The Jump System과 버텍Vertec이지만, 두 가지 장비 모두 내

그림 3.4 더블 레그 버티컬 점프

재된 문제점은 있다(이 장비들은 M-F 아틀레틱 컴퍼니M-F Athletic Company에서 공급하며 www.performbetter.com에서 구매 가능하다).

더 점프 시스템이라는 장비는 공중에 떠 있는 시간을 측정하여 그것을 인치로 환산하는 도구이다. 선수는 점프한 다음 똑같은 위치에 착지해야 하며, 엄지발가락 부분을 먼저 착지시키고 무릎을 들거나 구부리면 안 된다. 이 모든 요소들이 점수에 영향을 미칠 수 있다.

버텍은 리치 하이reach height(손을 위로 뻗어 닿는 거리)와 점프 높이를 측정할 수 있는 조정 가능한 측정 도구이다. 버텍으로는 리치 하이의 측정이 정확해야 한다. 우리의 훈련시설에서는 양손과 한 손의 리치 하이를 모두 측정한다. 테스트 수행 방법에서의 일관성과 시험자 사이의 일관성은 당연히 필수적이다.

기능적 스트렝스 테스트의 마무리 포인트

테스트들은 성장한 정도를 평가할 때 사용된다. 테스트들은 훈련 프로그램이 아니고 훈련 프로그램의 일환이 되어서도 안 된다. 테스트는 오직 어떤 부위에 훈련이 필요한지, 그리고 어떤 부위가 다칠 위험이 있는지만 알려준다. 하지만 테스트에서 얻을 수 있는 수치들은 다음 단계의 스트렝스 성장에 대한 동기부여와 모니터링을 하는 데 도움을 준다.

어떤 코치들은 이 장에 나와 있는 테스트 프로토콜을 비판할 수 있을 것이다. 왜냐하면 테스트 중 몇 개는 반복횟수가 제한되어 있다고 하더라도 근지구력을 측정하기 위한 테스트라고 생각할 수 있기 때문이다. 어느 정도는 동의한다. 하지만 다시 한 번 언급하건대, 이 테스트들은 트레이닝 프로그램이 아니라 오직 성장을 평가하는 방법일 뿐이다.

이 시점에서 당신은 스포츠 요구demands of the sport에 대하여 더 잘 이해하고 있어야 하고 당신 혹은 당신 선수의 스트렝스 레벨에 대한 수준을 알 수 있어야 한다. 기능적 훈련의 원리를 좀 더 명확하게 이해하게 되기를 바란다. 요점은 해당 스포츠만을 위한 계획을 세우고 퍼포먼스를 강화하거나 부상을 방지할 수 있는 핵심 부분을 강화하는 것이다. 기능적 스트렝스의 평가는 발전하기 위한 훈련 계획을 세우는 과정에서 중요한 단계이다. 그 다음 단계는 계획을 세우는 것이다.

아이스하키 부상을 방지한 기능적 스트렝스

이번 장에서 설명한 기능적 스트렝스 테스트와 같은 많은 테스트를 보스턴대학교 남자 아이스하키팀에 도입하였고, 스트렝스 강화와 부상 방지에 있어서 훌륭한 결과를 얻었다. 친업 테스트의 평균 1RM은 100파운드(45kg)에 도달하였다.

처음에는 자기 몸무게로 10에서 15회 정도의 친업을 하는 경우가 뛰어난 퍼포먼스를 한다고 여겨졌지만 5년 후에는 이 경우가 평균 이하가 되었다. 우리 체육관에서는 모든 사람이 중량 친업을 하는 것이 일상적이며, 45파운드(20kg)의 무게로 수행하는 남성도 드물지 않게 있다.

보스턴대학교 팀에서 충돌증후군 관련 어깨 부상이 거의 없다는 것 또한 언급할 만한 일이다. 이것은 트레이닝에서 저항을 극복하면서 미는 움직임과 당기는 움직임의 균형을 유지는 것이 부상을 방지하는 장점이 있다는 강력한 증거이다.

CHAPTER 4

프로그램 디자인

나는 스포츠 퍼포먼스 프로그램을 만드는 것에 대해 코치들과 자주 이야기를 나눈다. 대화를 나누다 보면 코치들의 말은 종종 다음과 같은 식으로 시작된다. "나는 당신이 쓰는 것을 조금 사용하고, 마크 베르스테겐 것을 조금 사용하고, 여기에 다른 방식을 조금 섞고…." 이는 거의 항상 칭찬의 의미가 들어 있는 말이지만, 결과는 다르게 나타난다.

새로운 퍼포먼스 프로그램을 개발하거나, 기존 프로그램의 전부 또는 일부를 채택하는 경우는 요리업계의 모습과 유사하게 적용된다. 어떤 사람들은 정말 요리를 할 수 있고, 어떤 사람들은 요리책과 레시피가 필요하다. 어떤 사람들은 요리책을 쓰고, 다른 사람들은 요리책을 읽는다. 심지어 레스토랑 세계에도 요리사와 주방장이 있다. 요리사들은 요리법을 따르는 반면 주방장들은 요리법을 만든다.

당신은 요리사인가 아니면 주방장인가? 만약 자신이나 팀을 위해 프로그램을 처음 만들어본다면, 당신은 요리사이다. 필요에 맞는 좋은 레시피를 찾고 그것을 정확히 따르라. 요리에 있어서, 요리법의 모든 재료에는 목적이 있다. 예를 들어 대부분의 구운 음식은 밀가루가 필요하다. 케이크를 굽는다고 해놓곤 밀가루를 빼지는 않을 것 아닌가?

만약 처음 요리를 해본다고 하면, 두 개의 다른 요리책에서 두 가지 요리법을 가져와서 그것들을 결합할 것인가? 아니면 한 레시피에서 재료를 빼와서 다른 레시피에 더하는 식으로 요리를 만들 것인가? 그렇게 하면 최종적으로 훌륭한 요리가 나오겠는가? 그렇지 않을 것이다. 코치들이 다양한 출처에서 이 운동 저 운동을 빼와 프로그램을 만들 때에도 같은 일이 일어난다.

안타깝게도 많은 코치들이 프로그램 디자인을 이런 방식으로 하곤 한다. 나에게는 나와 몇 년 동안 함께 훈련하다 스스로 코치로 전향한 선수들이 몇몇 있다. 그들은 자신들에게 매우 성공적이었던 프로그램을 사용하는 대신에, 그 프로그램들을 변경한다. 그러고 나서 나에게 그 프로그램에 대해 이메일을 보내 "이 프로그램에 대해 검토해 주실 수 있습니까?"라고 말한다. 역시나 그 프로그램은 내 것과 자신의 것, 또는 제삼자의 것을 조금씩 섞은 것이다. 자신이 원하는 대로 요리법을 조합하는 것이다. 하지만 이런 프로그램은 언제나 형편없다. 이런 방법은 경험 있는 '주방장'들은 선택하지 않는 것이지만, 그들은 자신의 입맛에 맞게 조리법을 바꾸기로 결정했다. 경험 많은 주방장이 만든 요리법을 하나 선택하고 그 요리법에 따라 훌륭히 요리를 완성하는 것이 더 잘하는 것이다. 다르게 말하자면, 쓸데없는 짓을 추가하지 말라는 것이다.

만약 당신이 몇 년 동안 프로그램을 개발해온 경험이 있는 사람이라면, 당신의 전문성은 소스 셰프sauce-chef와 같은 위치일 것이다. 소스 셰프는 주방에서 두 번째 위치에 있는 사람이다. 많은 3~4년차 코치들이 바로 소스 셰프이다. 그들은 요리를 망치지 않고 레시피에 변화를 줄 수 있는 능력을 개발한 사람들이다. 이들은 재료는 바뀔 수 있으나 거기에는 계획이 있어야 한다는 점을 이해하고 있다. 그리고 또한 그 계획을 충실히 따라야 한다는 것을 잘 알고 있다. 소스 셰프는 재료 비율의 중요성을 알고 있어 단순히 자신의 입맛에 맞게 요리하지 않아야 한다는 점을 안다.

최종적으로, 5년간 성공적으로 프로그램 디자인을 하였다면 그 뒤에 훌륭한 주방장으로 자리매김할 수 있을 것이다. 이 시점에서부터 당신은 요리법에 대해 과감한 변화를 시도할 수 있다. 이미 요리 경험이 많기 때문이다. 어느 유명한 스트렝스 & 컨디셔닝 코치는 "규칙을 부수는 것은 괜찮습니다. 먼저 규칙을 이해하려고만 노력하세요"라고 말했다. 5년의 경험을 거친 뒤엔 새로운 훈련 DVD를 찾거나 자신의 전체 프로그램을 완전히 폐기하는 시도를 해선 안 된다. 훌륭한 주방장들은 최근 유행에 따른다고 자신이 선택한 요리 접근 방식을 버리지 않는다. 대신 약간의 조정을 통해 자신의 시스템을 개선시키는 방법을 택하라.

내 경험에 비추어 보면, 대부분의 코치들은 퍼포먼스 트레이닝 프로그램을 설계할 때 좀 더 많은 지침들이 필요하다고 생각한다. 만약 당신이 초심자라면 따라하는 것을 두려워하지 마라. 사실 이것저것 섞어서 만들기보단 차라리 다른 프로그램을 베껴 따라하는 것을 권하고 싶다. 이 책의 프로그램은 그러한 목적에서 제공된다. 나는 이 책에 있는 레시피들 일부를 다른 레시피에 첨가하기보단 나의 프로그램을 그대로 복사해서 사용하길 권한다.

내가 이전에 쓴 글들에서 프로그램들을 단순히 베껴오는 실수에 대해 경고했다. 이때 나는 프로그램을 맹목적으로 복사하는 것이 실수라고 말했어야 했다. 그러니 이점에 대해 잘 알고, 신중하게 선택하고, 분별력을 가지기 바란다. 하지만 만약 자신 없거나 프로그램을 만들 준비가 되어 있지 않다면, 자유롭게 베껴 따라하라. 요리책이 만들어진 데는 이유가 있다.

프로그램 기초

프로그램 설계 능력에 있어 자신의 위치에 대해 솔직한 평가를 하고 난 다음 단계는 기본 개념에 대해 이해하는 것이다. 이번 장에서는 프로그램 디자인의 개념, 이러한 개념을 구현하는 데 사용되는 도구, 그리고 기능적 트레이닝 프로그램을 적절하게 진행하는 방법에 대해 숙지할 것이다.

컨디셔닝과 피트니스를 위한 프로그램 짜기

모든 프로그램은 2주 또는 3주간의 기초 만들기 기간으로 시작해야 한다. 이미 훌륭한 몸을 가진 선수들에게 이 준비 기간preparatory period은 기량 저하로부터 피트니스 상태를 유지하는 시간이 될 것이며, 자신의 기준치에서 심각한 결손이 생긴 선수들에게는 경종을 울리는 바람직한 시간이 될 것이다.

준비 기간은 스프린트 관련 컨디셔닝의 기초를 닦기 위해 템포 러닝tempo running으로 구성되어야 한다. 템포 러닝은 스프린트도 아니고 조깅도 아니다. 이는 다양한 거리(일반적으로 100야드 또는 200야드, 또는 100미터/200미터)로 구성되며, 중간 중간 회복을 위해 걷는 시간이 포함된다. 우리 훈련 시설에서 선수들은 종종 40야드 잔디밭을 걷고, 돌고, 되돌아 걷는다. 돌아갈 때는 조깅과 달리기 중간 속도로 간다. 또한 트레드밀 위에서 템포 러닝을 하기도 하며, 적당한 속도(9~10MPH, 약 14.5~16km/h)를 선택하고, 15초 달리고 30초 쉬고, 20초 달리고 40초 쉬는 인터벌을 수행한다.

적절한 피트니스 기초를 확보한 후, 기능적 운동 프로그램을 설계할 수 있다. 여기에서의 강조점은 단지 스트렝스 자체를 높이는 것이 아니라 스포츠나 일상에서 사용될 수 있는 스트렝스를 만드는 것에 있다.

시작하기 전에 2장에서 살펴본 기본 사항에 대해 다시 상기하라.

- 당신의 스포츠는 속도와 힘을 강조하는 스프린트 중심의 스포츠인가?
- 당신의 스포츠에서 자주 멈추고 출발해야 하는가?
- 당신의 스포츠에서 플레이, 득점 과정, 교대, 또는 루틴한 활동이 얼마나 오래 지속되는가?

경기에서 실제로 일어나는 움직임을 분석하고 난 뒤, 해당 경기에 필요한 에너지 시스템과 스타일을 모방한 컨디셔닝 활동들을 선택해야 한다. 그리고 이를 세부적으로 구체화하라. 선수들에게 얼마나 멀리, 얼마나 빠르게 뛰어야 하는지, 그리고 러닝 중간 중간의 휴식은 얼마나 취해야 하는지 알려줘야 한다. 선수 스스로가 자기 페이스를 조절하게 하면 대부분 너무 느리게 움직이는 것을 선택한다. 그리고 휴식시간을 선수에게 맡겨놓으면 역시 너무 길게 쉬려고 한다.

예를 들어 축구, 필드하키, 라크로스, 농구, 그리고 아이스하키 같은 스포츠들은 멈췄다 다시 달리기를 빈번히 하는 스프린트 위주의 스포츠이다. 이러한 경우 훈련은 300야드 셔틀런과 같은, 멈춤-그리고-달리기와 같은 형태의 컨디셔닝 활동으로 구성되어야 한다.

스트렝스 프로그램 짜기

대부분의 스포츠에선 스트렝스 요소에 차이가 없다. 2012년 런던올림픽에서 수석 코치를 맡았던 마르코 카디날레Marco Cardinale가 보스턴 세미나에서 한, 내가 가장 좋아하는 문구 중 하나를 인용하자면 다음과 같다. "여러분의 스포츠들은 서로 다르지 않습니다. 그저 당신이 다르다고 생각할 뿐입니다."

카디날레는 런던올림픽을 위해 스트렝스와 컨디셔닝을 협응시키려고 했던 자신의 경험에 대해 이야기하였다. 모든 코치들은 그들의 스포츠가 독특하기 때문에 그들의 프로그램이 달라져야 한다고 믿었다. 하지만 진실은 기본적인 스트렝스 훈련의 필요성은 스포츠 전반에 걸쳐 비슷하다는 것이다. 그리고 비록 차이가 있더라도, 여러분이 스트렝스를 훈련하는 방식을 크게 바꾸지 않을 것이다. 컨디셔닝 측면의 훈련은 다를 수 있겠지만, 스트렝스 훈련은 80-20의 법칙, 즉 파레토 원리Pateto principle를 따른다. 웨이트룸에서 우리가 하는 일의 80퍼센트는 모든 스포츠에서 똑같을 것이다. 모든 운동선수들은 같은 근육을 가지고 있고, 그러한 근육을 강화시키는 것은 놀라울 정도로 비슷할 것이다.

스트렝스는 파워와 속도를 용이하게 하기 위해 필요하다. 스트렝스는 다른 모든 요소들이 만들어지는 기반이라고 생각하라. 하지만 양측성bilateral 스트렝스라는 단순한 개념 말고 특정한 일측성unilateral 스트렝스에 집중하라.

스트렝스 프로그램은 밀기, 당기기, 무릎 중심 운동, 고관절 중심 운동, 그리고 몇몇 코어 운동으로 구성된 심플한 훈련이다. 나는 농구, 축구, 아이스하키, 축구, 유도, 노 젓기, 그리고 많은 다른 스포츠 종목의 올림픽 메달리스트와 세계 챔피언들을 코치하고 훈련시키는 기쁨을 누렸다. 80-20 법칙은 명백하다. 그렇지 않다고 해도 70-30보다는 90-10의 비율에 더 가까울 것이다.

프로그램 디자인의 핵심

기능적 스트렝스 훈련 프로그램을 적절히 설계하려면 다음 원칙을 유념해야 한다.

- **기본 패턴을 먼저 배운다.** 운동 프로그램을 더 기능적으로 만들기 위한 프로그레션을 고려하기 전에 기본적인 움직임을 숙달하도록 한다. 예를 들어 스쿼트와 같은 기본적인 움직임이 숙달되지 않은 선수에게 하는 가장 큰 실수는 움직임에 중량을 더하거나 난이도가 높은 움직임을 시키는 것이다. 동작에 부하를 더 하기 전에 먼저 맨몸으로 모든 운동들을 숙달해야 한다. 그러고 나서야만 권장하는 그대로의 프로그레션을 진행할 수 있다.
- **간단한 맨몸 운동으로 시작한다.** 스트렝스 프로그램을 망치는 첫 번째 방법은 지나치게 빨리 중량을 리프팅하려고 시도하는 것이다. 선수가 자신의 체중으로 운동을 할 수 있지만 외부 저항을 사용할 때 힘들어한다면, 그건 명백히 외부 저항의 문제이다. 외부 저항을 줄이거나 제거하도록 한다. 상체의 당기기나 로잉 움직임의 경우, 많은 선수들이 시작에서부터 자신의 체중조차 다루지 못하는 경우가 많다. 이러한 경우엔, 필요하다면 머신 장비를 사용하거나 탄력 밴드를 보조로 사용할 수도 있다.
- **간단한 것에서 복잡한 것으로 진행한다.** 이 책에 수록된 프로그레션들은 수년간에 걸쳐 발전된 것들이다. 프로그레션을 따르도록 하라. 한 다리 운동에선 스플릿 스쿼트와 같이 가장 단순한 운동을 숙달해야만 뒤쪽 발을 높인 스플릿 스쿼트와 같이 더욱 난이도가 높은 운동으로 진행할 수 있다. 운동은 기능적인 프로그레션을 따르며 필요에 따라 적절한 시간에 난이도를 증가시킨다.
- **점진적 저항 개념을 사용한다.** 점진적인 저항은 성공의 열쇠이다. 가장 간단히 표현하자면, 매주 중량이나 반복수를 더하려고 노력하는 것이다. 만약 어떤 선수가 같은 중량으로 한두 번 더 반복해서 들 수 있다면 진전을 이룬 것이다. 만약 한 선수가 같은 반복수로 들 수 있지만 5파운드(2.5kg) 더 무거운 중량을 들 수 있다면 성장한 것이다. 우리는 이와 같은 간단한 원리들로 올림픽과 세계 챔피언을 만들었다. 점진적 저항의 원칙은 크레테의 마일로에게서 유래된 것으로 여겨진다. 마일로는 송아지에서 시작하여, 그 송아지가 황소가 될 때까지 매일매일 날랐다. 송아지가 황소로 자라남에 따라, 마일로의 스트렝스 역시 함께 자라났다. 이것이 스트렝스 훈련의 기본이다.

체중을 이용한 운동의 경우, 프로그레션은 간단한다. 첫째 주에는 8회 반복 3세트로 시작하고, 둘째 주에서는 10회 반복 3세트, 셋째 주에는 12회 반복 3세트로 진행한다. 이것이 단지 체중만을 이용한, 단순한 점진적인 저항 훈련이다.

넷째 주에 이르러선, 더 어려운 운동으로 진행하거나 외부 저항을 추가할 수도 있다. 외부 저항은 덤벨, 케틀벨, 중량조끼, 샌드백 또는 메디신 볼이 될 수 있다. 이와 같이 좀 더 어려운 운동들은 동일한 방법(8-10-12) 또는 기본적인 저항 훈련 콘셉트를 통해 진행할 수 있다. 단순히 주당 5파운드를 추가하는 것은 이론적으로 연간 260파운드(120kg)의 증가를 뜻한다. 대부분의 운동선수들은 이와 같은 증량을 꿈꾼다. 하지만 현실적으로 대부분의 선수들은 결국 중량 증가의 정체기를 맞는다. 초심자의 경우는 기본적인 저항 훈련 콘셉트만으로도 상당 기간 성장을 보일 수 있다.

프로그램 설계에서의 조언 한마디: 코치나 트레이너로서 당신이 좋아하거나 싫어하는 것을 바탕으로 프로그램을 디자인하지 마라. 당신의 선수에게 효과가 있는 프로그램을 디자인하라.

주기화

주기화는 트레이닝계에서 가장 많이 연구된 주제일 수 있다. 수만 장들의 내용들이 마이크로사이클과 메조사이클의 복잡성을 상세히 기술하고 있다. 그리고 이것은 그리고 이것은 스트렝스와 컨디셔닝 분야의 전설인 찰스 폴리퀸Charles Poliquin이 1988년 서술한 『스트렝스 훈련에 있어서의 다양성』에서 전달한 단순해야만 하는 개념들[높은 볼륨(훈련 총량, 많은 부하), 높은 강도(높은 훈련 강도, 높은 부하) 그리고 휴식기의 조합이 프로그램에 포함되어야 함]에 혼란을 주었을 뿐이다.

주기화는 정말 간단한 문제이다. 높은 볼륨, 낮은 부하의 단계는 높은 강도와 낮은 볼륨 기간과 서로 대체되면서 계획해야 한다. 이 업계의 또 다른 거인인 댄 존Dan John은 주요 운동들의 경우 15~25회 사이의 반복수를 할 것을 추천하였다. 즉 8회 반복 3세트의 볼륨(24회

점진적 저항 훈련과 기본 주기화 훈련

우리 프로그램은 8~10회 반복 세트(총훈련량) 후에 3회 반복 세트(높은 강도)를 하고, 그 뒤에 5회 반복 세트를 하도록 한다. 우리가 하는 훈련 주기화에서는 뭔가 특별한 것이 없지만, 매주 중량이나 반복수를 더하려고 노력한다. 우리 선수들은 뛰어난 스트렝스를 발달시키기 위해 이러한 기술들을 사용하고 있다.

에드 리피Ed Lippie는 전직 대학 축구 선수이자 스트렝스 코치이며, 퍼스널 트레이너인데, 『뉴 펑셔널 트레이닝 포 스포츠』 초판의 많은 사진들의 모델이었다. 그는 지금 설명하는 방법을 사용하여 135파운드(60kg)를 매달고 턱걸이를 세 번 수행할 수 있게 되었는데, 이는 내가 우리 시설에서 본 것 중 최고의 결과이다.

벤 브루노Ben Bruno는 엄청난 스트렝스를 선보이며 유튜브 신드롬의 일원이 된 전직 MBSC 직원이다. 벤은 간단한 주기화 접근 방식을 사용하여 리어 풋 엘리베이티드 스플릿 스쿼트를 305파운드(140kg) 5회 할 수 있게 되었다. 올림픽 선수든 코치든 트레이너든 점진적 저항과 주기화의 기본은 극적인 결과를 낳는다.

반복)이나 더 높은 강도로 5회 반복 3세트(15회 반복)의 훈련 총량을 선택하는 것이다.

중요한 것은 심플한 프로그램을 만들고 이것을 잘 지도하는 것이다. 좋지 못하지만 잘 지도된 프로그램은, 좋은 내용이지만 형편없이 지도된 프로그램을 이길 것이다. 악마는 실행의 디테일에 있다.

운동 분류

우리의 상체, 하체, 그리고 코어 운동은 다음 세 가지 중 하나로 분류된다.

- 베이스라인Baseline
- 프로그레션
- 리그레션

베이스라인 운동은 평균적인 선수의 일반적인 출발점이다. 우리는 이후의 운동들을 프로그레션이나 리그레션으로 정의한다. 선수들은 3주 동안 베이스라인 운동을 한 다음 프로그레션으로 이동시킨다. 그러나 부상이나 기술적 문제로 인해 베이스라인 운동에 어려움을 겪는 선수는 즉시 리그레션 운동을 시킨다. 이 프로그레션과 리그레션 시스템은 적절한 운동 퍼포먼스를 위한 핵심 도구이다.

프로그레션은 베이스라인 운동에서 앞으로 나아가는 단계이며 쉬운 것에서 어려운 것으로 연속적으로 번호가 매겨진다. 프로그레션은 점진적 저항을 통해 부하를 추가하는 것처럼 단순하게 할 수도 있지만, 체중 사용 방법을 변경하여 난이도를 높일 수도 있다. 프로그레션 3단계 운동은 상당히 어려울 것이다.

리그레션 운동 역시 번호가 매겨지지만, 척도의 역순으로, 쉬운 운동에서 매우 쉬운 운동 순으로 순서가 매겨진다. 따라서 리그레션 3단계 운동은 매우 간단하다.

핵심은 모든 운동이 진행되기 전에 숙달되어야 하며, 숙달하려면 베이스라인에서 리그레션 운동을 사용해야 할 수도 있다는 것을 이해하는 것이다.

나는 우리 코치들에게 부하를 더하거나, 난이도를 높이기 전에 어떻게 운동을 하는지 눈으로 보고 확인하는 것을 좋아해야 하며, 우리의 리그레션 시스템은 '직접 본 것'을 기반으로 한다고 말한다.

당신은 코치로서 선수가 어떻게 움직이는지 보는 것을 좋아하는가?

나는 전설적인 육상 코치 부 스네이더Boo Schexnayder의 말을 좋아한다. "우리의 일은 워크아웃을 작성하는 것이 아니라 워크아웃을 관찰하는 것이다."

종이에 뭔가를 쓰는 것은 쉬우며, 당신이 적은 프로그램을 누군가 실행하는 것을 관찰하는 것 역시 원활히 할 줄 알아야 한다. 그러면 베이스라인을 고수할 것인지 아니면 리그레션을 처방할 것인지를 결정하는 것도 그만큼 쉬울 것이다. 당신의 눈이 당신에게 말해줄 것이다.

훈련 도구

많은 코치들과 선수들은 기능적 훈련이 스태빌리티 볼과 균형성 훈련 도구로 행해지는 귀여

운 운동으로 구성되어 있다고 생각한다. 이것은 더 이상 사실이 아니다. 진정한 기능적 훈련은 체중을 이용한 훈련과 점진적 저항 운동을 중심으로 이루어진다. 선수들은 맨몸 운동을 숙달하고 그 다음 점차적으로 더 무거운 외부 부하를 더해야 한다. 초심자가 자신의 몸무게로 스플릿 스쿼트를 하는 것을 보라. 균형이 부족한 것이 분명하다. 우리가 균형감balance이라고 부르는 것은 사실 안정성 스트렝스stabilizer strength이다. 대부분의 경우 패턴을 학습하는 초기에는 추가적인 외부 저항이 필요하지 않다. 필요한 것은 패턴을 완전히 파악한 다음 저항을 추가하는 것이다.

기능적 훈련을 비기능적 훈련의 반대 개념으로 생각하라. 또는 물리치료사이자 펑셔널 무브먼트 스크린Functional Movement Screen의 공동 창립자인 그레이 쿡이 좋아하는 표현인 기능 부전에 스트렝스를 더한다는 개념에 대해서도 생각해보라. 기능적 훈련의 핵심적인 개념은 부하를 싣기 전에 움직이는 법을 배우는 것이다. 비기능적 훈련의 증거는 미국의 모든 체육관에서 보이는데, 사람들은 미심쩍거나 안전하지 않은 기술로 중량을 A지점에서 B지점으로 옮기는 식의 훈련을 하곤 한다.

다음은 기능적 훈련 장비의 몇 가지 주요 도구와 사용 방법, 시기에 대한 몇 가지 지침을 간략히 설명한 것이다.

메디신 볼: 파워를 발달시키는 최고의 도구 중 하나인 메디신 볼은 지난 10년 동안 다시 거대한 부활을 누려왔다. 비록 메디신 볼(그림 4.1)은 수세기 동안 존재해왔지만, 이제 미래를 위한 도구로 되살아났다. 이 도구는 체스트 패스, 오버헤드 쓰로우, 슬램 등의 운동을 통해 상체 파워 작업에 사용할 수 있으며, 전신 파워 작업을 위해 멀리 던지기도 한다. 메디신 볼은 콘크리트 벽과 조합하여 사용할 때, 코어와 엉덩이 근육의 파워 트레이닝을 위한 최고의 도구가 된다. 메디신 볼 훈련과 관련된 모든 부분은 9장에서 설명한다.

그림 4.1 메디신 볼

메디신 볼을 사용할 때 부상이 발생하지 않으려면 상식을 사용해야만 한다. 우리 훈련장에서는 파트너가 볼을 캐치해야 하는 드릴들은 사용하지 않으며, 한 팔로 머리 위에서 공을 던지는 동작single-arm overhead movement은 그 어떠한 것도 하지 않는다. 메디신 볼을 잡는 동작은 손에 부상을 초래할 수 있는 반면, 한 팔을 사용해 머리 위에서 던지는 동작은 어깨 관절에 너무 큰 스트레스를 줄 수 있다. 메디신 볼은 튀거나 튀지 않는 종류들과 다양한 크기와 무게로 판매되고 있다. 가장 유용한 공은 2~8파운드(1~3.5kg) 사이인 경향이 있다.

중량조끼와 벨트: 중량조끼나 벨트보다 기능적 훈련을 위한 더 좋은 도구는 없을 것이다. 중량조끼와 벨트는 다양한 스타일로 사용 가능하며 오래된 캔버스 재질의 낚시용 형태에서 다

양하게 변화되어 왔다. 일부 코치는 선수들이 이미 바벨이나 덤벨로 훈련하고 있다면 중량조끼나 벨트를 사용하는 것이 불필요하다고 생각할 수 있다. 그러나 중량조끼는 신체 움직임 방해를 최소화하면서 외부 하중을 더한다. 선수들은 외부 저항을 더하기 위해 상체의 위치를 바꿀 필요가 없다. 단지 중량조끼나 벨트를 매기만 하면 된다.

조끼와 벨트는 맨몸 운동에 저항을 더하는 훌륭한 방법이다. 팔굽혀펴기, 싱글 레그 스쿼트, 그리고 인버티드 로우inverted row와 같은 운동들은 이제 안전하게 체중 이상의 저항을 사용할 수 있다. 게다가 아이스하키나 미식축구와 같은 스포츠의 경우, 선수들은 중량조끼와 벨트를 통해 컨디셔닝하는 동안 장비의 무게를 시뮬레이션할 수 있다.

폼 롤러: 폼 롤러(그림 4.2)는 지난 10년간 잘 알려지지 않던 도구에서 이제는 필수품 중 하나로 변했다. 롤러는 다양한 색상과 길이, 밀도를 가지고 있지만 모두 셀프 마사지 도구로 사용된다. 폼 롤러는 '자가 근막 이완', '셀프 마사지', 그리고 '연부조직 작업soft tissue work' 모두에 적용 가능한 도구이다. 5장에서는 폼 롤러 사용법에 대해 자세히 다룰 것이다.

그림 4.23 폼 롤러

스태빌리티 볼: 스태빌리티 볼(그림 4.3 참조)은 불행히도 책, 비디오, 그리고 수업들에서 기능적 훈련과 동의어로 취급받으면서 이 한 가지 도구만으로도 모든 것들을 발달시킬 수 있다는 인식을 가지게 되었다. 스태빌리티 볼 하나만을 과도하게 사용하는 것은 많은 스트렝스 & 컨디셔닝 코치들이 기능적 훈련 전체를 부정적으로 보게 만들었다. 코치와 선수들은 이것이 하나의 도구일 뿐이고 많은 초보 훈련생들에게 부적절할 수도 있다는 것을 기억할 필요가 있다. 스태빌리티 볼은 몇 가지 특정 연습(예: 스태빌리티 볼 롤 아웃, 스태빌리티 볼 레그 컬)에 매우 뛰어나지만, 예전에 생각되었던 것처럼 만능도구가 아니며, 그 위에서 스쿼트를 하거나 체중보다 무거운 중량을 다루는 도구는 확실히 아니다. 스태빌리티 볼 위에서 운동을 하는 영상들은 부주의한 행동이다. 선수들은 스태빌리티 볼 위에 서서는 절대 안 된다. 그로 인한 잠재적인 이익보다 위험이 훨씬 크다. 하체를 위한 추가적인 밸런스 훈련을 위해 불안정한 지면을 사용하고 싶다면 다른 도구를 선택하라.

코치들과 선수들은 또한 바벨이나 덤벨을 사용하는 운동에서 스태빌리티 볼에 앉아서 하거나, 밀기 움직임에서 벤치 대신 스태빌리티 볼을 대체해 사용하는 것에 주의해야 한다. 덤벨이나 바벨을 사용할 때 스태빌리티 볼을 지지대로 사용해서는 안 된다. 심지어 소위 찢

그림 4.3 스태빌리티 볼

어짐 방지 볼을 사용한다고 해도 주의해야 한다. 찢어짐 방지 볼도 일반 스태빌리티 볼과 마찬가지로 찢어지고 심각한 부상을 일으킨다는 보고가 있다. 우리의 현재 정책은 안전상의 이유로 체중에 한해서만 사용하고 스태빌리티 볼 위에 서지 않는다고 정해놓았다.

슬라이드 보드: 슬라이드 보드는 스피드 스케이터를 훈련하기 위해 개발되었지만, 현재는 다른 스포츠에서도 널리 사용되고 있다. 슬라이드 보드는 서 있는 동안 에너지 시스템 작업energy system work을 수행할 수 있도록 하며, 그 특성상 스포츠-특성 자세sport-specific potion(그림 4.4 참조)라 불리는 무릎 굴곡 자세를 취하도록 한다. 이 장비는 이러한 자세에서 에너지 시스템과 근육 시스템이 작동할 수 있는 유일한 컨디셔닝 장비이다. 선수들은 적절한 근육 패턴을 발달시키면서 컨디셔닝을 향상시킬 수 있는데, 이는 보통 이전의 심폐 훈련 장비에서는 불가능했던 것이다.

슬라이드 보드는 하체의 모든 신전 근육들과 고관절 내전근, 외전근들을 다룰 수 있게 한다. 기능적 컨디셔닝의 관점에서, 슬라이드 보드는 달리기와 동등하거나 더 우수한 이점

그림 4.4 슬라이드 보드

을 가지고 있다.

우리의 훈련 시설에서는 모든 선수들이 슬라이드 보드를 사용하도록 한다. 이 훈련은 측면 움직임과 균형력을 강화하면서 동시에 훈련시키기 힘든 내전근과 외전근 근육들을 컨디셔닝할 수 있다. 에너지 시스템을 컨디셔닝하기 위한 다른 어떤 장비들도 이 모든 이점들을 충족시키기 어렵다. 게다가 슬라이드 보드는 다양한 키와 체중을 가진 선수들이 모두 쉽게 사용할 수 있다.

미니 슬라이드 보드: 미니 슬라이드 보드는 범퍼(막음 장치)가 없지만, 슬라이드 보드 런지와 슬라이드 보드 레그 컬과 같은 하체 운동들, 그리고 다양한 코어 훈련들을 할 수 있다. 에너지 시스템 작업을 수행할 수 없기 때문에 기존 슬라이드 보드와는 다른 도구이지만, 갖추어야 하는 훌륭한 도구이다.

발슬라이드: L.A.의 스타 트레이너인 발레리 워터스가 발명한 발슬라이드Valslides는 모든 카펫 표면 또는 잔디 표면에서 미니 슬라이드 보드 유형 운동들을 할 수 있게 한다. 미니 슬라이드 보드처럼 발슬라이드는 하체와 코어 작업에 사용할 수 있다.

어질리티 래더: 어질리티 래더Agility Ladder는 기능적 훈련 장비 중 최고의 도구 중 하나일 수 있다. 신체 능력의 다양한 구성 요소를 준비시키는 동적인 워밍업에 사용할 수 있으며, 균형감, 발의 스피드, 협응력, 그리고 신장성 스트렝스eccentric strength를 발달시키는 데 사용할 수 있다(그림 4.5 참고). 어질리티 래더가 등장하기 전에는 발 스피드foot speed를 다룰 수 있는 좋은 방법이 없었다. 어질리티 래더는 근육의 온도를 높이는 동시에 근육 시스템과 신경 근육 시스템neuromuscular system에 이점을 제공한다.

그림 4.5 어질리티 래더

보수 볼: 보수 볼BOSU Ball이 도구 목록에 들어오는 것은 단 한 가지 이유 때문이다. 보수 볼은 푸시업할 때 상체의 불안정성을 더하고 발을 높인, 푸시업의 난이도를 높이는 탁월한 도구이기 때문이다. 우리는 단지 푸시업 때문에 보수 볼을 시설에 둔다.

서스펜션 트레이너: 서스펜션 트레이너Suspension Trainers는 지난 10년 동안 매우 많은 인기를 끌었다. TRX가 가장 인기 있는 상품이지만, 그 외에도 다양한 상품들이 있다. 나는 TRX보다는 링을 더 선호하게 되었는데, 사실 보수 볼과 마찬가지로 서스펜션 트레이너도 한 가지 운동, 인버티드 로우를 위해 구비해놓았다. 서스펜션 트레이너는 크게 두 가지 이유에서 인버티드 로우를 효과적으로 만들어준다. 첫째, TRX와 링은 조정 가능하므로 선수나 고객이 어떤 수준이던 간에 사용할 수 있다. 두 번째, 서스펜션 트레이너는 운동 시작시 어깨를 내회전(엄지가 아래로 향하게) 하고 운동 끝 동작에서는 어깨가 외회전(엄지가 위로 향하게) 한다. 이는 어깨에 부담을 적게 주는 운동을 하게 한다.

AT 스포츠 플렉스: 이렇게 간단한 장비가 어떤 운동을 하는 방법에 큰 영향을 미칠 수 있는 경우는 드물다. AT 스포츠 플렉스AT Sports Flex(그림 4.6 참조)는 프레스, 로우, 그리고 견갑흉곽 운동에 매우 큰 효과를 주는 다기능 케이블 머신 연결 장치multifunction cable attachment다. 이 장비의 디자인은 너무 독특해서 나는 이 장비는 필수적인 도구라고 생각한다. 시카고 화이트삭스의 스트렝스 & 컨디셔닝 코치인 앨런 토마스(이른바 AT)가 개발한 이 장비는 훈련의 필수품이다.

그림 4.6 AT 스포츠 플렉스

기능 연속체

프로그램을 디자인할 때 운동이나 드릴의 기능적 특성을 결정하는 것이 중요하다는 점을 고려할 때, 나는 이와 관련한 분류 체계를 가지는 것이 유용할 것이라고 생각한다. 기능 연속체Functional Continuum(그림 4.7 참조)는 가장 기능적이지 않은 것에서 가장 기능적인 순으로 운동을 나눈 것이다.

이 도표는 하체 운동(무릎 지배적, 고관절 지배적), 상체 운동(밀기 운동, 당기기 운동) 그리고 코어 운동들로 나뉘어 있다. 그림은 상대적으로 기능이 낮은 머신 기반 운동에서 높은 기능적 운동인 한 다리 운동으로 진행된다. 이 도식도는 프로그램 설계가 양자택일의 문제가 아니라 스포츠와 움직임에 관련된 스트렝스를 개발하기 위한 통합적인 접근법을 취해야 한다는 생각을 강조하고 있다.

그림의 연속체에서는, 무릎 지배적 운동에서 가장 기능이 낮은 것에서 가장 기능이 높은 순으로 운동을 배열한 것이다. 그리고 이는 다음 순서를 따른다.

1. 내가 상상할 수 있는 가장 기능이 떨어지는 운동은 라잉 레그 프레스lying leg press이다.

레그 프레스를 할 때 선수는 등을 대고 누워 있으며, 안정성은 머신이 제공한다.

2. 다음은 스탠딩 머신 스쿼트이다. 선수는 기능 연속체에서 서 있는 자세로 진행하였고, 이는 향상을 보인 것이지만, 아직 머신이 안정성을 제공하고 있고 양다리를 사용하는 단계이다.

3. 그러고 난 뒤에는 바벨 스쿼트로 진행한다. 이 지점에서 선수는 스스로 안정화를 시

최소 기능 → 최대 기능					
하체 운동					
무릎 지배적 운동					
운동 형태	레그 프레스	머신 스쿼트	바벨 스쿼트	한쪽 다리 뒤로 높인 스플릿 스쿼트	원 레그 스쿼트
조건	등 대고 누운 자세, 선수 스스로 안정화하지 않음	선 자세, 선수 스스로 안정화하지 않음	두 다리 운동	한 다리 운동	균형을 돕는 도움 없이 한 다리로 운동
고관절 지배적 운동					
운동 형태	레그 컬	백 익스텐션	두 다리를 사용하는 SLDL 또는 RDL*	한 다리 SLDL* (덤벨 한쌍 사용)	한 다리 SLDL* (덤벨 하나를 사용)
조건	엎드린 자세, 기능적 활동 없음	엎드린 자세, 기능적 활동 있음	두 다리로 선 자세	한 다리로 선 자세	둔근과 허리 연결을 동반한 한 다리로 선 자세
상체 운동					
수평 밀기					
운동 형태	머신 벤치 프레스	벤치 프레스	덤벨 벤치 프레스	푸시업	스태빌리티 볼 푸시업
조건	위를 보고 누움, 선수 스스로 안정화하지 않음	위를 보고 누움, 선수가 약간은 스스로 안정화함	위를 보고 누움, 한쪽 팔을 안정화에 동원	닫힌 사슬에서 엎드린 자세	균형을 잡기 위해 노력하는 엎드린 자세
수평 당기기					
운동 형태	머신 로우	덤벨 로우	인버티드 로우	원 암, 원 레그 로우	원 암, 투 레그 로테이션 로우
체간 운동					
운동 형태	크런치	인클라인 하프 닐링 리프트	런지 포지션 리프트	스탠딩 리프트	메디신 볼 사이드 쓰로우
조건	등을 대고 누운 자세, 회전 동작 없음	제한된 코어 움직임의 하프 닐링 리프트	제한된 코어 움직임의 런지 자세 리프트	선 자세에서 외부 중량을 사용, 체간의 내/외회전	선 자세, 폭발적인 움직임

* SLDL=스트레이트 레그 데드리프트, RDL=루마니안 데드리프트(스트레이트 레그 데드리프트의 변형)

그림 4.7 **기능 연속체**

키지만, 아직 기능이 가장 높은 단계는 아니다.

4. 다음 단계는 한 다리로 운동하는 싱글 레그 스쿼트이다. 이 시점에서 운동은 극도로 기능적이다. 이 운동에서 하체와 몸통의 근육들은 달리기나 점프를 할 때처럼 결합되어 있다.

기능적 훈련과 여자 선수

트레이너와 코치는 항상 남자와 여자 선수를 어떻게 다르게 훈련시켜야 하는지 궁금해 한다. 종종 코치들은 "하지만 저는 여자 선수를 코치하는데요?"라는 질문을 시작 또는 끝에 제기한다. 여자 선수는 최소한 트레이닝에 관해선 남자 선수와 신체적으로 다르지 않다. 모든 근육과 뼈는 같다. 남녀의 어떠한 차이점도 실제 훈련 프로그램을 설계하거나 적용하는 방법과는 관계가 없다. 코치들은 어떤 관점에서든 여자 선수들에 대한 기대를 낮추어서는 안 된다. 내가 과거에 여자 선수들을 훈련시킨 것에 대해 들었던 것의 대부분은 사실이 아닌 것으로 판명되었다. 그 사항들이 의도된 것인지 아닌지는 분명치 않지만, 여자 선수 훈련에 대한 대부분의 선입견들은 정확한 것이 아니다.

여자 선수들은 체중을 이용한 상체 운동을 멀리해야 한다는 오래된 이론은 특히 사실이 아니다. 여자 선수들을 제지하는 것은 종종 그들을 훈련시키는 사람들이 가진 낮은 기대와 선입견이다. 성인 여성과 소녀들이 처음엔 턱걸이와 같은 체중을 이용한 상체 운동을 할 수 없을지도 모르지만, 그녀들은 빠르게 그 힘을 발달시킬 수 있다. 농구, 축구, 필드하키, 아이스하키, 피겨 스케이팅에서 엘리트 여자 선수들을 훈련시킨 후, 우리는 그들이 제대로 훈련된다면 푸시업과 턱걸이를 쉽게 할 수 있다는 것을 발견하였다. 비록 그녀들이 엘리트 남자 선수와 동등한 상체 스트렝스를 가지진 않았을 수도 있지만, 뛰어난 상체 힘을 갖도록 발달시킬 수 있다.

여자 선수들은 종종 비슷한 스포츠의 남자 선수들보다 더 유연하지 않다. 우리의 엘리트 여성 아이스하키 선수들은 남자 선수들만큼이나 고관절의 타이트함 때문에 힘들어 한다. 우리 센터의 엘리트 여성 축구 선수들은 남자 축구 선수들보다 훨씬 더 유연하다고 할 수도 없다. 선수들은 성별이 아니라 자신들의 스포츠에서 반복되는 움직임 패턴에 기초하여 뻣뻣하고 유연성이 떨어지는 것이다.

여성은 남성보다 더 코칭이 잘되지만 남성보다 더 경쟁적이진 않다. 더 경쟁적이지 않다는 의미는, 여성은 다른 선수가 리프팅하는 것에 크게 신경 쓰지 않는다는 뜻이다. 여성은 자신이 할 수 있는 것에 더 집중하고 다른 사람들이 아는 것에는 덜 집중한다. 이러한 점이 그들을 지도하기 쉽게 만든다.

하지만 신체 이미지는 남자 선수들만큼의 근육을 가지지 못하는 점에 대해 생각하는 여자 선수들에게 큰 이슈가 된다. 이점은 코치들이 잘 알아야 하고 극복하려고 노력해야 하는 독특한 사회적 영향이다. 체중과 체지방 비율에 대한 통계는 종종 날조되고, 부풀려지거나 축소되어 여자 선수들에게 비현실적인 기대를 강요한다. 선수들에게 주어지는 체지방에 대한 정보는 오직 코치, 스포츠의학 스태프, 또는 운동과학자들에게서 제공받아야 한다. 서로 다른 사람들, 서로 다른 학교의 선수들이나 다른 훈련 프로그램들로부터 나오는 신체 구성비에 대한 비교는 사과와 오렌지를 비교하는 것과 마찬가지다. 여자 선수들은 그들의 스포

여성 신체 이미지 문제 극복하기

"여성 선수들은 작고 아담하다는 이미지(요가 체형)가 있습니다. 일반적으로 여성들은 스스로를 위축시키고, 자신과 자신의 신체 타입에 대해 드러내는 데 있어 자신감을 가지지 않는 경향이 있습니다. 어떤 체격을 가지고 있든 간에, 자신의 몸 안에서 건강하고 편안하며 스스로에게 알맞게 지내도 괜찮아요. 저는 제 종목에서 최고가 되기 위해(올림픽을 위해) 15파운드 정도 더 높여야 하기에, 근육질이 여성스럽지 않다는 신체 이미지를 깨부수려고 노력했습니다."

사실 나는 힐러리가 세상에서 최고가 되기 위해선 더 커지고, 더 강해지고, 더 빨라져야 한다고 설득했다. 나는 우리의 프로그램이 여자 운동선수가 어떻게 보일 수 있고 어떻게 보여야 하는지에 대한 가장 아름다운 예들 중 하나를 만들어내는 법도 몰랐다. 여자 선수들은 너무 오랫동안 뚱뚱하다고 여겨질까 봐 그들의 실제 몸무게를 노출하는 것을 부끄러워했다. 몸에 대한 이슈에서, 힐러리 같은 선수들은 수천 명의 어린 소녀들에게 여자 운동선수가 되는 것이 괜찮다고 말한다.

프로그램을 설계할 때, 가장 기능적인 운동이 종종 가장 적절한 운동은 아닐 수도 있다는 점에 주의해야 한다. 대신 이 책에서 설명하는 프로그레션들을 따르고, 기본을 숙달하고, 프로그램이 끝날 때까지 훌륭한 기능적 스트렝스를 발달시키려고 노력해야 한다. 다음이 바로 핵심 사항이다.

- 기본을 익힌다.
- 체중을 이용한 운동이 먼저다.
- 단순한 것에서 복잡한 것으로 진행한다.

나에게는 간단한 규칙이 있다. 모든 것은 보기 좋아야 한다. 운동은 매끄럽고 운동처럼 보여야 한다. 만약 선수들이 어떤 운동을 숙달하기 위해 고군분투하고 있다면, 한 단계 뒤로 물러난 뒤 마스터하기 위해 노력해야 한다. 테크닉은 그 어떤 것보다 먼저 숙달되어야 하고, 항상 중량을 올리기 전에 기술적인 준비가 되어 있어야 한다.

츠와 그들의 체형에서 어떤 키와 몸무게가 정상 범주인지 상기해야만 한다.

일부 선수 프로그램들은 섭식 장애, 신체 이미지, 그리고 영양 문제에 대해 코치들이 여자 선수의 체중이나 신체 사이즈 측정을 금지하는 현실 도피적 접근을 채택한다. 이것은 이 여성들에게 큰 해가 된다. 해결책은 문제를 피하는 것이 아니라 문제를 처리하는 것이다. 교육과 긍정적인 롤 모델은 여자 선수들에게 꼭 필요하다.

여자 선수들은 신체 구성비가 받아들여질 만하다고 여겨지는 자신과 비슷한 선수들의 사진에 노출되어야 한다. 여성들에게 자주 노출되는 시각적 롤모델들은 대부분 패션모델이나 평균적인 여자 선수의 특성은 가지고 있지 않은 연예인들이다.

여자 선수 훈련에 필요한 장비

성인 여성과 소녀들을 위한 트레이닝에서 실제적으로 남성들과의 주요한 차이점은 훈련 장비와 프로그레션에서 나타난다. 대부분의 퍼스널 트레이너들과 스트렝스 코치들은 여자 선수를 위한 특수한 장비에 대해서 고려하지 않는다.

다음의 모든 권고 사항은 또한 어느 성별의 어린 선수들을 훈련시키는 데도 적용된다.

- 15, 25, 35파운드(7, 11, 16kg) 올림픽 바를 구비한다. 많은 어린 선수들과 여자 선수들은 스트렝스 훈련 경험이 적거나 거의 없을 수도 있고 처음에는 가벼운 바벨이 필요할 수도 있다. 올림픽 플레이트를 사용할 수 있는 가벼운 올림픽 바를 구입하라. 많은 회사들이 새로운 더 가볍고, 짧은 바벨들을 만들고 있다. 예전 바벨들과 1인치 구멍을 가진 플레이트는 사용하지 마라. 45파운드(20kg) 플레이트 지름의 풀 사이즈 플라스틱 플레이트를 구입하라. 어리고 아직 근력이 약한 선수들은 웨이트룸의 다른 모든 선수들처럼 보여야 한다. 커다란 지름을 다루는, 거울에 비친 자신의 모습을 보는 것만으로도 선수들은 심리적으로 큰 힘을 받는다.
- 덤벨은 2.5파운드 단위로 구매한다. 2.5파운드(1kg) 단위의 덤벨들은 어린 선수와 여자 선수들에게 이상적이다. 5파운드(2.5kg) 단위는 어리거나 훈련 수준이 낮은 선수들의 훈련 속도를 더디게 할 수도 있다. 훈련 경험이 적은 선수가 15파운드(7kg) 덤벨 한쌍에서 20파운드(10kg) 덤벨로 훈련을 진행한다고 생각해보자. 그러면 훈련 중량은 30파운드(약 15kg)에서 40파운드(약 20kg)로 33퍼센트 정도 증가하는 것이다. 훈련 경험이 많은 더 강한 선수에게 일주일 만에 60파운드(30kg)에서 동일한 비율 증가인 90파운드(40kg)로 훈련할 수 있는지 물어보겠는가? 덤벨 세트는 5파운드에서 최소 50파운드짜리까지 2.5파운드 단위로 구비해야만 할 것이다.
- 1.25파운드 플레이트메이트. 만약 5파운드 단위의 덤벨 밖에 없다면, 플레이트메이트가 해결책이 될 것이다. 플레이트메이트는 1.25파운드(0.6kg)짜리 자석으로 당신이 가진 기존 덤벨을 2.5파운드(덤벨 한 면에 하나씩 2개를 사용) 단위로 바꿔줄 것이다. 당신이 가진 덤벨의 모양에 맞게 육각형 또는 원형 덤벨 각각에 맞는 플레이트메이트를 구입하라. 원형의 플레이트메이트를 육각형 덤벨에 붙여 사용하면 위험할 수 있다.
- 1.25파운드 올림픽 플레이트. 이 플레이트는 흔히 볼 수 있는 것은 아니지만 구할 수는 있을 것이다. 이 플레이트를 구비해야 하는 데는 앞서 설명한 것과 동일한 논리가 적용된다. 45파운드에서 50파운드로 나아가는 것은 5파운드만 증량된 것이지만, 비율로는 10%가 올라간 것이다. 많은 여자 선수들의 경우 이런 비율로 무게를 올리기 힘들 수 있다. 예를 들어 강한 선수에게 일주일 안에 벤치 프레스 300파운드를 330파운드로 점프해 들 수 있는지 물어보라. 단 10%만 높인 것이지만, 그 어떤 선수에게도 불가능할 것이다.
- 딥 벨트. 여러분의 선수들이 스트렝스를 가지기 시작하면, 이제 풀업이나 딥스를 할 때 외부 중량이 필요하게 될 것이다. 일반적인 딥 벨트는 체구가 작은 여자 선수에게는 맞지 않을 수도 있다. 벨트는 여자 선수의 허리에 맞도록 맞춤 제작된 것이어야 한다.
- 웨이트 벨트. 대부분의 웨이트룸에는 웨이트 벨트들이 갖추어져 있다. 만약 당신이 웨이트 벨트 사용을 지지하는 사람이라면, 여성들을 위해 24~28 사이즈 벨트

를 구매하라. 이는 분명히 해야 하는 점이다. 여성들은 일반적으로 남성보다 허리 사이즈가 작다.

일단 장비들이 갖추어지면, 여자 선수들을 위한 기능적 훈련을 하는 데 별다른 문제는 없을 것이다. 적절한 장비를 갖추면, 여자 선수들은 이 책에서 논의된 모든 기능적 훈련 콘셉트를 사용할 수 있고, 훈련 프로그램은 남자 선수들을 위한 프로그램 대부분의 특징을 가질 것이다. 한 가지 발생할 수 있는 예외는 상체 훈련 때 초기 저항으로 체중을 사용하는 경우이다. 푸시업과 풀업과 같은 운동은 초보 여자 운동선수들을 위해 수정될 필요가 있을 수 있다. 비록 성인 여성과 소녀들이 뛰어난 상체 힘을 발달시킬 수 있지만, 처음에는 스트렝스가 부족할 수도 있다. 하지만 체중을 이용한 운동들은 여성을 위해 쉽게 조정될 수 있다.

참고문헌

Poliquin, C. 1988. Variety in strength training. *Science Periodical on Research and Technology in Sport.* 8 (8): 1-7.

CHAPTER 5

폼 롤링, 스트레칭과 다이나믹 웜업

훈련 전후 활동들과 도구들의 처방에 대해 다음과 같은 한 가지 점만은 확신할 수 있다. 기능적 관점의 장점들이 스포츠 훈련에 더욱 스며들면 들수록 훈련 전후 활동과 도구들은 끊임없이 변화하고 발달할 것이라는 점이다. 일련의 같은 종류의 정적인 스트레칭을 수행했던 과거의 관습들은 지금은 하지 않고 있다.

폼 롤링Foam rolling

새로운 훈련 장비와 장치에 관한 한 회의적인 시각은 어느 정도는 항상 존재한다. 이렇게 쏟아져 나오는 장비들은 4~5개 중 하나 정도만 유용하며, 나머지들은 심야 홈쇼핑에서나 판매되는, 단 1분의 고민 시간도 아까운 쓰레기들이다. 하지만 한편으로는, 비록 처음 얼마간은 이상하게 보이는 것들이라도, 혁신적인 발명이나 창의적인 제안들에 대해선 수용하는 자세가 필요하다.

2004년, 『뉴 펑셔널 트레이닝 포 스포츠』 초판이 발간되었을 때, 우리는 프리워크아웃pre-workout 순서에서 폼 롤러를 사용하는 것을 고려조차 하지 않고 있었다. 솔직히 10년 전만 해도 스트렝스 & 컨디셔닝 코치, 선수 트레이너, 물리치료사들은 36인치(90cm) 크기의 둥근 스티로폼을 보며 "이걸 가지고 어떻게 하라고?"라는 단순한 질문을 했을 것이다.

오늘날 거의 모든 스트렝스 & 컨디셔닝 시설들은 다양한 길이와 재질의 폼 롤러, 폼 볼, 라크로스 볼, 땅콩볼을 구비하고 있으며, 이 모든 제품들은 셀프 마사지를 위해 디자인된 것들이다. 우리 시설에서는 하드 폼 롤러, 소프트 폼 롤러, 그리고 돌기가 있는 폼 롤러를 구비하고 있다. 연부조직을 다루는 도구들의 출시는 매년 놀라운 속도로 증가하고 있다. 그렇다면 어떠한 이유에서 이 간단한 스티로폼들을 필수 도구로 만들었을까?

스트렝스 & 컨디셔닝 코치와 퍼스널 트레이너들은 마사지가 건강을 유지하는 가장 빠른 방법일 수 있다는 것을 깨닫기 시작했다. 부상 예방과 치료에 대한 이러한 태도 변화는 전통적인 마사지, 머슬 액티베이션 테크닉Muscle Activation Techniques(MAT), 액티브 릴리즈 테크닉Active Release Techniques(ART)와 같은 실용적인 기술들이 부상당한 선수들에게 놀라운 효과를 줄 수 있다는 인식에서 크게 이루어졌다.

우리는 1980년대 인기 있었던 유럽 스타일 방법인 등속성 장비와 전기치료 장비를 이용한 부상 케어 모델은 사용하지 않고, 수기hands-on 연부조직 케어에 주력하고 있다. 연부조직 모빌리제이션(물리치료에서 마사지를 부르는 명칭이다)과 MAT를 하는 물리치료사, 다수의 ART 를 하는 카이로프랙터들이 성과를 보임으로써, 근육질의 중요성에 대해 다시 초점이 맞춰지고 있다. 엘리트 수준의 스포츠에서 보내는 메시지는 명확하다. 만약 건강해지고 건강을 유지하길 원한다면, 훌륭한 수기치료사를 가까이 둬라.

이 모든 것이 폼 롤러와 무슨 관련이 있느냐고 질문할 수 있을 것이다. 폼 롤러는 좋은 마사지 치료사가 필요한 가난한 이들에게 연부조직을 케어해주는 해결책이다. 스트렝스& 컨디셔닝 코치나 퍼스널 트레이너들은 엘리트 수준의 선수들이 다양한 연부조직 테크닉으로 목표를 달성하고 실력을 향상시킨 것을 지켜보았으므로, 분명 다음과 같은 의문점이 생겼을 것이다. 어떻게 하면 합리적인 비용으로 큰 그룹의 선수들에게 한꺼번에 마사지나 연부조직 관리를 받게 할 수 있을 것인가? 폼 롤러를 시작하라.

물리치료사 마이크 클락Mike Clark은 '자가 근막 이완술'과 폼 롤러를 스포츠계와 물리치료계에 공개하여, 나를 포함한 많은 이들의 찬사를 받았다. 자가 근막 이완술은 셀프 마사지를 전문적으로 지칭하는 용어이다.

클락의 초창기 안내서 중의 하나이며, 선구자적인 면모를 보인 책인 『Integrated

마사지 1분 상식

물리치료 붐이 일었던 1980년대에 마사지에 대한 인기가 떨어진 것은 효과가 없기 때문이 아니고, 비용 대비 효율성이 낮기 때문이라 생각한다. 초음파와 전지자극 같은 장비의 사용이 증가하여, 선수 트레이너와 물리치료사들은 더 많은 선수들을 더 빠르게 치료할 수 있게 되었다. 한편 유럽에서는 트랙 및 필드와 수영 같은 특정 엘리트 스포츠에서 치료 장비를 기반으로 한 해결책보다 마사지가 선호되어왔다. 그리고 서서히, 운동 세계에서 연부조직의 수기가 선수들의 건강을 유지하거나 더 빠르게 건강해지도록 도와준다는 인식이 생기기 시작하였다.

폼 롤러 사용법은 지압 형태에서 셀프 마사지 방법으로 발달하였다. 종아리와 내전근들 및 대퇴사두근처럼 길이가 긴 근육군들은 긴 롤러를 사용하여 쓸 듯이 문질러주고, 대퇴근막장근과 고관절 외회전근 및 중둔근 같은 부분은 짧은 롤러를 사용하여 직접 힘을 가한다. 롤러는 크기, 두께, 밀도 등 다양한 종류가 나왔고, 다른 연부조직 도구가 만들어지도록 영향을 미쳤다. 선수들은 공, 스틱 및 PVC 파이프도 롤러로 사용한다.

스트레칭을 하기 전에 폼 롤러를 사용하면 조직을 더 유연하게 하고 신장성을 만들어준다. 핵심은 문제가 되는 부분, 또는 트리거 포인트를 찾은 후 조직의 밀도와 과활성을 감소시키기 위해 그 부분을 문질러주는 것이다. 폼 롤링을 하는 이유에 대한 논란들은 남아 있지만, 그 효과에 대한 것은 누구도 의심하지 않는 것 같다. 처음엔 회의론자였던 대부분의 선수나 고객들도 빠르게 폼 롤러의 팬으로 바뀌었다.

폼 롤러가 직관에 반대된다는 것 역시 중요한 점이다. 우리는 고객들에게 일관적으로 "어딘가 아프면 운동하지 마세요"라고 말하고 있다. 그런데 폼 롤링은 그 반대다.

우리는 고객들에게 아픈 부분을 찾아내서 그곳을 집중해서 폼 롤링하라고 권장하고 있다. 폼 롤링은 아마도 "통증을 느껴야 효과가 있다"라는 범주에 속하는 것 같다.

Training for the New Millennium』에는 폼 롤러를 사용하여 소위 자가 근막 이완 테크닉이라 불리는 모습을 찍은 사진 몇 장이 포함되어 있었다. 이 사진들은 설명이 필요없을 정도로 간단하였다. 폼 롤러를 가지고 체중을 이용하여 통증이 있는 부위에 압력을 가하는 것이다.

이 사진들은 이런 간단한 도구의 제조 및 판매로 수백만 달러 규모의 비즈니스를 만들어낸 트렌드의 원동력이 되었다. 어느 순간 웜업warm-up이라는 단어는 체온이 아니라 근육 조직의 질에 집중한다는 뜻이 되었다. 어떤 활동을 하든, 근육 조직과 이러한 근육들이 조절하는 관절들은 적절히 준비되어 있어야 한다. 매듭knot(근섬유의 뭉침), 유착adhesion, 또는 트리거 포인트trigger point(이 3개의 단어들은 같은 것을 설명하고 있다)가 많은 근육은 따뜻하게 한다 해도 적절한 기능을 하지 않을 수도 있다.

폼 롤러 사용하기

폼 롤러는 단순히 압출 성형된 원통형의 단단한 발포 스티로폼이다. 직경이 매우 크고 밀도가 높은 국수 조각이라고 생각하면 된다.

마이크 클락이 초기에 제안했던 방법은 셀프 마사지 기법이라기보다는 지압에 가까웠다. 선수나 환자들은 단순히 근육의 민감한 부분에 폼 롤러를 사용하여 압력을 주라는 간단한 지시를 받았다. 치료사의 배경지식에 따라, 이러한 포인트들은 트리거 포인트, 매듭 또는 단순히 근육 밀도가 높은 부위로 묘사되었다. 하지만 명칭에 상관없이, 선수들과 재활 분야의 사람들은 근육통과 마사지의 필요성 간의 개념에 대해 잘 알고 있었다.

폼 롤링의 근거

다음 두 가지 개념에 중점을 두고 폼 롤링을 '왜' 하는지에 대해 설명하겠다.

1. 크리프creep
2. 롤퍼인 토마스 마이어Tomas Myers가 만든 한쌍의 용어, 길게 고정locked long과 짧게 고정locked short

크리프는 신장성extensible이 있는 연부조직의 흔한 특성이다. 연부조직은 늘어나면 더욱 뻣뻣해지는데, 이는 콜라겐 섬유의 방향이 바뀌기 때문이다(Currier and Nelson 1992). 기계적 크리프Mechanical creep란 지속적인 부하가 시간이 지남에 따라 발생하는 조직 고유의 확장성extensibility을 넘어서는 조직의 신장된 상태로 정의된다(Wilhelmi 등, 1998).

나는 비닐봉지 안으로 주먹을 천천히 밀어넣는 것으로 '크리프'를 비유하여 묘사하곤 한다. 주먹을 밀어넣는 압력이 느리고 일관성이 있으면 가방은 즉시 찢어지지 않고 시간이 지남에 따라 천천히 늘어난다. 이 개념을 가지고 앉는 것에 대해 생각해보자. 요통에 관한 저명한 학자인 스튜어트 맥길Stuart McGill의 한 연구에 따르면 "최소 20분 정도 허리를 구부정하게 앉아 있으면 척추후방인대의 느슨함이 증가할 수 있다"고 한다(McGill and Brown 1992). 크리프의 결과는 근육 조직 또는 근막의 질적 변화다. 어느 경우든 토마스 마이어스가 '길게 고정'이라고 부르는 조직 변화가 일어난다.

"늘어난 근육은 안정기의 길이로 되돌아가려고 시도할 것이고, 공백을 메우려고 세포와 근절들sarcomere을 더할 것이다. 근막을 빠르게 늘리면 찢어진다(결합조직 손상의 가장 빈번한 형태). 천천히 충분히 적응하면서 늘린다면, 변하기 쉽게plastically 변형될 것이다. 즉 근육과 근막은 길이를 바꾸고 그 변화를 유지할 것이다."(Myers 2009, 36)

크리프의 특징에 관한 중요한 점은 앉는 자세와 같은 이러한 지속적인 저부하 힘constant low-load force이, 근육 조직(또는 표층의 근막)을 더 길고 더 밀집되게 만든다는 것이다. 우리는 콜라겐의 증가와 길게 고정에 효과적이 된 조직의 증가를 확인할 수 있다. 폼 롤링은 바로 크리프와 싸우는 방법이다.

우리는 몸의 뒷면 상부와 하부, 둔근과 햄스트링에서 크리프를 자주 찾을 수 있다. 이 부위들은 또한 폼 롤러로부터 가장 많은 이득을 보는 부위들이다. 간단히 말해서, 우리는 몸의 뒷면에 폼 롤링을 하고(그러나 뒷면 조직들은 이미 늘어나 있기 때문에 스트레칭은 하지 않음) 그 다음 앞면을 폼 롤링하고 스트레칭한다.

그렇다면 마사지 치료와 폼 롤링 중 어떤 것이 크리프와 싸우기 더 좋은 방법인가? 그에 대한 답은 명백하다. 손이 스티로폼보다 훨씬 낫다. 손은 뇌에 직접 연결되어 있고 신체 조직을 느낄 수 있다. 하지만 폼 롤러는 느낄 수 없다. 만약 비용이 문제가 되지 않는다면, 나는 항상 내 선수들을 위해 마사지 치료사 팀을 고용할 것이다.

그러나 이는 현실적인 선택사항이 아니다. 대부분의 선수들은 자격을 갖춘 코치의 서비스나 체육관 멤버십 비용을 감당하기 위해 경제적으로 고군분투한다. 현재의 건강보험에서는 일반적으로 건강한 상태의 선수들의 예방에 대한 비용을 보장하고 있지 않다. 만약 보험으로 혜택을 받을 수 없다면 마사지 치료 비용만으로도 훈련비에 근접하거나 초과할 수 있다. 폼 롤러는 20달러 이하의 비용만으로 무제한 셀프 마사지를 할 수 있다. 비용 대비 효과가 너무나 뛰어난 것이다.

폼 롤링 테크닉과 팁

폼 롤링은 운동 전후 모두에서 큰 이점을 제공하지만, 특히 운동 전에 하는 것이 필수다. 운동 전 폼 롤링을 하면 근육 밀도muscle density를 낮추고 워밍업 효과를 높이는 상태를 제공한다. 운동 후 폼 롤링은 격렬한 운동으로부터 회복하는 데 도움이 될 수 있다. 폼 롤러의 좋은 점은 매일 사용할 수 있다는 것이다. 실제로 클레이와 앰버 데이비스는 급성 통증의 경우 하루에 12번까지 트리거 포인트 작업을 할 것을 권장한다(Clair, Amber Davies 2004).

선수 또는 고객이 얼마나 오랫동안 폼 롤링해야 되는지는 개인차가 있다. 우리는 워밍업을 하기 전 5~10분 동안 연부조직을 풀어주는 것으로 프로그램을 구성한다.

이제 선수들이 폼 롤러를 통해 가장 큰 이득을 취할 수 있는 주요 신체 부위와 최상의 결과를 얻을 수 있는 테크닉에 대해 살펴보자. 특별히 엄격하게 지켜야 하는 규칙은 없지만, 일반적으론 각각의 위치에서 10회 정도 느리게 폼 롤링을 하는 것이 보통이다. 종종 선수들이나 고객들에게는 통증이 사라지거나 사라질 때까지 폼 롤링을 하도록 권장한다.

대둔근과 고관절 회전근의 폼 롤링

고관절 회전근은 둔근(엉덩이 근육)보다 속에 있다. 고관절 부위를 폼 롤링하기 위해 선수는 폼 롤러 위에 약간 옆쪽으로 기울여 앉아 대둔근 부위에서 장골능까지 밀어주며 움직인다. 고관절 회전근에 더 집중하려면, 고관절 회전 근육들을 늘리도록 다리를 교차시킨다(그림 5.1 참조).

그림 5.1 대둔근과 고관절 회전근

허리의 폼 롤링

고관절을 폼 롤링한 후, 허리 부분을 폼 롤링한다(그림 5.2 참조). 척추기립근군 아래 큰 삼각형 형태의 근육층인 척추기립근과 요방형근의 안쪽이 닿도록 오른쪽 또는 왼쪽으로 약간 기울인다. 만약 척추 부상이 걱정된다면, 허리 부분은 생략한다. 여태껏 허리 부분을 폼 롤링하여 문제가 된 적은 없었지만, 상식선에서 주의하며 실시한다.

그림 5.2 허리

등 상부의 폼 롤링

폼 롤러를 위쪽으로 움직여 척추 양옆의 큰 근육층인 척추기립근을 밀어준다. 견갑골 사이 부분에 이르면, 팔꿈치를 앞으로 모아 맞닿도록 한다(그림 5.3 참조). 하부 승모근과 능형근 부분에 영향을 주기 위해 양 팔꿈치를 모아 두 견갑골을 최대한 벌어지도록 하고 그 부분에 폼 롤러를 위치시킨다.

그림 5.3 등 상부

대퇴근막장근과 중둔근의 폼 롤링

대퇴근막장근(TFL)을 다루기 위해서는 먼저 엎드려서 폼 롤러의 가장자리 부분을 대퇴근막장근 부위, 즉 전상장골극 아래에 위치시킨다(그림 5.4a). 대퇴근막장근을 풀어준 후, 90도 옆으로 돌려 중둔근(장골능에서 고관절 사이에 위치)을 풀어준다(그림 5.4b).

그림 5.4 (a) 대퇴근막장근, (b) 중둔근

내전근의 폼 롤링

내전근들은 아마도 하체에서 가장 방치된 부분일 것이다. 사람들은 대퇴사두근과 햄스트링에 대부분의 시간을 집중하고 내전근에는 거의 주의를 기울이지 않는다. 내전근들을 다루는 방법은 두 가지가 있다. 첫 번째는 바닥에서 하는 방법인데, 초보자도 쉽게 할 수 있다(그림 5.5 참조). 바닥에 엎드려서 다리를 벌려 외전시키고 다리를 60도 정도로 만든 뒤 폼 롤러에 올려놓는다. 롤링할 때 내측광근과 거위발건$_{\text{pes anserine}}$이 있는 무릎 바로 위에서 시작하며, 다음 세 부분을 포함해야 한다. 대퇴를 3등분한 아래쪽 1/3 부분을 10회 짧게 밀어준다. 다음으로, 내전근군의 가운데인 대퇴 3등분의 중간 1/3 부분으로 롤러를 이동시켜 10회를 롤링한다. 마지막으로 서혜부 안쪽 거의 치골 결합 부위까지 롤링한다.

그림 5.5 내전근군

내전근을 위한 두번째 방법은 첫 번째 방법에 익숙해진 후에 사용한다. 두 번째 방법은 플라이오메트릭 박스나 트레이닝룸 테이블이 필요하다. 롤러 위에 앉아 다리를 아래로 늘어뜨리고 체중을 실어 큰 내전근삼각(대퇴삼각) 부위까지 폼 롤러를 이동시켜 더 깊은 곳까지 롤링한다.

어깨 후면의 폼 롤링

롤링이 필요한 또 다른 부위는 어깨 후면이다. 롤러 위에 팔을 걸치고 옆으로 누워 어깨 후면을 밀어준다(그림 5.6 참조). 롤링 동작은 얼굴이 바닥을 향하도록 몸을 틀어 옆으로 밀고, 얼굴이 천장을 향하도록 몸을 틀어 옆쪽을 밀어준다. 등 근육과 회전근개가 자극될 것이다.

그림 5.6 **어깨 후면**

가슴 부위의 폼 롤링

롤러로 자극을 줄 마지막 부위는 가슴 근육이다. 몸통과 같은 방향으로 롤러 위에 팔을 걸치고 엎드린다(그림 5.7 참조). 남성은 좌우로 짧게 자극을 줄 수 있다. 여성은 더 간단한데, 팔을 머리 위로 들고, 뒤로 뻗는 동작을 하면 된다.

그림 5.7 **가슴 근육**

팔을 이용해서 몸을 움직여야 하는 하는 폼 롤러 동작의 경우, 특히 힘이 약하거나 과체중인 선수들이 힘들어할 수도 있다. 그리고 폼 롤링하는 것 자체를 아파하는 경우도 있다. 하지만 좋은 마사지, 그리고 이에 상응하는 셀프 마사지는 스트레칭이 그러하듯 불편한 느낌이 들기도 한다. 때문에 선수 또는 고객들은 트리거 포인트와 관련된, 어느 정도 발생할 수밖에 없는 불편감과 잠재적으로 부상을 일으킬지도 모르는 느낌의 경계를 습득하는 것이 중요하다. 폼 롤링은 근육 밀도가 낮은 선수들이나 고객들에게는 신중하게 사용해야 한다. 절대 멍이 드는 정도로 해서는 안 된다. 선수나 고객들이 폼 롤러를 사용한 짧은 세션 후에 더 좋은 느낌이 들어야지 더 나쁜 느낌을 받아서는 안 된다는 점을 기억하라.

롤러는 비교적 무른 폼 롤러부터 일반 스티로폼보다 약간 더 단단한 것, 고밀도의 매우 단단한 롤러 등 다양한 종류를 사용할 수 있다. 롤러의 밀도와 셀프 마사지의 강도는 고객의 나이와 체력 수준에 맞게 조정되어야 한다.

폼 롤러의 사용은 지난 10년 동안 폭발적으로 증가해왔고 계속해서 증가할 것이다. 고등학교와 대학의 선수 트레이너들은 선수들에게 스스로 치료할 수 있는 방법을 가르칠 수 있고, 스트렝스 & 컨디셔닝 코치는 모든 선수들에게 마사지 치료를 제공할 수 있다. 폼 롤러는 비접촉성 연부조직 부상 빈도를 잠재적으로 크게 감소시킬 수 있는 작은 투자이다.

정적 스트레칭

스트렝스 & 컨디셔닝 현장에서는 효과의 유무에 따라 변화를 멈추지 않는다. 『펑셔널 트레이닝 포 스포츠』 초판에서 우리는 운동 전에 스트레칭을 하지 말라고 강조하여 말했다. 10년이 지난 지금, 우리는 모든 선수들과 고객들에게 이제 운동 전에 매번 스트레칭을 시키고 있다.

퍼포먼스 향상 전문가인 알윈 코스그로브Alwyn Cosgrove는 우리가 단기간에 과민반응을 보이고, 새로운 아이디어에 대해 장기적으로는 미흡한 반응을 보인다고 말하곤 한다. 다른 말로 하면, 우리는 재빨리 트렌드에 뛰어들고 또 빨리 포기한다.

전형적인 예는 정적 스트레칭을 경멸하거나 또는 사용하는 것이다. 정적 스트레칭은 워밍업을 하는 가장 좋은 방법에서, 그 누구도 하지 않는 것으로 취급되고 있다. 훈련 전 팀원의 모두가 스트레칭을 하던 모습에서 요즘은 훈련 전에 스트레칭은 하지 않는 모습으로 바뀌고 있다. 정적 스트레칭에 대한 반응은 코스그로브의 "단기간 과민 반응을 보인다"와 "장기간에는 미흡한 반응을 보인다"는 말의 완벽한 예시이다.

1980년대 연구에서는 운동 전에 하는 정적 스트레칭은 근육의 파워 출력을 감소시킨다고 보고하였다. 이는 정적 스트레칭이 훈련 전 워밍업에서 제외되고, 동적 워밍업dynamic warm-up을 탄생시키는 큰 반향을 일으켰다. 여기에는 장단점이 있다.

동적 유연성 작업dynamic flexibility work은 워밍업 기술로 퍼포먼스 분야에 큰 이득을 주었다. 정적 스트레칭은 운동을 위한 준비 운동을 하는 데는 좋지 않지만, 장기적 관점의 부상 예방에는 여전히 필요하다. 동적 유연성 작업 또는 능동적인 워밍업active warm-up은 운동 전에 하는 것이 좋다. 그러나 파워의 감소를 보여주는 연구들은, 어떤 목적으로든 정적 스트레칭 자체를 완전히 무시하게 만들었다. 진실은 이러한 사실들의 중간 어딘가에 있다.

진실의 한 측면은 고강도 운동 전에 동적인 워밍업이 심각한 부상을 예방하는 최선의 방법이라는 것이다. 즉 햄스트링과 서혜부의 부상을 줄이려면 훈련, 경기 또는 리프팅 세션 전에 동적 유연성 운동을 수행해야 한다.

하지만 동전의 다른 면에도 진실이 있다. 유연성 부족은 오늘날 선수들을 괴롭히는 서서히 나빠지는 부상gradual-onset injuries의 원인이 되는 요소인 것으로 보인다. 슬개-대퇴증후군patellofemoral syndrome, 요통, 어깨 통증 같은 과사용으로 인한 문제들은 동적 스트레칭에 반드시 반응하지는 않는 장기간의 조직 변화와 밀접한 관련이 있는 것으로 보인다.

사실 선수들은 동적인 워밍업과 정적인 스트레칭을 결합하여 수행해야 하며, 그에 앞서 먼저 폼 롤링을 해야 한다. 이때 코치들은 운동 전에 동적인 워밍업을 하고 운동 후에 정적인 스트레칭을 시켜왔다. 이렇게 하는 게 현실적인 것처럼 보이지만 그 사고 과정에는 다소 결함이 있다. 왜냐하면 훈련 후에 스트레칭을 하는 것이 유연성 향상으로 이어지지 않는 것으로 보이기 때문이다.

운동 시작 전에 정적인 스트레칭을 하고 '바로 이어서' 동적인 워밍업을 하는 것이 관건일 수 있다. 정적인 스트레칭을 통해 유연성이 높아지면서도 근육의 길이가 가장 잘 늘어날 수 있고, 그 뒤 동적인 워밍업을 통해 근육들이 운동을 할 준비가 갖춰지는 것이다. 코치는 장기적인 부상을 예방하기 위해 근육 길이를 변화시켜야 하고, 단기적 부상을 예방하기 위해 동적인 준비를 시켜야 한다. 이 두 가지 측면 모두가 중요하다.

우리의 처방은 다음과 같다.

1. 폼 롤링을 한다. 근육의 밀도를 감소시키기 위해 5~10분 동안 앞서 소개한 폼 롤러 기술을 사용한다. 근육의 밀도 증가는 부상, 과사용overuse, 또는 크리프라는 과스트레스overstress 반응으로 이어진다. 이 증가된 밀도는 종종 매듭 또는 트리거 포인트라고 불린다. 마사지, 능동적 이완요법(ARTActive Release Technique), 근육활성화요법(MATMuscle Activation Technicque)과 연부조직 가동 요법soft tissue mobilization은 근육 밀도의 변화를 위해 만들어졌다. 개인적으로 폼 롤링은 근육을 위한 다림질이며, 스트레칭을 하기 전에 해야 할 필요가 있다고 생각한다.
2. 정적 스트레칭을 한다. 다시 한 번 말하지만 정적 스트레칭을 하되, 운동 전에 한다. 조직의 밀도를 다루고 나면 근육 길이에 변화를 줄 수 있다. 연부조직에 관한 최고의 전문가들은 워밍업 없이 '차가운' 상태에서 스트레칭할 것을 추천한다. 그저 폼 롤러만 하고 스트레칭을 하면 된다. 그 이유는 따뜻해진 근육은 쉽게 늘어나지만 다시 원래 길이로 돌아가기 때문이다. 차가운 근육은 사실 가소성 변형plastic deformation이 일어날 수 있는 상태이며 실제 길이도 늘어날 수 있다. 나는 정적 스트레칭을 선호하는데 실제 스트레칭의 효과를 잘 만드는 방법이기 때문이다. 선수들이 스트레칭을 좋아하지 않는 한 가지 이유는 힘들기 때문이다. 체중을 사용하고 몸에 좋은 자세를 취하게 하는 스트레칭은 선수들에게 큰 도움이 된다. 파트너의 도움을 받는 스트레칭 역시 좋은 방법이다.
3. 동적 워밍업을 한다. 폼 롤링과 스트레칭 후에 실시한다. 정적 스트레칭 이후 동적 워밍업을 하여 잠재적인 파워 감소가 일어나는 일을 방지하도록 한다. 우리 시설의 선수들은 매일 이와 같은 절차를 실시한다. 폼 롤링은 매듭과 트리거 포인트를 감소시킨다. 정적 스트레칭은 유연성을 증가시킨다. 동적 웜업은 정적 스트레칭에 뒤이어 실시한다.

정적 스트레칭 규칙

- 자세가 제일 중요하다. 스트레칭을 확실히 하라. 대부분의 사람들은 (제대로 된) 스트레칭을 하지 않고 있다. 단지 스트레칭처럼 보일 뿐이다.
- 좋은 스트레칭은 불편한 느낌이 있지만 통증은 없어야 한다. 이 차이점을 알아야 한다. 약간의 불편함은 바른 자세로 하고 있다는 의미이다.
- 다양한 테크닉을 사용한다. 길항근을 활성화하기, 시간을 들여 정적 스트레칭하기, 능동적 스트레칭하기.
- 신체의 모든 부분을 스트레칭한다. 한 부위만 집중하지 않는다. 다음에 나오는 부위를 위한 스트레칭을 포함한다.
    - 내전근Adductors

- 고관절 굴곡근Hip Flexors
- 가쪽 햄스트링Lateral hamstrings
- 고관절 회전근Hip rotators

캐롤라이나 허리케인스Carolina Hurricanes의 트레이너이자, 스트렝스 코치인 피터 프리젠Peter Friesen은 다음과 같은 이론을 가지고 있다. 그는 모든 근육이 뻣뻣한 것보다 한 근육군만 지나치게 유연한 것이 더 위험하다고 생각한다. 선수들은 자기가 좋아하거나 잘 되는 스트레칭만 해서는 안 된다. 실제로 선수들이 좋아하지 않는 것들을 열심히 지도하고 잘하는 것은 빼버리거나 줄여서 실시하는 것이 훌륭한 방법일 수 있다.

정적 스트레칭 테크닉과 팁

내가 말하고자 하는 결론은 스트레칭이 매우 과소평가되었다는 것이다. 오랫동안 건강한 삶을 영위하기 바란다면 훈련에 옛날 방식의 스트레칭을 추가할 필요가 있다. 또 다른 팁은 스트레칭을 할 때 호흡과 연결하는 것이다.

지난 수년간 나는 호흡에 대해서 온 집중을 기울이는 요가 지도자들을 놀려왔다. 하지만 최근 연구들을 보면 그들이 옳았고 내가 틀렸다는 것이 밝혀졌다. 호흡은 매우 중요하다. 그것도 엄청나게 중요하다.

뻣뻣한 선수들은 스트레칭을 하는 동안 호흡을 멈추는 경향이 있으며, 아마도 이로 인해 더 긴장이 높아지는 것 같다. 이젠 시간 단위가 아니라 호흡 단위로, 즉 호흡을 3번 하는 동안을 기준으로 스트레칭을 하자. 선수들에게 코를 통해 숨을 들이마시고(코는 따뜻한 공기를 만들어주는 자연 필터이기 때문에 중요하다) 입을 통해 내쉬도록 지도한다. 들숨과 날숨을 1:2 비율이 되도록 노력한다. 즉 코로 3초 들이마시고, 입으로 6초 동안 내쉰다. 숨을 내쉴 때는 입술을 오므리고 내쉬도록 한다(이 또한 중요하다).

스탠딩 햄스트링 스트레칭

이 스트레칭은 트레이닝룸의 테이블, 큰 점프박스 또는 허리 높이보다 약간 낮은 사물을 이용하는 것이 가장 적합하다(그림 5.8 참조).

자세

두 발은 앞을 향해 똑바로 유지한다. 이렇게 하면 고관절 중립 위치를 만들 수 있다. 발을 통해 고관절의 이미지를 그려보라. 발이 안쪽으로 돌아간다면 고관절은 안쪽으로 회전된다.

동작

햄스트링은 척추에 붙어 있지 않고, 골반에

그림 5.8 스탠딩 햄스트링 스트레칭

붙어 있다. 그래서 햄스트링을 스트레칭하면 골반이 움직인다. 척추는 구부리지 말아야 한다. 이 자세는 매우 어려워서 정확한 자세를 취하게 하려면 일일이 자세를 잡아줘야 한다.

벽 햄스트링 스트레칭

나는 큰 노력이 요구되지 않는 이 스트레칭을 사랑한다. 이 동작의 핵심은 정확한 자세이다.

그림 5.9 **벽 햄스트링 스트레칭**

자세

벽으로부터 적절한 거리를 찾는다. 요추에 자연스런 아치가 만들어질 정도, 엉덩이는 바닥에 닿는 위치이다. 이상적인 위치는 허리 아래 작은 룸바 롤lumbar roll 허리 쿠션을 넣을 수 있을 정도의 작은 전만자세를 유지하는 것이다. 햄스트링은 허리가 아닌 골반에 연결되어 있다는 것을 기억하라.

동작

양발과 발목은 서로 붙어 있다. 앞에서도 언급했듯 가장 타이트한 부분은 외측, 즉 바깥쪽이다. 고관절을 외회전시키면 좀 더 편한 느낌이 들 것인데, 그렇기 때문에 하체 바깥쪽 구조물들을 스트레칭하기 위해선 하체를 중립 위치에 놓거나 이상적으론 내회전시켜야 잘 될 것이다.

롤러 고관절 굴근 스트레칭

고관절의 앞쪽 구조물(장골근과 대요근)은 스트레칭하기 가장 어려운 근육이다. 대부분의 고관절 굴근 스트레칭들은 이 근육들에 정확히 적용하지 못하고 고관절 관절낭의 전방에 지나친 압박을 가한다. 효과적인 고관절 굴근 스트레칭이 되려면 요추를 평평하게 유지해야만 한다. 사실 척추를 신전시키면 장요근은 늘어나기보단 짧아진다. 스트레칭을 시작할 때 폼 롤러를 다리 사이 바닥에 놓고 잡으면 허리가 굴곡되어 척추를 신전시키려는 동작을 막아줄 것이다.

그림 5.10 **롤러 고관절 굴근 스트레칭**

자세

스트레칭을 할 때 폼 롤러를 앞뒤로 벌린 다리 사이에 놓는다(그림 5.10 참조). 조금 어려운 동작이지만 폼 롤러의 도움을 받으면 좀 더 편하게 할 수 있다. 이 자세를 취함으로써, 뒤쪽 다리를 뒤로 뻗을 때 앞쪽 다리를 쉽게 구부릴 수 있을 것이다.

동작

팔을 이용하여 몸을 지지하고 압박을 줄인다. 뒤쪽 엉덩이를 강하게 조이면 같은 쪽 대요근 스트레칭 효과는 배로 늘어날 것이다.

박스 고관절 굴곡근 스트레칭

이 스트레칭은 고관절 굴곡근에 대해 우리가 찾은 가장 좋은 스트레칭이다. 앞쪽 발밑에 6인치(15cm) 박스를 놓고 고관절을 내회전시키는 시작 자세를 취하는 것이 핵심이다. 박스는 고관절 굴곡을 더 크게 하고 요추에 안정성을 만들어준다. 몸이 박스와 45도 정도가 되게 자세를 취한 뒤, 스트레칭되는 아래쪽 다리가 내회전될 수 있게 한다.

그림 5.11 **박스 고관절 굴곡근 스트레칭**

자세

왼쪽 무릎은 바닥에 놓고 시작한다. 이때 오른쪽 발은 바닥에 놓는다. 몸(골반)과 박스가 45도 각을 취할 수 있게 한다(그림 5.11 참조). 그리고 오른발을 박스 위에 올려놓는다. 이렇게 하면 골반이 회전하면서 우측 고관절이 내회전되게 할 것이다.

동작

골반을 약간 후방경사시켜 요추의 추체에 붙은 장요근에 영향을 준다. 오른발은 오른쪽 고관절의 약간 바깥쪽에 위치하여야 한다. 이것이 비결인데, 장골근과 대요근의 부착점은 대퇴골 안쪽이기 때문에 고관절 내회전은 더 큰 길이 변화를 만들어낼 것이다.

가동성과 활성화

가동성과 활성화activation 운동은 『뉴 펑셔널 트레이닝 포 스포츠』 초판에서는 다루지 않았다. 사실 '유연성'과 '가동성'이라는 용어는 10년 전만 하더라도 상호 교환하여 사용했다. 조인트 바이 조인트joint-by-joint 접근법은 이러한 환경에 변화를 가져왔다. 조인트 바이 조인트 접근법을 완전히 이해하기 위해선 유명한 물리치료사 스탠리 패리스Stanley Paris가 "통증은 기능부전을 앞서지 않는다"라고 했던 의미를 이해해야만 한다. 또한 기능적 훈련의 목적이 기능부전의 예방 또는 기능부전의 회복이라는 것을 이해해야 한다.

트레이닝에 대한 조인트 바이 조인트 접근법

조인트 바이 조인트 접근의 발상은 의도치 않은 일상적인 대화의 결과에서 나왔다. 물리치료사 그레이 쿡과 나는 그의 FMSFunctional Movement Screen에 의한 결과물들에 대해 토의하고 있었다. 나는 스쿼트(쪼그려 앉기)할 때 어려움을 겪는 것을 항상 발목 가동성의 제한과 관계된 것으로 보았다. 쿡의 답안과 그에 따른 신체 분석은 간단한 것이었다. 쿡은 몸이란 관절들의 쌓아올림stack이라고 생각했다. 각 관절 또는 일련의 관절들에는 특정한 기능이 있으며, 특정하고 예측 가능한 수준의 기능부전이 발생하기 쉽다는 것이다. 결과적으로, 각 관절은 반드시 그 특성에 맞는 훈련이 필요하다. 표 5.1을 보면 몸의 아래에서부터 위 순서로 조인트 바이 조인트의 특성을 알 수 있다.

몸을 움직이는 데 있어 가동성과 안정성이 각 관절들에 번갈아가며 요구된다는 점에 주목하라. 발목 관절은 가동성이 필요하며 동시에 무릎은 안정성을 요한다. 고관절도 가동성이 필요한 관절이다. 몸의 관절 사슬들을 보면 가동성과 안정성의 요구가 교차하고 있는 것을 알 수 있을 것이다.

기능적 훈련을 설계할 때, 각 관절의 움직임 목표를 고려해야 한다. 가동성이 필요한 관절들은 폼 롤링과 스트레칭을 하는 워밍업 동안 가동성 운동을 수행해야 하며, 안정성이 요구되는 관절은 스트렝스 운동을 할 때 고려해야 한다. 본질적으로, 조인트 바이 조인트 접근법은 특정한 사항을 목표로 기능적 훈련에 타깃들을 제공한다.

부상은 적절한 관절 기능과 밀접한 관련이 있는데, 더 적절하게 표현하자면 관절 기능부전과 관련이 있는 것이 분명하다. 꼭 이해해야 할 가장 중요한 개념은 어떤 관절의 문제들은 항상 그 위아래 관절의 통증으로 표현된다는 것이다.

이에 대한 가장 명확한 예는 요통이다. 지난 10년간의 발전에 근거할 때, 우리는 코어의 안정성이 필요하고, 또한 많은 사람들이 허리 통증으로 고통받고 있다는 것도 명백하다. 그런데 우리는 왜 요통을 겪고 있는가? 허리가 약해서일까? 스튜어트 맥길은 요통을 가지고 있는 사람들이 요통에 시달리지 않는 사람들보다 허리가 더 강하다는 것을 세미나에서 자주 말하였다. 즉 약함은 범인이 아니다.

과거엔 약한 코어에 요통의 책임을 떠넘겨왔다. 이 경우도 강력한 증거는 없다. 요통은 주로 고관절 가동성이 감소한 결과라고 믿고 있다. 아래에 있는 관절의 기능 감소는(요추의 경우 고관절) 그 관절이나 위에 있는 관절에 영향을 미친다(요추).

다시 말하면, 고관절이 효과적으로 움직일 수 없다면 요추에서 보상 작용을 일으킬 것이다. 고관절은 가동성을 위해 만들어졌고, 요추는 안정성을 위해 디자인되었다. 가동성이 있는 관절이 가동성이 없어지게 되었을 때, 안정적인 관절은 보상 작용으로 움직이도록 강

표 5.1 조인트 바이 조인트 트레이닝 필요사항

관절	필요사항
발목 관절	가동성
무릎 관절	안정성
고관절	가동성
요추	안정성
흉추	가동성
어깨 관절(Glenohumeral joint)	안정성

요당하고, 안정성이 떨어지면 그 후 통증이 생기게 된다.

그 과정은 간단하다. 발목이 가동성을 상실하면, 무릎 통증이 생긴다. 고관절 가동성이 없어지면, 요통이 발생한다. 흉추 가동성을 잃어버리면, 목이나 어깨 통증을 얻게 된다(또는 요통).

발목에서 시작하는 조인트 바이 조인트 기반으로 신체를 보는 이 사고 과정은 타당한 것으로 보인다. 가동성이 없는 발목은 착지할 때 스트레스를 위에 있는 관절(무릎)로 전달한다. 사실 뻣뻣한 농구화와 많은 양의 테이핑 및 보조기는 농구 선수들에게서 높은 발생 빈도를 보이는 슬개-대퇴증후군과 직접적인 상관관계가 있다고 생각한다. 불안정한 발목을 보호하려는 우리의 바람은 많은 비용을 발생시킨다. 무릎 통증이 있는 우리 선수들은 발목 가동성 문제를 가지고 있다. 이 무릎 통증은 종종 발목 염좌와 발목 보조기 착용과 발목 테이핑을 한 뒤에 따라서 나타나는 경우가 있다.

이러한 규칙에서 고관절은 예외를 보이는 것 같다. 고관절은 가동성이 떨어지면서도 불안정해지기도 하여, 그 결과 고관절의 불안정성(약한 고관절은 대퇴골을 내전 및 내회전 시킨다)으로 인한 무릎 통증이 생기거나 가동성이 떨어져 요통이 발생할 수도 있다. 어떻게 한 관절에서 가동성 저하와 불안정성이 동시에 나타날 수 있는가는 흥미로운 질문이다. 고관절의 굴곡이나 신전의 약화는 요추에 보상 작용을 일으키는 반면, 고관절 외전과 외회전의 약화(정확히는 고관절 내전과 내회전을 막는 작용)는 무릎에 스트레스를 유발하는 것으로 보인다.

대요근psoas과 장골근iliacus의 근력 약화 또는 해당 근육들의 기능 약화는 고관절 굴곡 움직임을 대신해 요추가 굴곡하게 하는 패턴을 유발한다(그림 5.12). 둔근의 약화 또는 둔근 활성화의 약화는 고관절 신전 움직임의 부족을 만들어 이를 대신해 요추가 신전하는 패턴을 보상적으로 발생시킨다.

그림 5.12 대요근과 장골근의 근력 약화 또는 해당 근육들의 기능 약화는 고관절 굴곡 움직임을 대신해 요추가 굴곡하게 하는 패턴을 유발한다.

흥미롭게도 이런 현상은 악순환에 기름을 붓는다. 척추가 고관절의 스트렝스와 가동성 부족을 보충하기 위해 움직이면, 고관절은 가동성을 더 잃게 된다. 고관절의 스트렝스 부족은 가동성 저하로 이어지고, 가동성 저하는 다시 요추에서 보상적 움직임으로 나타난다. 최종 결과는 일종의 풀기 힘든 수수께끼가 되는데, 고관절은 여러 움직임 평면multiple plane에서 스트렝스와 가동성 모두를 필요로 한다는 것이다.

요추는 훨씬 더 흥미롭다. 요추는 확실히 안정성이 필요한 일련의 관절이며, 코어 안정성을 위한 모든 훈련들을 통해 이점이 증명된다. 이제 와서 굉장히 이상해 보이는 점이지만, 트레이닝업계는 지난 10년 동안 확실히 안정성이 필요한 신체 부위(허리)에 정적이고 능동적인 움직임 범위를 증가시키려는 적극적인 시도들을 했다는 큰 실수를 범하고 있었다. 나는 요추에 수행된 많은 회전 운동이 잘못된 지시사항이라고 생각한다. 사만Sahrmann(2002)과 포터

필드와 데로사Porterfield and DeRosa(1998) 모두 요추의 운동 범위를 증가시키려는 시도는 권장되지 않으며 잠재적으로 위험하다고 하였다. 사만 교수는 "요추의 회전은 이득보다는 위험성이 훨씬 많다. 몸통이 안정된 상태에서 골반과 하체를 한쪽으로 회전하는 것과 몸통이 골반, 하체와 다른 방향으로 회전하는 것은 특히나 더 위험하다"(72)고 말한다.

흉부의 가동성에 대한 이해 부족이 허리 회전 움직임 범위 증가를 만드려고 하는 큰 실수로 이어졌다고 생각한다. 흉추에 대해 우리는 최소한의 지식만을 가지고 있는 것 같다. 많은 물리치료사들이 흉추부의 가동성 증가를 권장하는 것으로 보이며, 개인적으로 흉추부 가동성을 증가시키기 위해 고안된 운동들의 발전이 계속될 것이라 생각한다. 흥미롭게도 사만은 흉추부 가동성은 발달시키고, 요추부 가동성은 제한할 것을 권하였다.

관절와상완 관절은 고관절과 유사한 특징이 있다. 즉 가동성을 위해 설계가 되어 있으면서도 안정성을 위해 훈련할 필요가 있는 관절이다. 스태빌리티 볼이나 보수 볼 위에서 하는 푸시업 및 편측성 덤벨 운동과 같은 운동들은 관절와상완 관절의 안정성 필요에 대한 훌륭한 사례이다.

하이먼과 리포니스Hyman and Liponis(2005)는 현재 의료 시스템에서 부상에 대해 반응하는 모습을 완벽하게 표현하였다. 무릎 통증을 호소하는 사람이 있을 때 발목이나 고관절을 검사하지 않고 얼음주머니를 대는 것은 화재감지기에서 배터리를 꺼내 소리를 듣지 않는 것과 같다는 것이다. 통증은 화재감지기의 경고음처럼 다른 문제에 대한 경고이다.

가동성 작업

가동성 작업의 핵심은 필요한 관절에만 적용해야 한다는 것이다. 안정성이 필요한 관절은 안정성을 만들기 위해 스트렝스 훈련이 필요하다. 가동성이 필요한 관절은 움직임이 필요하다. 가동성과 유연성은 같은 개념이 아님을 다시 한 번 더 상기하는 것이 중요하다. 유연성은 그 타깃이 근육이며 일부 정적인 유지 요소static hold(스트레칭 같은)가 필요한 경향이 있다. 가동성은 관절을 대상으로 하며 부드러운 움직임이 필요하다. 가동성 운동들은 일종의 활성화 운동으로 볼 수도 있는데, 물리치료사인 셜리 사만은 가동성 운동이 '바른 시기에 적절한 관절을 움직이는 적합한 근육을 얻도록' 적당한 시기에 올바른 조인트를 움직이는 올바른 근육을 얻도록 고안되어 있다고 말했다.

주의: 4일 단위 프로그램에서 가동성 작업은 측면 워밍업 드릴lateral warm-up drills과 래더 작업ladder work을 함께 2일, 4일 차에 수행한다.

흉추 가동성

흉추는 신체에서 가장 이해되지 않은 영역 중 하나이며, 이전에는 물리치료사의 영역이었다. LA다저스의 전 수석 선수 트레이너였던 수 팔손Sue Falsone은 트레이닝 업계에 흉추부 운동의 필요성을 소개했으며, 무엇보다 더 중요한 역할은 스트렝스 & 컨디셔닝 업계에 이 부위를 발달시킬 수 있는 심플한 방법을 보여준 것이다. 흉추 가동성에 대해 더 좋은 점은 그 누구도 흉추에 충분한 가동성을 가지고 있지 않으며, 충분한 가동성을 만드는 것이 너무나도 어렵다는 점이다. 우리 시설의 선수들은 매일 흉추부 가동성 작업을 수행하고 있다.

흉추 드릴 1

첫 번째 흉추 가동성 드릴은 간단히 흉추에 폼 롤러를 적용하는 것이다. 폼 롤링 섹션에서 언급한 것처럼, 양 팔꿈치가 서로 맞닿게 하고 양 견갑골이 앞으로 움직이게 하여 흉추 척추체thoracic vertebrae를 노출시키는 것이 중요하다.

흉추 드릴 2

두 번째 흉추 가동성 드릴은 단지 2개의 테니스공이 필요할 뿐이라 도구가 없어서 하기 힘들다는 변명은 통하지 않는다. 단지 공 2개를 테이프로 감아 연결하기만 하면 된다. 이 드릴은 기본적으로 공의 처음 위치를 흉요추 연접부에서 시작한 뒤 여러 차례 크런치를 시키는 것이다. 공을 척추기립근에 놓고 여러 차례 작은 범위의 크런치를 하여 척추를 효과적으로 앞뒤로 움직이게 가동성 운동을 한다. 매 크런치를 한 후 머리를 바닥에 놓고 손을 전방 45도로 올리는 것이 중요하다(사진 5.13 참조). 각 척추의 위치에서 5회 정도 크런치하고 공을 반 바퀴 정도 올린다. 흉요추 연접부에서 경추가 시작하는 부위까지 적용한다. 이 드릴은 경추와 요추에는 적용하지 않는다. 경추와 요추에는 가동성 작업이 필요하지 않다.

그림 5.13 **흉추 드릴 2**

흉추 드릴 3

세 번째 운동은 네발기기 자세 흉추 가동성 운동이다(그림 5.14 참조). 이 운동은 척추 굴곡, 신전, 그리고 회전 움직임을 조합하여 흉추를 공략한다. 발뒤꿈치에 엉덩이를 올린 네발기기 자세로 시작한다. 한 손은 머리 뒤에 놓고, 팔꿈치가 굴곡과 회전 움직임을 리드한다. 보통 양쪽 각각 5~10회 반복한다.

그림 5.14 **흉추 드릴 3**

발목 가동성

우리 시설에서는 흉추에 이어 발목 가동성을 다룬다. 흉추부 가동성과 마찬가지로, 발목 가동성 역시 누구에게나 필요한 부분이다. 여러분이 수년 전 발목 염좌를 경험한 선수든(발목 염좌를 겪지 않은 선수가 있을까?) 매일 굽이 높은 힐을 신는 여성이든, 발목 가동성은 꼭 다뤄야 할 문제이다.

발목 가동성 드릴 1

EXO의 물리치료사인 이와사키 오미Omi Iwasaki에게서 이 드릴에 대한 도움을 받았다. 발목 가동성 작업의 첫 번째 핵심은 유연성이 아닌 가동성을 다루는 드릴이라는 점이다(그림 5.15). 동작을 멈춰 스트레칭을 하는 것이 아니라 발목을 앞뒤로 움직여야 한다.

두 번째 핵심은 발뒤꿈치이다. 발뒤꿈치는 바닥에 붙어 있어야 한다. 대부분의 사람들은 발목 가동성에 제한이 있으면 뒤꿈치를 바닥에서 즉시 떨어뜨리려 할 것이다. 이 드릴에 익숙하지 않은 사람들에게 종종 뒤꿈치를 바닥에 고정시키고 그 느낌을 유지하도록 지시한다.

세 번째 핵심은 다방면의 움직임을 만드는 것이다. 바깥쪽 5회(새끼발가락 방향), 정면으로 5회, 엄지발가락 쪽으로 5회 무릎을 밀어준다.

그림 5.15 **발목 가동성 드릴 1**

발목 가동성 드릴 2

두 번째 발목 가동성 운동은 레그 스윙이다. 레그 스윙은 흥미로운 운동이다. 예전에는 레그 스윙을 고관절 가동성 운동이자 내전근에 대한 동적 스트레칭으로 생각했다. 물리치료사 게리 그레이는 레그 스윙이 횡단면에서의 훌륭한 발목 가동성 운동이라는 것을 깨닫게 해주었다. 맞다. 다시 한 번 강조하지만 발목 가동성 운동이라고 말했다. 부족한 발목 가동성을 가진 선수가 레그 스윙을 하는 걸 보면 스윙마다 발이 외회전(바깥쪽으로 돌아감)되는 것을 볼 수 있을 것이다. 레그 스윙의 핵심은 바닥에 발을 고정하고 발과 발목의 회전 움직임을 만드는 것이다(그림 5.16 참조). 레그 스윙의 동작은 발목의 횡단면 가동성을 만들어준다.

그림 5.16 **발목 가동성 드릴 2**

고관절 가동성

흉추와 발목 가동성처럼, 고관절 가동성 작업이 필요하지 않은 사람은 찾기 힘들다. 사실 고관절 가동성은 대부분의 선수들에게 더욱 필요한 항목일 것이다.

고관절 가동성 드릴 1

첫 번째 드릴은 스플릿 스쿼트이다. 여러분의 첫 반응은 "스플릿 스쿼트는 근력 운동이에요"일 것이다. 하지만 사실 스플릿 스쿼트는 시상면에서의 고관절 가동성 운동이다. 근육통 예방과 가동성 발달을 위해, 우리 선수들은 앞(또는 뒤)으로 움직이는 런지를 하기 전에 3주 동안 제자리에서 하는 스플릿 스쿼트를 수행한다. 댄 존은 "무언가 중요하다면, 매일 하라"고 즐겨 말했다. 이 말의 숨은 의미에는 선수들이 매일 싱글 레그 운동을 할 수 있다는 뜻이 있다. 어떤 날은 가동성 향상을 위해 스플릿 스쿼트를 하고, 어떤 날은 근력을 위해 부하를 줄 수 있다. 워밍업으로 사용하는 많은 가동성 운동들은 스트렝스를 만드는 데도 동일하게 사용한다.

그림 5.17 고관절 가동성 드릴 1

고관절 가동성 드릴 2

두 번째 운동은 래터럴 스쿼트이다. 래터럴 스쿼트는 래터럴 런지를 하기 전에 하는 래터럴 런지의 제자리 버전 선행 운동이다(그림 5.18 참조). 래터럴 스쿼트와 런지는 많은 선수들에게 제한된 부분인 관상면에서의 고관절 가동성을 발달시킨다. 래터럴 스쿼트의 핵심은 발에 있다. 두 발은 정면을 향한 채 유지해야 한다. 발이 외회전되는 것은 보상 작용이다. 래터럴 스쿼트는 직관적이지 않은 부분이 있는데, (힘들 것 같은) 넓은 스탠스는 쉽게 할 수 있는데 반해, 대부분의 사람들은 (더 쉬울 것 같다는 생각에) 더 좁게 시작하려 한다. 양발은 서로 3.5~4피트(1~1.2m) 정도 벌린다. 나는 그 기준으로 리프팅 플랫폼의 눈금을 사용하거나 4피트에 맞는 바닥 블록을 사용한다.

그림 5.18 고관절 가동성 드릴 2

고관절 가동성 드릴 3

세 번째 드릴은 리칭 싱글 레그 스트레이트 레그 데드리프트이다(그림 5.19 참조). 앞서 언급한 바와 같이, 기본 패턴은 주당 여러 차례 실시하며, 때론 낮은 부하로, 또는 웜업이나 가동성 작업으로 수행한다.

그림 5.19 고관절 가동성 드릴 3

상체 가동성과 안정성

플로어 슬라이드Floor slide(그림 5.20 참조)는 상체를 위한 여러 가동성과 안정성을 제공한다. 그것은 다음과 같다.

- 하부 승모근, 능형근과 어깨 외회전 근육들의 활성화
- 가슴 근육과 어깨 내회전 근육들의 스트레칭
- 상부 승모근의 개입 감소

플로어 슬라이드를 첫 시도할 때, 몇몇 선수들은 그 자세를 할 수 없다는 것에 놀란다. 이는 특이한 경우가 아니다. 다수의 선수들이 비대칭한 어깨라는 것에 또 놀란다. 머리 위로 팔을 슬라이드할 때 세 번째로 놀라게 된다. 많은 사람들은 팔을 위로 올리자마자 어깨를 위

그림 5.20 플로어 슬라이드

로 으쓱이게 되기 때문이다. 이것은 상부 승모근이 우세하기 때문에 벌어지는 일이다.

다음은 플로어 슬라이드를 할 때 유의해야 하는 점이다.

- 견갑골의 후인과 하강
- 손과 '손목'은 바닥에 평평하게 유지(이상적으로는 양쪽 손등이 바닥에 접촉해야 함)
- 머리 위로 팔을 슬라이딩하는 동안, 전완으로 바닥을 가볍게 누른다는 생각을 한다.
- 불편한 느낌이 있는 곳까지만 팔을 움직인다. 앞쪽 어깨는 풀어지고 가동범위는 증가할 것이다. 억지로 하지 않는다.

동적인 워밍업

서서 하는 동적인 워밍업은 근육에 서서히 부하를 증가시켜야 하고, 관절을 움직이게 하며, 늘어난 근육들을 활성화시켜야 한다. 적절한 워밍업은 폼 롤링에서 시작해, 스트레칭 그리고 가동성 운동을 한 뒤 활성화 운동으로 진행하여야 하며 움직임의 강도를 점진적으로 증가시켜야 하나, 이 운동들은 먼저 유연성 요소를 자극하고 그 뒤 움직임 요소에 자극을 가해야 한다.

기능적인 워밍업의 두 번째 혜택은 좀 더 강렬한 플라이오메트릭 드릴, 스피드 향상 드릴, 또는 측면 움직임 드릴을 수행할 수 있는 몸을 준비하는 동시에 적절한 움직임의 기초를 강화한다는 것이다.

좋은 워밍업은 모든 서 있는 자세의 드릴들에서의 적절한 발 위치에 대해 고려해야 하며, 이에 근거해 워밍업을 진행하는 중에 선수들은 발의 위치와 힘 생산force production 간의 관계에 대한 이해도 할 수 있어야 한다. 말하자면, 발은 고관절 아래에 위치해야 가속기accelerator로 작용하는 것이다. 만약 두 발이 몸 앞에 위치하면 발은 가속기가 아니라 브레이크 역할을 하게 된다. 추가로, 모든 드릴들은 완벽한 신체 자세를 취하고 수행해야만 한다. 선수들은 고관절에서부터 움직임이 나오게 하는 법을 배워야지 허리를 구부리는 것으로 움직임을 시작해서는 안 된다.

워밍업과 움직임 트레이닝은 선형liner으로 훈련하는 날과 측면으로 훈련하는 날로 나눌 수 있다. 훈련일을 이렇게 분할하는 것은 EXOS 창업자 마크 베스테겐의 아이디어로, 훈련 중 움직임 파트를 논리적으로 체계화하는 가장 좋은 방법이다. 선형 워밍업은 앞으로 똑바르게 가는 스피드straight-ahead speed, 플라이오메트릭과 컨디셔닝 스피드, 플라이오메트릭과 컨디셔닝을 위한 것이고, 측면형 워밍업은 측면 움직임, 측면 플라이오메트릭과 측면 컨디셔닝을 준비하는 데 활용한다.

선형 활성 워밍업

선형 활성 워밍업linear active warm-up은 단순히 정면으로 똑바르게 질주하기 위한 몸을 준비하는 데 필요한 동적 스트레칭과 스프린트 관련 드릴들을 모아놓은 것이다. 선형 워밍업은 스탠딩 다이나믹 스트레칭 운동으로부터 시작하여 대부분의 코치들이 달리기라는 형태의 움직임으로 분류한 동작들로 이어진다. 달리기 형태의 드릴들은 트랙과 경기장에서 행해지는 동적 워밍업 종류들이다. 이 드릴들은 움직임 기술을 지도할 뿐만 아니라 뒤따라올 스피드 작업을 위한 하체를 준비하는 데 훌륭한 효과를 발휘한다.

달리기 형태의 드릴은 주동근을 워밍업시키는 동시에 길항근에는 부드러운 동적 스트레칭을 제공한다. 이러한 점이 선형 워밍업의 이점인 것이다. 이는 적절한 워밍업이 갖추어야 하는 두 가지 요소를 만족시킨다. 즉 근육의 온도를 높이고, 근육의 전체 가동범위를 적

독창적인 사고에 대한 주의사항

여러분은 '기존의 관습을 벗어난 사람' 또는 '관습에서 벗어난 생각이네요'라는 말을 얼마나 자주 듣는가? 이러한 말들은 보통 칭찬으로 여긴다. 그러나 대부분의 사람들은 친숙한 이 관습들을 가지고 자신을 역할을 정말 훌륭히 수행하고 있다.

코치 존 우든John Wooden은 "장사의 요령을 배우려고 너무 많은 시간을 소비한다면 장사를 못 배울지도 모른다"라고 말하였다. 그는 현명한 사람이었고, 농구를 코치하는 방법은 놀라울 정도로 심플했다. 그는 매년 물집을 피하기 위한 양말 신기에 대해 새해가 시작할 때마다 선수들에게 자세히 설명한다. 이는 매우 관습에 사로잡힌 사고방식이라 할 수 있다. 실제로 어떤 코치들은 이렇게 평범한 것들이 시간낭비라고 볼지도 모른다. 우든은 양말을 제대로 신지 않아(신발 안에 양말 주름이 생겨) 생기는 물집 때문에 선수들이 연습을 못하는 것이야말로 진정한 시간낭비로 보았고, 그가 옳았다. 우든은 기본적인 것들을 훈련시켰다. 매우 기초적이고 관습적이다.

솔직히 말하자면, 내가 최고의 코치들 대부분은 복잡함 보다는 단순함에 대해 이야기한다. EXOS 창업자 마크 베르스테겐은 "심플한 것이야말로 끝내주게 작동한다"하고 말하길 좋아했고, Impact Performance Training의 듀이 닐슨Dewey Nielsen은 우리에게 기본에 충실하라고 부탁한다. 불교 경전에는 다음과 같은 말이 있다. "초심자의 마음에는 수많은 선택의 갈림길이 있으나, 숙달한 자의 마음에는 그러한 갈림길이 거의 없다." 나는 종종 내가 훌륭하다고 생각하는 수많은 코치들의 의견에 동의하는 경우가 있다. 아마 전문가 수준에 도달한 사람들의 생각은 서로 매우 비슷하고 새로운 정보에 대한 반응 방식도 매우 유사한 것 같다. 이러한 전문가들은 변화에 열려 있고, 훌륭한 정신적인 필터를 가지고 있다. 결과적으로 최고의 코치들은 비록 다른 길을 걸어왔을지라도 결국 같은 지점에 도착하는 것 같다.

사람들은 나를 고정관념의 상자에서 벗어나 생각하는 사람이라고 볼 수도 있을 것이다. 하지만 나의 생각들은 30년된 사고의 '틀'일 수도 있다. 진실은 내가 다른 질문들에 대해 같은 대답을 얼마나 자주 주는지 말해줄 수 없다는 것이다. 사람들이 질문들을 할 때 나는 "KISS하라"고 대답한다. KISS는 'Keep It Simple Stupid(심플하게 해, 멍청아)'의 약자이다. 좋은 사고의 틀 안에 머물러라. 사고의 틀을 넘어서려는 것은 그야말로 자신의 사고 틀을 완벽하게 파악하고 난 뒤에 시도해야 한다.

혹시 독창적인 사고를 하는 사람이라는 평을 받는 사람에 대해서 듣게 되면 과연 그 사람 역시 기존의 사고틀을 마스터한 사람인지 자문해보라. 코치로서 우리가 갖추어야 하는 핵심은 독창적인 무언가를 하기 전에, 자신의 사고의 틀을 숙달하여야 하는 것이다.

극적으로 확보하는 것이다. 둘 중 하나만 취해도 충분하다고 섣사리 생각하지 마라. 스트레칭은 근육의 전체 움직임 범위를 만드는 데 사용되지만 근육을 활성화시키진 않는다. 조깅은 근육의 온도를 높여주지만 근육 전체 범위를 사용하지 못한다. 대부분의 스포츠에서, 선수들이 적절하게 몸을 준비시키려면, 선형 워밍업이 반드시 둘 중 하나만 가지고 충분하다고 절대 간주하지 마라. 스트레칭은 근육의 전체 범위를 이용하지만, 활동적이지 않다. 조깅은 근육 온도를 상승시키지만 전체 범위를 사용하는 비슷한 어떤 동작도 이용하지 않는다. 대부분의 스포츠 선수는 제대로 준비하려면, 몸의 앞뒤를 모두 준비시켜야 하므로, 전방과 후방으로 뛰는 런닝 드릴을 포함한 직선형 웜업을 반드시 실시해야 한다. 물론 육상 경기에선 뒤로 움직이는 동작이 필요없을 수도 있지만 다른 대부분의 스포츠에서는 필요한 요소란 점을 기억하라. 훈련에 있어 가장 큰 실수 중 하나는 육상 종목의 기술(훈련)에 너무 의존하는 것이다. 우리가 알고 있는 스피드 기술 대부분은 육상 종목에서 나왔지만, 육상 외 종목에서도 적용되는 독창적인 사고가 필요하다.

선형 워밍업은 달리기에서 가장 자주 혹사당하는 세 가지 근육군(고관절 굴곡근군, 햄스트링, 대퇴사두근군)에 주로 집중한다. 다음에 소개하는 처음 6가지 운동은 천천히 수행하는 동적 스트레칭이다. 그 다음 일련의 동작들(스킵, 달리기)는 좀 더 빠르게 수행하고 더 활동적이며 근육들을 활성화시킨다.

선형 활성 워밍업(각각 20야드 또는 20미터)

하이 니 워크
레그 크레들
워킹 힐 투 벗
워킹 힐 업 투 벗: 몸을 앞으로 기울여
백워드 런지 워크: 햄스트링 스트레칭과 함께
백워드 스트레이트 레그 데드리프트 워크
하이 니 스킵
하이 니 런
힐 업
스트레이트 레그 워크
스트레이트 레그 스킵
백페달
백워드 워크

적절한 선형 워밍업을 끝내면, 해당 근육들은 느린 속도와 빠른 속도의 움직임 모두에서 완전한 가동범위로 다뤄져야 한다. 이런 형태의 워밍업은 스프린트, 플라이오메트릭, 육상경기 훈련, 또는 셔틀 런과 가은 형태의 훈련 세션을 하기 전 선행되어야 한다. 근육의 온도를 올리기만 하면 충분하다고 생각하지 마라. 워밍업은 훈련에 사용될 스피드 및 가동범위에 근육을 미리 준비시키는 것이다.

하이 니 워크

하이 니 워크High-knee walk는 워밍업을 부드럽게 시작하는 동작으로, 고관절의 뒤쪽 근육, 그중에서도 특히 둔근을 중요하게 스트레칭시킨다. 앞으로 한 발짝 걸어나갈 때, 반대쪽 정강이를 잡고 무릎을 가슴으로 당긴다(그림 5.21 참조). 내딛은 다리를 완전히 신전시키는 것에 집중한 후 발가락을 들어 올린다. 내딛은 다리를 완전히 신전시키고 뒤꿈치를 들어 올리는 동작은 고관절 굴곡근 스트레칭 작용도 한다.

그림 5.21 **하이 니 워크**

레그 크레들

레그 크레들Leg cradle을 하기 위해선, 한쪽 손으로 같은 쪽 무릎을 다른 쪽 손으론 정강이를 잡는다. 이 상태로 다리를 가슴 쪽으로 안는데 이때 정강이를 잡은 손을 이용해 고관절을 완전히 외회전시킨다(그림 5.22). 동시에 몸을 지지하는 다리의 고관절은 완전히 신전시키고 동시에 발뒤꿈치를 든다. 두 손으로 정강이를 잡는 것이 아니라 한쪽 손은 무릎에 둬야 한다. 이렇게 해야 무릎을 허리 높이까지 내릴 수 있다.

그림 5.22 **레그 크레들**

워킹 힐 투 벗

워킹 힐 투 벗Walking heel to butt은 걸으면서 시행하는데, 매 걸음마다 같은 쪽 손으로 발을 잡아 뒤꿈치가 엉덩이에 닿도록 당긴다(그림 5.23 참조). 뒤꿈치가 엉덩이에 닿으면, 내전근을 수축하고 양 무릎이 서로 닿게 한다. 이 동작은 대퇴 외측 근육들과 장경인대를 목표로 한다.

그림 5.23 **워킹 힐 투 벗**

워킹 힐 업 투 벗: 몸을 앞으로 기울여

몸을 앞으로 기울인 워킹 힐 업 투 벗Walking heel-up to butt with forward lean을 하기 위해선 앞선 운동과 같은 방법으로 뒤꿈치를 엉덩이 쪽으로 당긴다. 여기에 추가로 몸을 앞으로 숙이되 몸통을 곧게 유지하며 가능한 무릎을 높게 들어 올린다(그림 5.24 참조). 이 운동은 들어 올린 다리의 사두근과 대퇴직근을 자극하는 동시에 몸을 지탱하는 다리의 발과 발목에 좋은 고유수용성 정보를 입력한다.

그림 5.24 **워킹 힐 업 투 벗: 몸을 앞으로 기울여**

백워드 런지 워크: 햄스트링 스트레칭과 함께

햄스트링 스트레칭을 동반한 백워드 런지 워크Backward lunge walk with hamstring stretch는 지금까지 설명한 동작 중 기술적인 요구가 가장 높다. 이 운동은 두 번의 백워드 런지 사이에 햄스트링 스트레칭을 결합한 운동이다(그림 5.25 참조). 백워드 런지는 고관절 앞쪽을 스트레칭시키는 동시에 다리의 모든 부분과 고고나절 신전근을 워밍업 시켜주는 훌륭한 운동이다. 그리고 이 운동을 할 때엔 팔을 머리 위로 힘차게 뻗어주는 동작을 함께 해야만 한다. 백워드 런지할 때 팔을 위로 뻗는 동작을 추가하면 코어 앞쪽과 고관절 굴곡근을 동시에 스트레칭시켜준다. 다리를 박차는 움직임은 대퇴사두를 워밍업시켜 이 운동을 한층 더 훌륭하게 만든다. 첫 백워드 런지 후, 양손을 앞쪽 발 양옆에 두고 앞쪽 다리를 신전시키면 햄스트링 스트레칭이 된다. 이렇게 햄스트링 스트레칭을 한 뒤 다시 백 런지 자세를 취하고, 다리를 박찬 뒤 다리를 바꾼다. 연속 동작을 설명하면, 1) 양팔을 머리 위로 뻗으며 백 런지 자세를 취하고, 2) 햄스트링 스트레칭을 하고, 3) 백 런지 자세를 취하고, 4) 다리를 바꾼다. 나는 다리 한쪽당 매우 집중하여 3회씩 실시하는 것을 선호한다. 만약 당신이 백 런지를 하는 거리에 초점을 맞춘다면 선수들은 대충하며 디테일을 놓칠 것이다.

주의: 많은 선수들이 흔히 하는 포워드 런지forward lunge는 백워드 런지보다 다리에 부담을 많이 준다. 그리고 포워드 런지는 초심자의 경우 100야드 정도만 하여도 다리에 근육통을 유발하여 본 훈련을 완수하는 데 방해가 될 수도 있다. 런지 워크를 하지 않던 선수들은 사타구니가 당기는 것 같은 느낌을 받는다고 할 수도 있다. 사실 이 싱글 레그 스트렝스 운동은 장내전근long adductors의 고관절 신전근 기능을 자극한다. 이는 많은 선수들에게 생소하고 익숙치 않은 근육통을 느끼게 한다. 일반적으로, 우리 훈련 시설에선 백워드 런지 워크로 훈련을 시작하는데(그림 5.25a 참조), 무릎 신전근들을 상당하게 자극하면서도 장내전근에는 스트레스를 덜 주기 때문이다.

그림 5.25 **백워드 런지 워크: 햄스트링 스트레칭과 함께**

백워드 스트레이트 레그 데드리프트 워크

백워드 스트레이트 레그 데드리프트 워크Backward straight-leg deadlift walk는 또 다른 훌륭한 햄스트링 스트레칭이다. 부연 설명을 하자면, 이 운동은 발목에 있는 근육들에 훌륭한 고유수용성 자극을 제공한다. 양팔을 전방으로 가능한 멀리 뻗는 동시에 한쪽 다리를 허리 높이로 들어 올린다(그림 5.26). 이 동작은 몸을 지탱하는 다리에는 탁월한 동적 스트레칭이 되며 반대쪽 다리의 햄스트링은 고관절 신전근의 활성화가 일어나게 한다. 이 동작을 시킬 때엔 "가능한 몸을 길게 늘려주세요"라고 지도해야 한다. 나의 경우엔 훈련실이나 운동장 한쪽 끝을 향해 손과 발을 뻗는다는 이미지화를 시킨다. 이 길게 뻗은 스트레칭 자세를 취한 후엔 크게 뒤로 한 발 물러난 후 반대쪽 다리로 같은 동작을 시행한다. 초심자의 경우 햄스트링에 근육통이 발생할 수 있으므로 주의한다.

그림 5.26 **백워드 스트레이트 레그 데드리프트 워크**

하이 니 스킵

하이 니 스킵High-knee skip은 동적인 스트레칭에서 좀 더 능동적인 워밍업으로 넘어가는 첫 단계 운동이다(그림 5.27 참조). 가볍게 제자리 뛰기skipping를 하되 고관절 굴곡근과 신전근이 모두 사용되어야 한다. 무릎 높이나 뛰는 스피드보다는 리드미컬하게 움직이는 것만이 중요하다. 하이 니 스킵은 몸을 빠르게 앞으로 이동시키는 것을 준비하지만, 워밍업의 유연성 부분은 덜 강조되는 움직임이다. 제자리뛰기를 할 때는 무릎, 뒤꿈치, 발끝을 높이는 것을 기억해야 한다. 무릎은 허리까지 높이고, 발뒤꿈치는 엉덩이로 향하며, 발끝은 정강이로 당겨야 한다.

그림 5.27 **하이 니 스킵**

하이 니 런

하이 니 런High-knee run 동작을 할 때는 고관절 굴곡군에 부하가 증가한다. 이 동작은 달리기에서 일어나는 전방으로의 작은 움직임과 유사하다. 꼿꼿한 자세를 유지하고(약한 선수는 몸을 앞이나 뒤로 기울이는 경향이 있다) 지면에 발구름 수를 많이 하는 것이 중요하다. 이 드릴의 핵심은 완벽한 자세를 유지하여 동작에서 의도하는 정확한 근육에 자극을 주는 것이다(그림 5.28 참조). 하이 니 런할 때 가장 좋은 지시사항은 반대쪽 무릎 높이 정도를 넘는다고 생각하라는 것이다. 우리는 선수들에게 땅에 접촉한 다리의 무릎쯤에 못이 튀어나와 있는 듯 이미지화하라고 한다. 지시사항은 그 못을 뛰어넘는 것이다. 다시 설명하자면 '무릎, 뒤꿈치, 발끝을 높인다.' 즉 무릎은 허리 높이로 올리고, 뒤꿈치는 엉덩이를 향해 당기고, 발끝을 들어 전경골근에 힘이 들어가게 해야 한다.

그림 5.28 **하이 니 런**

힐 업

때때로 벗 킥butt kick으로 불리는 힐 업Heel-up은 고관절 굴곡근보단 햄스트링 활성에 중점을 두는 운동이다. 뒤꿈치를 엉덩이 쪽으로 능동적으로 당기는 동작은 햄스트링을 활성화시키는 워밍업일 뿐만 아니라 대퇴사군들을 완전한 가동범위로 작동하게 한다. 힐 업을 할 때엔 무릎을 약간 들어 올릴 수 있다(그림 5.29 참조).

그림 5.29 **힐 업**

스트레이트 레그 워크

스트레이트 레그 워크Straight-leg walk는 고관절 굴곡근을 활성화시키는 동시에 햄스트링을 동적으로 스트레칭시킨다(그림 5.30). 고관절을 굴곡시키기 위해 반드시 고관절 굴곡근을 파워풀하게 수축한다. 이때 다리는 쭉 편다. 핵심은 능동적으로 햄스트링을 당기는 것이다. 나중에 언급하겠지만, 햄스트링은 매우 강력한 고관절 신전근이며 신전근 능력을 위한 워밍업을 할 필요가 있다.

그림 5.30 스트레이트 레그 워크

스트레이트 레그 스킵

스트레이트 레그 스킵Straight-leg skip은 스트레이트 레그 워크에 리드미컬한 움직임을 추가하면 된다(그림 5.31). 부가적으로 햄스트링에 대한 동적 스트레칭 효과도 늘어난다.

그림 5.31 스트레이트 레그 스킵

백페달

백페달Backpedal과 백워드 런Backward run은 명확히 구분하는 것이 중요하다. 두 동작들은 비슷하게 보이지만 워밍업 시퀀스 면에서 완벽히 다른 목적을 가지고 있다. 백페달은 햄스트링이 아니라, 대퇴사두근의 워밍업을 목적으로 한다. 백페달 동작에서 엉덩이는 낮추고, 발은 몸 바로 아래나 몸보다 앞쪽에 위치한다(그림 5.32 참조). 다리를 뒤쪽으로 뻗는 것이 아니라 대퇴사두근을 주로 이용하여 바닥을 밀어내도록 한다. 백워드 런처럼 발이 몸 뒤로 가면 절대 안 된다. 다리가 바닥을 미는 신전 동작에 집중한다. 풋볼의 디펜시브 백defensive back 포지션은 이 동작을 쉽게 할 수 있겠지만 다른 여러 선수들은 제법 고생할 것이다.

그림 5.32 **백페달**

백워드 런

백워드 런Backward run은 말 그대로 뒤로 달리기이다(그림 5.33). 주안점은 뒤쪽 다리를 공격적으로 뒤로 뻗어주면서 동시에 앞쪽 다리는 적극적으로 바닥을 미는 것이다. 백워드 런은 고관절 신전근인 햄스트링을 강력히 활성화키고 고관절 앞쪽에 동적인 스트레칭 효과를 준다. 즉 이 움직임은 햄스트링을 활성화시키는 동시에 고관절 굴곡근을 스트레칭시키는 것이다. 사실 이는 스트레이트 레그 스킵과 반대의 움직임이다.

그림 5.33 **백워드 런**

직선형 스피드를 안전하고 쉽게 향상시키기

한 가지 사실에 대해 분명히 짚고 넘어가자. 스포츠에선 스피드가 아니라, 가속력이 중요하다.

우리의 스포츠 현장에는 한 가지 문제가 있다. 코치들은 자신이 가장 추구하는 신체 능력에 대해 논의할 때 잘못된 용어를 일관되게 사용한다. 10, 20, 그리고 40야드 전력질주dash 테스트의 목적은 스피드가 아니라 가속력을 측정하는 것이다. 월드클래스 수준의 스프린터들이 대략 60미터 정도까지는 달려야 최고 스피드를 보일 수 있다는 점에 대해 생각해볼 필요가 있다. 코치로서 우리들은 최고 스피드가 아니라 가속력에 관심을 가져야 한다. 자동차의 제로백과 같은 개념이 필요한 것이다. 팀 스포츠에선 선수의 스피드 절대치가 아니라 얼마나 빨리 가속할 수 있는지가 성공의 열쇠이다.

이러한 점이 왜 중요할까? 스피드 발달에 대한 방대한 연구들은 스포츠 환경이 아닌 트랙과 경기장에 집중되어 있다. 육상 경기에서 가장 짧은 거리는 55미터이다. 한편 스포츠에서 가장 길게 달리는 경우는 40야드 대시(야구에선 60야드까지도 되긴 한다) 정도이다. 육상 경기 스타일을 스포츠에 적용하는 것은 사실상 제한점이 있는데, 스포츠 환경에서는 스피드 요소보다 가속요소가 더 자주 사용되기 때문이다. 육상 경기를 위한 훈련에서 달리기는 움직임에 (다리를) 당기는 힘이 빈번하게 사용되며 지면을 당겨 긁는 동작을 발달시키는 훈련을 한다. 반면 스포츠에선 발을 약간 앞으로 보내면서 중력 중심으로부터 바닥을 밀어내는 움직임이 자주 사용된다. 이는 마이클 존슨과 같은 선수들의 주법과는 반대되는 것이다. 이 말은 현재 대부분의 코치들이 하고 있는 스피드 발달 관점의 트레이닝을 팀 스포츠 선수들에게 적용하기에는 한계가 있다는 의미이다. 사실 지난 20년간 영상 및 강연에서 존경받는 코치들에 의해 언급되지 않은 스피드 개발법에 대해선 할 수 있는 말이 거의 없다. 스피드 발달의 기술적인 측면에 대한 정보는 다른 다양한 출처를 찾아보면 쉽게 얻을 수 있을 것이다.

코치들은 선수들의 스피드를 향상시키기 위해 스트렝스와 파워를 훈련할 필요가 있다는 점을 점차 깨닫고 있다. 많은 코치들이 스피드 발달을 위해 저항성 훈련을 사용한다. 수많은 훈련 도구 제조사들이 슬레드sled와 같은 도구들을 스피드 발달을 위한 장비로 출시하고 있다. 우리가 알고 있는 한 가지 사실은 선수가 짧은 거리를 빠르게 움직이게 하고 싶다면, 짧은 거리를 빠르게 달리는 훈련을 시키는 것이 좋다는 것이다. 이에 관한 또 다른 사실은 지면을 박차는 힘force 역시 관계가 있다는 점이다. 스피드와 수직 점프력이 관계가 있다는 강력한 증거들이 있고 수직 점프력과 하체의 스트렝스 사이에 연관성이 있다는 것에는 더 강력한 증거들이 많다. 이러한 관점에 비추어 보면, 빠르게 움직이는 것은 심플하지만 동시에 어려운 일이다. 컨셉은 심플하다. 하지만 이를 실행에 옮기는 것은 매우 어려울 수 있다.

나는 스포츠팀과 크고 작은 그룹들을 위한 부상 예방에 중점을 둔, 스피드 발달 또는 더 적절한 표현으론 가속 발달 시스템을 제안한다. 이 선형 스피드 향상 시스템은 간단하고 쉽다. 이 시스템에서 스피드 훈련의 대부분은 10야드(또는 미터) 미만으로 하며 실제적인 가속 훈련을 한다. 팀 스포츠에선 스피드보다 가속 능력이 매우 중요하다. 그러나 코치들은 종종 이 두 단어를 바꾸어 사용한다. 코치들은 종종 더 빠른 스피드에 대해 갈망하고 있음을 표현하는데, 사실 대부분의 스포츠는 더 큰 가속 능력을 가진 선수가 유리하지, (스피드가) 가장 빠른 선수가 필요한 것이 아니다. 스피드와 가속도의 차이점을 설명하는 가장 단순한 방법은 자동차에 빗댄 것이다. 모든 차는 시속 100미터로 달릴 수 있다. 하지만 유고Yugo(유고슬라비아에서 만든 900cc급 소형차)와 포르쉐를 구분하는 것은 제로백(정지에서 시속 100km/h까지 도달하는 시간)의 차이인 것이다. 가속보다는 스피드에 불필요하게 집착하는 우려는 많은 트레드밀 기반 스피드 개발 프로그램과 많은 육상 경기 기반 프로그램이 만든 함정이다.

스피드 발달 프로그램을 설계할 때 고려해야 하는 사항은 어떤 운동을 할지, 어느 정도의 수준으로 할지, 그 빈도는 어느 정도로 하는지이다. 내가 제안한 이 시스템은 2000년도 여름에 400명의 선수들을 대상으로 현장테스트를 거친 것으로 약 19,000회의 워크아웃(400명의 선수가 주당 4일, 12주간 훈련)이 발생한 것인데, 이때 서혜부와 햄스트링 염좌 같은 부상은 10건 미만 정도만 발생할 뿐이었다.

이 시스템의 핵심은 다음과 같다.

- 모든 스피드 워크아웃에 최소 15분의 동적인 워밍업과 민첩성 작업이 선행되어야 한다.
- 플라이오메트릭은 워밍업 후, 스프린트 훈련 전에 수행한다. 이는 스피드 훈련에 적합한 근육 수축 속도를 적응시켜 스트린트 훈련으로 이어지는 훌륭한 가교 역할을 제공할 것이다.

이 프로그램은 심플한 개념을 기반으로 3개의 3주 단위 훈련으로 구성된다.

1~3주차: 경쟁이 없는 스피드

경쟁이 없는 스피드 단계noncompetitive speed phase에서는, 달리기 시작하는 첫 3~5걸음에 대한 단순한 드릴을 훈련한다. 이 단계의 주안점은 스타팅 테크닉과 첫걸음을 재빠르게 내딛는 것이다. 선수는 첫 3~5스텝(걸음)을 강하게 차고 나간 후 그 관성으로 가볍게 달린다. 처음엔 근육들이 스프린트에 점진적으로 적응하도록 풀 스피드에 약간 못 미치는 정도로 달릴

그림 5.34 린, 폴, 런

것을 선수들에게 주문한다. 경쟁이 없는 스피드 단계에선 어떤 형태로든 선수들이 질주를 하거나 경쟁하지 말아야 한다. 이 단계에서는 기본적인 드릴인 린, 폴, 런lean, fall, run(몸을 앞으로 기울이고, 쏟고, 달리기)과 번 감베타의 《Straight Ahead Speed》(1995) 비디오에서 지도하는 90도 린90-degreee lean, 폴, 런을 사용한다. 일반적으론 매일 10야드 스프린트를 오직 6회 정도만 실시한다.

4~6주차: 짧은 경쟁적 스피드

두 번째 단계에서는 경쟁적인 요소가 있는 드릴 시리즈를 소개하지만, 달리는 거리는 제한된다. 거리(볼륨)는 유지되고 스프린트 훈련의 강도는 증가한다. 스피드 발달 프로그램의 어려운 점 중 하나는 선수들이 스피드 발달 훈련을 하는 동안 최고 스피드에 도달하는지 아닌지를 코치들이 종종 눈치 채지 못하거나 또는 이를 조절하지 못하는 데 있다. 경쟁적 요소를 도입하면 선수들이 움직임을 가속하려는 시도가 생긴다. 경쟁심을 장려하는 데는 테니스공 하나만 있으면 된다. 짧은 경쟁적 스피드 단계Short Competitive Speed phase는 시작 자세를 두 다리(그리고 한 다리)로 하는 다양한 볼 드롭 스프린트ball-drop sprint로 구성한다(그림 5.35 참조). 볼 드롭 스프린트는 선수들로 하여금 짧은 거리에서의 폭발적인 스피드를 위해 선수가 가속하게 만든다. 타고난 재능을 가진 선수들조차도 7야드를 넘기기 힘들다. 선수들은 실패를 거듭 겪지만 끊임없이 도전할 것이다. 볼 드롭 스프린트는 햄스트링과 고관절 굴곡근에 과도한 스트레스를 주지 않고도 가속하게 하는 경쟁적인 환경을 조성한다.

그림 5.35 볼 드롭 스프린트

7~9주차: 긴 경쟁적 스피드Long Competitive Speed

세 번째 단계에서 선수들은 여러 다양한 시작 자세에서 파트너와 경쟁하며 스프린트를 한다. 추격 스트린트Chase sprint와 브레이크어웨이-벨트 스프린트breakaway-belt sprint는 서 있거나, 누워 있는 자세를 시작 자세로 취할 수 있다. 이때 스프린트 훈련은 교대로 추격자와 추격받는 자로 역할을 나눠서 대결하는 게임이 된다. 선수들의 가속 능력은 최대한 노력을 기울일 수밖에 없는 경쟁적인 분위기 속에서 시험받게 된다. 이 단계에서 태그 존tag zone은 10~20야드로 제한한다.

이 스피드 발달 프로그램은 적절한 워밍업, 하체 스트렝스 프로그램과 점진적인 플라이오메트릭 프로그램들과 결합할 때 최상의 결과를 도출한다. 운동선수들은 9주 동안 근육을 적절하게 적응시키기 위해 개인별 스타팅과 첫걸음을 내딛는 훈련first step drills에서 시작해 경쟁이 치열한 대결 게임들tag race에 이르기까지 점진적으로 훈련을 강화해나간다. 훈련 각 단계에서 볼륨이나 강도는 둘 중 하나만 증가하고 절대 두 요소 모두를 한 번에 증가시키진 않는다. 하체 스트렝스 프로그램에서, 운동들은 무릎 신전(스플릿 스쿼트, 프런트 스쿼트, 싱글 레그 종류)과 고관절 신전(둔근과 햄스트링 강화에 초점을 둔 스트레이트 레그, 벤트 레그 종류) 모두를 위한 운동을 주당 2차례 실시한다. 점진적인 스피드, 플라이오메트릭, 스트렝스 훈련을 조합한 이 방법을 우리 훈련 시설에서 사용하였는데, 1000회의 워크아웃당 1번 미만의 부상률이라는 결과를 나았다.

슬레드 트레이닝Sled Training

선수가 스피드를 향상시키는 데 중량 슬레드weighted sled보다 좋은 것은 없다. 만약 내게 시간적 제약이 있어 단 한 가지 운동만 선택해야 한다면 슬레드 밀기를 선택할 것이다. 수많은 연구들이 스피드 발달을 위한 도구로 중량 슬레드를 쓰는 것에 대해서, 중량 슬레드가 최고 스피드에 미치는 영향이 어떤지를 언급하며 부정적인 결과를 찾으려는 시도를 하였다.

사실 중량 슬레드가 달리기의 최고 스피드를 향상시킬 수 없을 수도 있다는 내용을 담은 이런 연구들은 가속 능력에 대해선 적용하지 않았으며 그 때문에 코치들로 하여금 이 장비의 잠재적 가치를 과소평가하게 만들었을 수도 있다. 하지만 중량 슬레드가 스피드를 향상시킬 수 없을 것이라고 말한 많은 연구자들도 중량 슬레드가 가속 능력은 향상시킬 수 있다고 이야기했다. 우리의 문제는 이런 케이스들에서도 자주 볼 수 있듯, 연구 결과를 잘못 해석하는 데서 발생한다.

대부분의 코치들은 스피드를 높이기 위해 달리기 자세와 테크닉에 시간을 소비한다. 이 코치들은 스트렝스를 향상시키기 위해 하체 스트렝스 워크아웃도 훈련에 포함시키긴 한다. 비록 위의 두 요소가 모두 분명 중요하긴 하나, 여기엔 한 가지 놓치고 있는 연결고리가 있다. 바로 특정 스트렝스specific strength의 발달이다. 여러분은 '멋지게' 달리지만 빠르지 않은 선수들을 자주 본 적 있지 않은가? 내 생각에는 스피드를 향상시키려고 시도하는 많은 코치들이 기술 연습에 너무 많은 시간을 소비하고, 보다 빨리 달리게 하기 위해 필요한 특정 파워specific power와 특정 스트렝스에는 너무 적은 시간을 투자하고 있는 것 같다.

2000년《Journal of Applied Physiology》에는 '인간 달리기 스피드의 생체역학적 기초Mechanical Basis of Human Running Speed'라는 글이 실렸다. 이 글의 개요는 '최고 달리기 스피드top running speed는 빠른 다리 움직임이 아니라, 더욱 강한 지면력ground force에서 나온다'는 문장으로 시작한다. 이러한 내용은 이 논문의 수석연구원이었던 피터 웨이랜드Peter Weyland의 이름에 따라 웨이랜드Weyland 연구로 불리게 된다. 중량 슬레드 드릴은 스프린트에 필요한 특정 근육들을 다루며 달리기 자세 연습과 스쿼트와 올림픽 리프팅과 같은 웨이트룸의 운동들 사이를 연결하는 가교 역할을 한다.

많은 선수들이 상당한 중량의 스쿼트를 할 수 있다. 한편 빨리 달릴 수 있는 선수들의 수는 훨씬 적다. 스피드에 매진하는 사람들은 스피드를 발달시키는 스트렝스 운동으로 고관절 신전 운동을 추천받았지 과신전 운동을 추천받지는 않았다고 말할 것이다. 하지만 달리기 스피드에선, 힘 생산의 모든 부분이 고관절 과신전 움직임에서 나온다. 지면에 힘을 적용하고 앞으로 이동시키는 움직임을 만드는 능력은 오직 질량 중심center of mass 아래에 발을 위치시키고 뒤를 밀어야만 발생한다. 비록 스쿼트와 다른 운동들이 달리기와 관련된 근육들을 훈련시키긴 하지만 그 훈련은 스프린트 동작에 특정specific된 것은 아니다. 중량 슬레드는 강한 선수들에게 그들이 앞으로 움직이는 종류의 힘을 어떻게 생산할 수 있는지 가르친다. 스포츠 과학자들은 이러한 점을 특별한special 스트렝스와 특정한specific 스트렝스로 나누는데, 비록 두 스트렝스 간의 차이는 작지만 두 가지가 다르다는 것을 이해하는 것은 매우 중요하다.

- 특별 스트렝스는 특정 운동 스킬의 관절역학에서 저항을 동반한 움직임에 의해 생성된다. 슬레드 마칭sled marching은 특별 스트렝스 범주에 속할 것이다. 나는 슬레드 마칭이 스피드 발달에 이용 가능한 최고의 툴이라고 믿는다. 스프린트 동작에서 힘 생산 능력이 떨어지는 선수들은 슬레드 마칭을 할 때 눈에 띄게 된다.
- 특정 스트렝스는 관절 활동을 모방하는 저항을 동반한 움직임에 의해 생성된다. 슬레드 러닝sled running은 특정 스트렝스 범주에 속한다고 할 수 있다.

MBSC에서는 12주 트레이닝 과정 중, 첫 6주는 고중량 슬레드 마칭을 하고 후반기 6주 동안은 낮은 중량으로 슬레드 스프린트sled sprint를 한다.

과거의 코치들은 저항을 이용한 스피드 향상 훈련을 할 때, 선수의 스피드를 10% 이상 떨어지게 하는 운동을 해서는 절대 안 되거나, 또는 선수 체중보다 10% 이상 되는 부하를 사용해선 절대 안 된다고 권고하였다. 이런 권고사항은 운동 학습motor learning 연구에서 나타난 과도한 부하가 스프린트와 던지기 같은 활동의 운동 패턴을 바꿀 수도 있다는 결과를 기반으로 한 것 같다. 나는 스피드 발달에 무언가 누락된 것이 있는 것 같다는 직감이 있었지만, 몇 년 전까지만 해도 위에 언급한 소위 10% 법칙은 그런 나의 직감을 따르지 못하게 막고 있었다. 하지만 현재는 선수가 스프린트의 가속 단계와 유사한 운동 패턴을 보이는 한 특별 스트렝스에 대한 작업에 있어 체중 이상의 중량을 다뤄도 된다고 생각한다. 슬레드 마칭을 특수한 타입의 레그 프레스라고 생각하라. 선수는 저항에 대항하는 고관절 과신전 움직임을 통해 스프린트에 특화된 관절 움직임을 통합할 것이다. 기술적으로 훌륭한 마칭 동작(완벽한 슬레드 마칭 동작)을 유지할 수 있는 한 극도로 무거운 중량도 다루며 움직일 수 있을 것이다.

슬레드 러닝은 특정 스트렝스 쪽으로 접근법이 옮겨간다. 슬레드 러닝에선 다루는 중량이 확실히 더 가벼워지지만, 그럼에도 불구하고 여기에서도 나는 10% 법칙을 따르진 않는다. 슬레드 훈련에서의 주요 변수는 중량을 얼마나 얹느냐가 아니라 운동 패턴이다. 만약 선수가 가속 자세를 유지하고 움직임 역학의 변화 없이 슬레드 러닝을 한다면 이 운동은 스프린트를 위한 특정 스트렝스를 위한 운동이 된다. 우리는 왜 10% 부하 또는 10% 속도 감소와 같은 제멋대로인 가이드라인에 한정되어야 할까? 20야드를 달릴 때 10%는 2/100초 밖에 되지 않는데 얼마나 의미가 있겠는가? 선수의 자세와 운동 패턴을 살피는 것이 핵심이다. 20야드 이상에서 10%는 1/100 2개일 뿐이다. 핵심은 운동선수의 자세와 운동 패턴을 살펴보는 것이다. 만약 선수가 자신이 원하는 동작을 하고 싶어 움직임 역학을 바꿔 동작하면 중량은 곧바로 너무 무거워질 것이다. 10% 법칙은 이런 형태의 훈련에 있어 점진적 부하의 원칙 적용을 허락하지 않는다.

슬레드를 사용할 때 간과해선 안 되는 것은 어떤 바닥에서 사용하는지이다. 천연잔디 위에서 사용할 때는 좀 더 가벼운 중량을 사용하고 아스트로 터프AstroTurf와 같은 인조잔디에서는 좀 더 무거운 중량을 사용해야 한다. 이는 단순히 마찰계수와 관계가 있는 것이다. 가벼운 중량이라도 천연잔디는 높은 마찰력을 만든다. 인조잔디는 마찰력이 낮기 때문에 좀 더 무거운 중량을 적용해야 한다. 또 다른 사항은 슬레드의 종류를 고려하는 것인데, 바닥이 편평한 슬레드는 큰 마찰력을 만들고, 양쪽으로 날이 있는 슬레드는 마찰력이 낮다. 때문에 편평한 슬레드에는 중량을 좀 더 낮춰 사용하고 날이 있는 슬레드는 중량을 높여 사용해야 비슷한 효과를 낼 수 있을 것이다.

내가 말하고자 하는 현실은 스프린트를 위한 저항 훈련에 대해 우리가 잘못 이해하고 있을지도 모른다는 것이다. 연구에서 따르면 슬레드 훈련은 선수의 최고 스피드top speed 능력을 향상시키지 못할 수도 있지만, 슬레드 훈련은 선수를 보다 빠르게 만드는 데 도움이 된다. 기억하라. 스포츠는 최고 스피드가 아니라, 가속 능력이 중요하다. 육상 코치들이 절대 스피드 역학absolute speed mechanics이라고 부르는 능력을 가진 팀 스포츠 선수는 매우 드물다. 중량 슬레드는 스피드 발달에 관련한 연구와 용어들에 관한 오해와 잘못된 이해 때문에 가장 저평가된 훈련 장비일 것이다.

측면 웜업: 측면 민첩성과 스피드 향상시키기

측면 워밍업lateral warm-up은 측면 움직임을 향상하는 운동을 위해 몸을 준비시킨다. 대략 8분 정도의 가동성 작업(폼 롤링, 스트레칭, 가동성 운동 섹션 참고) 이후 측면 움직임에 중점을 둔 다이나믹 워밍업을 한다. 워밍업의 마지막 5분은 민첩성 사다리 운동agility ladder work으로 마무리한다. 측면 워밍업의 핵심은 내전근과 외전근을 선형 워밍업(선형 워밍업에서도 내전근, 외전근을 다루지만)보다 더 강하게 다루는 것이다. 대부분의 워밍업은 육상 경기의 영향으로 선형 위주로 구성되고 측면은 잘 다루지 않는다. 워밍업은 그날 계획된 움직임에 맞게 구성되는 것이 중요하다. 측면 워밍업은 측면 움직임과 측면 스피드 훈련 진행에 맞게 몸을 준비시킨다. 측면 동적 워밍업은 관상면, 또는 좌우로의 움직임에 집중되어 있다.

래터럴 스쿼트

대부분의 코치들은 래터럴 스쿼트Lateral Squat를 서혜부 스트레칭으로 인식한다. 하지만 나는 래터럴 스쿼트를 관상면에서의 고관절 가동범위를 향상시키는 동적인 유연성 운동으로 간주하기를 선호한다. 발 간격은 4피트(1.2m) 넓이로 시작하고, 오른쪽으로 앉으면서 좌측 다리를 곧게 편다. 이때 왼발은 바닥에 편평하게 붙인다(그림 5.36 참조). 몸통은 세우고 가능한 낮게 앉으며, 오른발 뒤꿈치에 체중을 싣는다. 몸을 낮춘 자세에서 1초 정지한 후, 반대편도 운동한다.

그림 5.36 **래터럴 스쿼트**

래터럴 스킵 시리즈

래터럴 스킵 시리즈Lateral skip series는 지도하고 배우는 데 가장 어려운 동작 중 하나이다. 제자리에서 스키핑skipping하는 것으로 시작하는 것이 가장 좋다. 오른쪽으로 래터럴 스킵을 하려면 선수는 반드시 왼쪽 다리로 측면 바닥을 밀어야 한다. 선수들에게 오른쪽으로 움직이려면 오른쪽 발이 아니라 왼쪽 다리로 바닥을 밀어야 한다고 인식시켜라. 나는 선수들에게 왼발이 지면에 닿을 때마다 오른쪽을 움직이라고 말한다. 내가 "왼쪽(다리), 왼쪽(다리), 왼쪽(다리)"이라고 말하면 선수들은 오른쪽으로 스키핑을 한다. 이 움직임은 다리의 외전 동작, 또는 측면 바깥으로 밀어내는 동작 중 하나이다.

그림 5.37 래터럴 스킵

크로스 오버 스킵

래터럴 스킵을 숙달한 후에, 크로스 오버 스킵cross-over skip을 실시한다(그림 5.38 참조). 다리를 들어 교차시켜 내리고 같은 다리를 이용해 측면으로 몸을 밀어낸다. 오른쪽으로 이동하는 것을 예를 들어보면, 왼쪽 다리를 들어 교차해 오른편으로 내리고 같은 다리로 바닥을 측면으로 밀어낸다. 여기에서도 마찬가지로 "왼쪽(다리), 왼쪽(다리), 왼쪽(다리)"이라고 말하면서 선수가 왼쪽 다리로 바닥을 밀고 왼쪽 다리를 교차하도록 집중시킨다. 크로스 오버 스키핑은 무릎이 신체의 정중선을 교차하게 하여 측면 움직임에 약간의 회전 요소를 추가한 것이다.

그림 5.38 크로스 오버 스킵

크로스 언더 스킵

크로스 언더 스킵cross-under skip은 언뜻 보기에는 크로스 오버와 동일한 동작으로 보이지만 근육의 작용이 바뀐다. 적극적으로 지면을 밀어내는 것은 위로 들어 올리는 다리가 아닌 아래쪽 다리인 것이 차이점이다. 이 동작은 3가지 측면 스키핑 동작 중 배우기가 가장 어려울 것이며, 어떤 선수는 배우는 데 몇 주일이 걸릴 수도 있다. 크로스 오버 스킵과 다른 점은 선수가 오른쪽으로 움직이더라도 지면을 강하게 측면으로 밀어내는 다리는 '오른쪽 다리'라는 점이다. 크로스 오버 스킵은 내전 작용의 스키핑이어서 고관절 내전근을 이용해 지면을 밀어내는 반면, 크로스 언더 스킵은 외전 작용의 스키핑이어서, 아래쪽 다리의 동작을 강조하여 측면으로 밀어낸다고 이해하는 게 도움이 될 것이다.

주의사항: 크로스 오버 동작에선, 외전근과 내전근들이 반드시 작용하여야 하고, 이 스키핑 연속 동작들로 선수들이 측면으로 움직이는 데 필요한 자질에 익숙하게 만들어야 한다. 크로스 오버 동작은 외전하면서 지면을 미는 위쪽 다리와 내전하면서 밀어내는 아래쪽 다리가 조합된 움직임이라는 것을 선수가 이해하는 것이 극도로 중요하다.

래터럴 셔플

래터럴 셔플lateral shuffle은 보이는 것만큼이나 간단하다(그림 5.39 참조). 우측으로 이동하려면 왼쪽 다리로 바닥을 밀어 측면으로 이동한다. 주안점은 발끝이 바르게 앞으로 향한 선수 자세athletic position를 만드는 것이다. 이 동작은 스포츠 특정sport-specific 자세에 도움이 되는 훌륭한 기술이다. 농구 선수는 이 자체에서 팔을 위로 올린 수비 자세를 취하고, 미식축구 선수는 상대 선수를 방어하기 위해 이 자세를 취하고 손을 앞으로 들고 있을 수 있다.

그림 5.39 래터럴 셔틀

카리오카

우리는 기본적인 빠른 발놀림 드릴fast-foot drill을 사용한다(그림 5.40).

그림 5.40 카리오카

래터럴 크롤

래터럴 크롤lateral crawl(그림 5.41)은 코어와 견갑흉추scapulothracic 요소를 강조하는 워밍업이다.

그림 5.41 래터럴 크롤

민첩성과 방향 전환 향상

스피드는 가르칠 수 없다는 옛말은 수년 전에 틀렸음이 입증되었다. 그러나 많은 코치들이 민첩성과 협응력은 여전히 가르칠 수 있는 부분이 아니라고 믿고 있다. 사실 방향 전환과 측면 움직임의 본질은 가르칠 수 있고 간단한 3가지 기준으로 위의 믿음을 무너뜨릴 수 있다.

1. 정지 동작뿐만 아니라 정지 후 움직임을 다시 시작할 수 있는 한 다리 근력을 가지고 있는가?

   한 다리 근력은 민첩성 향상을 위한 필수적인 능력이다. 한 다리 근력이 없다면 민첩성의 양을 만들 수 없고, 최고 스피드에서 방향 전환도 할 수 없을 것이다. 이는 웨이트룸에서의 한 다리 훈련을 해야함을 의미한다.

2. 감속할 수 있는가?

   편심성 근력eccentric strength은 감속이 핵심이다. 편심성 근력은 부하를 줄이는 능력이 아니라 신체를 빠르게 멈출 수 있는 능력이라고 생각해야 한다. 편심성 근력은 브레이크를 작동시키는 능력을 말한다. 플라이오메트릭 드릴을 통해 만들어질 수 있고 래더ladder 드릴 능력에서 배울 수도 있다.

3. 안정적으로 착지할 수 있는가?

   고유수용기 시스템은 안정적인 착지를 만들 준비가 되었는가? 한 번 더 말하지만, 점프와 래더 드릴이 핵심이다.

선수들은 민첩성의 가장 기본적인 컨셉을 이해할 필요가 있다. 왼쪽으로 움직이면, 오른발로 바닥을 밀어내야만 한다. 가장 멀리 떨어진 발로, 가길 원하는 방향으로 문자 그대로 밀어내야만 한다. 가야 할 방향으로 발을 들어 내딛으면 빨리 움직일 수 없다. 어쨌든 방향을 바꾸기 위해 필요한 밀기push를 하기 전에 감속과 안정적인 착지가 필요하다. 민첩성 훈련으로 통하는 대부분은 단순한 타이밍 움직임이다. 선수들이 콘corn들을 달려 기록을 단축시키는 것을 개의치 말아야 한다. 선수들에게 오른쪽 턴, 왼쪽 턴, 또는 45도 컷팅하는 제대

빠른 발놀림?

나는 “어떻게 하면 나의 아들/딸/선수의 발놀림 스피드food speed 민첩성을 향상시킬 수 있을까요?”라는 질문을 정말 자주 받는다. 모든 사람들은 늘 지름길이나 묘책을 원하는 것 같다. 이보다 나은 질문은 “발놀림 스피드를 향상시킬 수 있다고 생각하시나요?” 또는 좀 더 깊이 생각한 “발놀림 스피드가 그렇게 중요합니까?” 이다. 이는 “발 스피드가 민첩성과 관련이 있습니까?”라는 질문으로 이어진다.

코치와 부모들은 이 글을 읽고 아마도 이렇게 말할 것이다. “이 사람 제정신인가? 스피드가 관건 아닌가?” 이런 말을 하는 코치와 부모들은 빠름과 빠른 발놀림을 동일시하고 재빠른 발놀림quick feet과 민첩성을 동일시하는 문제를 가지고 있는 것이다. 하지만 빠른 발이 당신을 빠르게 하지 못하고 재빠르게 발을 놀린다고 민첩성이 높아지는 것은 아니다. 어떤 경우에는 빠른 발재간이 사실은 느리게 만들 수 있다.

나는 종종 빠른 발이 스피드의 손실이 되는 것을 본다. 사실 몇몇 빠른 발을 가졌다고 묘사되는 신속한 턴오버 선수들은 느린 스타트를 보여주고 있다. 빠른 발의 문제점은 지면에서 힘 생산을 못하는 것이다. 빠른 발은 훌륭한 목표일지 모르지만 지면에서는 매우 힘들다. 스피드를 이끌어내는 지면을 생각해보라. 얼마나 빠른 발로 이동하느냐보다 지면으로 얼마나 많은 힘이 전달되느냐이다. 이것은 작용-반작용 원리의 기본이다. 지면에 전달된 힘은 앞으로 일어날 동작과 같다. 수직 점프를 가장 잘하는 선수가 가장 빠른 이유이다. 이는 힘 생산force production으로 설명된다. 종종 코치들은 수직 점프가 수평 스피드horizontal speed와 일치하지 않는다고 주장할 것이지만, NFL 연맹의 수년간의 데이터는 다른 견해를 가지고 있다. 지면으로의 힘은 지면으로 힘이다. 부모들은 빠른 발에 대해서가 아니라 수직 점프 향상에 대해 질문을 해야 하는 것이 진실이다. 나의 기준선은 “탭 댄스 공연 로드 오브 댄스Load of the Dance를 하는 마이클 플랫리Micheal Flatley는 빠른 발을 가졌지만 그는 아무데도 가지 않는다”는 것이다. 빠르게 움직였는데 아무데도 못 간다면 문제 아닌가? 옛말의 ‘숲에 떨어진 나무’ 꼴이다.

느린 발의 최고 해결책은 강한 다리를 만드는 것이다. 다리가 중요한 만큼 발은 그리 중요하지 않다. 이 방법에 대해 생각해보라. 스타트라인에서, 뒷다리가 밀어주지 못하면서 첫 스텝만 빠르게 나간다면 앞으로 나아가지 못한다. 실제로 신속한은 강력한 첫 번째 밀어내기push의 결과이다. 우리는 전문용어(?)를 바꿔야 하고 다음과 같이 말해야 한다. “저 선수는 훌륭한 첫 번째 밀어내기first push를 할 줄 알아.” 하지 근력은 느린 발을 위한 진정한 치유법이며 스피드와 민첩성의 핵심이다.

신속한 발의 발달을 위한 필수적인 요소는 한 다리 근력과 한 다리 안정성 훈련(착지 기술)에 있다고 생각한다. 최소한 여러 번 감속을 할 수 없다면 가속을 할 수 없다. 내가 사랑하는 것들 중 하나는 마술 드릴 개념이다. 이는 발 스피드 발달과 민첩성은 근력과 파워를 얻는 과정이 아니라 완벽한 드릴을 찾는 것이 문제라는 이론이다. 마술 드릴이 있다고 믿으면 우리는 매일 그것을 할 것이라고 모든 사람들에게 말한다. 실제로는 시간이 지나남에 따라 천천히 변하는 마력과 신경계 시스템으로 요약될 수 있다.

그래서 우리는 스피드, 기민성quickness과 민첩성을 어떻게 발달시킬 수 있을까? 불행히도, 우리는 구식 방법으로 천천히 할 필요가 있다. 마력과 제동력, 가속력이 핵심이다. 내 대답은 언제나 같다. 스피드, 민첩성과 기민성을 발달시키는 것은 훌륭한 트레이닝이 된다. 우리는 하지 근력과 하지 파워 및 한 다리 훈련이 필요하다.

로 된 방법을 지도하라.

이를 위해 우리는 간단한 래더 드릴을 시작한다. 이 장비는 스피드 래더가 아닌 민첩성 래더라고 부르는 것을 주목하라. 래더는 더 빠른 선수를 만들지는 못하지만, 협응력을 향상시키고 방향 전환 개념을 지도하는 데 도움을 줄 수 있다.

민첩성 래더 드릴

앞에 기술한 바와 같이, 민첩성 래더는 웜업, 방향 전환과 다방면 움직임을 위한 장비이다. 래더는 일주일에 2번 약 5분씩 사용하며 만병통치나 마법 같은 드릴은 아니다. 웜업의 일환으로 풋워크, 방향 전환과 제동 개념을 지도하기 위한 간단하면서 훌륭한 장비이다. 우리는 5야드짜리 1/2 래더를 사용한다. 게다가 나는 래더 드릴을 선택할 때 3면의 모든 움직임에 대해서 생각한다. 관상면의 래더를 교차하는 움직임 드릴, 래더를 향해 서는 시상면의 움직임 드릴, 회전 또는 횡단면의 요소 드릴을 적어도 한 개씩 선택한다. 래더는 컨디셔닝 장비가 아님을 기억하라. 긴 래더와 짧은 횟수는 빠른 발이 아닌 느린 발로 가는 방법이다.

셔플 와이드 앤 스틱Shuffle Wide and Stick

신시내티 벵갈즈의 런닝백 이키 우즈Ickey Woods의 터치다운 댄스 후 이키 셔플Ickey Shuffle이라 알려진, 셔플 와이드 앤 스틱은 3박자 드릴이다(그림 5.42 참조). 래더 드릴은 1-2 리듬의 2박자 드릴, 1-2-3 리듬의 3박자 드릴, 그리고 4박자 드릴로 나뉜다.

동작은 인-인-아웃in-in-out으로 구성한다. 선수는 래더의 좌측에서 왼쪽 다리로 선 상태에서 시작한다. 여기에서 이제 오른쪽-왼쪽-오른쪽으로 동작을 진행하는데, 오른쪽 발이 들어와 안정적으로 착지하고 곧이어 왼쪽 발이 들어온 뒤 왼쪽 다리가 안정적으로 착지되면 오른발이 밖으로 나간다. 래더의 우측에서 오른쪽 다리로만 착지하여 잠깐 동안 한 다리로 자세를 유지한다. 이 훈련의 본질은 스터터 스텝stutter step으로, 스포츠에서 가장 공격적인 회피 기술의 기본 요소다. 농구에서의 크로스 오버 드리블과 와이드 드리블 또는 아이스하키에서의 움직임

그림 5.42 셔플 와이드 앤 스틱

들은 상대를 피하기 위해 스터터 스텝을 실행하는 대표적인 예 중 하나이다.

발은 래더에서 신속하고 정확하고 낮게 움직여야 한다. 우리는 '인-인-아웃'과 '멈춰'라는 큐를 한다. 래더 안에서 빠르게 하고, 밖에서는 안정적인 착지를 하는 것이 핵심이다. 우리의 민첩성 래더 드릴에서, 모든 드릴은 정면으로 시작하고 뒤로 다시 돌아온다. 그래서 선수는 셔플 와이드 앤 스틱을 정면으로 하고 뒤로 다시 돌아오도록 한다. 대부분의 스포츠에서는 단지 앞으로만 움직이지 않는다는 것을 명심하라.

셔플 퀵Shuffle Quick

셔플 퀵은 멈춤stick을 빼면 같은 드릴이다. 발이 바깥쪽에서 안정적인 착지 대신에, 신속한 발 동작으로 즉시 반대쪽으로 건너간다.

셔플 퀵 앤 스틱Shuffle Quick and Stick

셔플 와이드 앤 스틱과 셔플 퀵을 배우고 3주 후에 실시하며, 한쪽은 멈추고 다른 쪽은 신속히 움직이도록 진전시킨다(그림 5.43 참조). 이 전체 연속 동작은 래더에서 두 번 왔다 갔다 하는 동작이다. 래더에서 오른쪽으로 신속히 움직이고 왼쪽에서는 멈춘 후, 같은 방법으로 뒤로 되돌아간다. 그 후 반대쪽으로, 전진 후진 모두 왼쪽은 신속히 하고, 오른쪽은 멈춘다. 이 드릴은 발과 두뇌가 결합된 훌륭한 드릴이다. 선수가 발을 움직이며 생각해야 하는 스포츠의 본질일 수 있을 것이다.

그림 5.43 **셔플 퀵 앤 스틱**

크로스 인 프런트Cross in Front

이것은 또 다른 기본 3박자, 신속한 발 래더 드릴이다(그림 5.44 참조). 연속 동작은 인-아웃-아웃이다. 선수는 래더 밖에서 두 발로 서서 시작한다. 왼편에 서서, 첫 번째 스텝은 왼 다리가 래더 안으로 교차 스텝을 한다. 오른 다리는 래더를 건너 스텝을 밟고 뒤이어 왼 다리가 따라간다. 연속 동작은 왼 다리-오른 다리-왼 다리이다. 선수들이 생각하고 리듬을 찾을 수 있도록 "크로스 인, 아웃, 아웃"이라고 큐를 한다. 또한 왈츠 템포인 1-2-3을 사용하는데, 1-2-3은 선수들이 발 접지에 대해 생각할 수 있도록 해준다. 앞으로 한 뒤 뒤로 되돌아간다.

그림 5.44 **크로스 인 프런트**

하드 크로스 오버Hard Cross Over

이 동작은 크로스 인 프런트와 발 동작이 같지만, 훨씬 더 공격적이다. 이전 드릴이 신속한 발 드릴이라면, 이것은 실제 방향 전환 드릴이다. 하드 크로스 오버에서, 우리는 선수에게 안쪽 발을 더 강하게 밀어내도록 지시하고, 사다리 쪽으로 몸을 더 숙이라고 격려한다. 착지는 1-2-3 리듬보다는 오히려 2박자 리듬으로, 기본 자세인 두 발로 매우 강하게 멈추도록 한다. 동작은 사다리 쪽으로 숙이는데, 안쪽 다리로 강하게 밀어 래더를 건너고 반대편에서 두 발로 견고히 착지한다. 착지는 스케이터 정지 자세 또는 야구의 슬라이드 동작을 흉내내야 한다.

크로스 비하인드Cross Behind

이 동작은 크로스 인 프런트와 같은 드릴이지만, 발을 뒤로 교차하는 것이다. 많은 선수들은 평범하지 않은 이 동작에서 허우적대지만, 어떻게 발이 꼬이고 동작을 유지하는지를 지도하는 것은 가치 있는 일이다. 덧붙여 축구나 하키 같은 스포츠에서, 종종 뒤로 패스하고, 발을 뒤로 빼거나 교차하는 동작으로 수비할 수 있다.

인-인-아웃-아웃In-In-Out-Out

인-인-아웃-아웃은 앞으로(그림 5.45a), 뒤로, 오른쪽으로, 왼쪽으로(그림 5.45b) 다양하게 이동할 수 있어 내가 좋아하는 드릴이다. 들리는 대로 정확히 진행되는 4박자 드릴이다. 앞으로 하는 버전은, 선수가 래더에서 발을 벌려 시작하고, 한 발씩 인-인-아웃-아웃 순서로 앞으로 나아간다. 래더의 박스 안과 밖으로 두 발이 이동하면 선수는 앞으로 이동한다. 오른발과 왼발은 똑같이 하지만 선수는 다리를 벌리기보다는 래더를 마주하고 시작한다.

그림 5.45 인-인-아웃-아웃

아웃-아웃-인-인Out-Out-In-In

나는 공간 인지 드릴인 이 동작을 사랑한다. 선수는 래더에서 옆으로 시작하고 이제 오른쪽이나 왼쪽으로 움직여 래더 밖으로 이동해야 한다(그림 5.46 참조). 이 동작은 간단해 보이지만, 래더의 위치가 반전되면 난이도가 급격히 증가한다.

그림 5.46 아웃-아웃-인-인

시저스Scissors

시저스 드릴(그림 5.47 참조)은 한 발을 래더 안에 놓고 시작해서 옆으로 이동하며 교대로 발을 바꿔놓는, 간단한 측면, 시상면 드릴이다. 오른쪽으로 간다면 오른발을 첫 번째 박스에 놓고 왼발-오른발-왼발-오른발 순서로 간단하게 래더를 이동한다.

그림 5.47 **시저스**

힙 스위치Hip Switch

힙 스위치(그림 5.48 참조)는 기본적인 시저스 드릴에서 교차하는 것이다. 발을 바꿀 때, 멀리 있는 발을 다음 박스에 교차해서 놓는다. 이 드릴에는 측면 드릴의 요소인 회전 또는 횡단면의 움직임이 추가된다.

그림 5.48 힙 스위치

무수히 변형하여 선택할 수 있는 수많은 드릴이 있다. 그 핵심은 단순함을 유지하는 것이다. 직선형과 측면 래더 드릴을 혼합하여 사용하고 몇몇 회전 요소를 추가하라. 웜업과 풋워크 및 방향 전환에 훌륭한 도구인 래더를 살펴보라.

이 장에서는 직선형 스피드와 측면 움직임을 향상시키기 위한 간단하면서 효과적인 방법을 제시하였다. 선수는 그날 강조하는 드릴들로 구성된 특정 웜업을 통하여 행동하게 된다. 날을 정해서 직선형 스피드에, 다른 날은 측면 움직임에 전념한다. 이 간단한 시스템은 코치들이 쉽게 훈련을 구성할 수 있도록 하고, 선수들은 스트레스에 적절한 준비를 할 수 있게 한다. 웜업에는 근신경계 시스템의 진전progression과 최근 과학적 기반을 둔 웜업 및 부상 감소를 위한 안전한 접근법이 포함되어야 한다. 기능적 트레이닝은 이해가 되는 트레이닝이라는 것을 명심하라. 웜업은 드릴과 훈련에 관계되어야 하고, 또한 말이 되는 것이어야 한다.

참고문헌

Currier, D.P., and R.M. Nelson. 1992. *Dynamics of Human Biologic Tissues.* Philadelphia: Davis.

Davies, C., and A. Davies. 2004. *The Trigger Point Therapy Workbook.* New Harbinger Publications.

Gambetta, V. 1995. *Straight Ahead Speed* (video). Gambetta Sports Systems.

Hyman, M., and M. Liponis. 2005. *Ultra-Prevention.* Atria Books.

McGill, S.M., and S. Brown. 1992. Creep response of the lumbar spine to prolonged full flexion. *Clinical Biomechanics.* 7: 43-46.

Myers, T. 2009. *Anatomy Trains: Myofascial Meridians for Movement Therapists.* 2nd ed. Philadelphia: Churchill Livingstone, Elsevier.

Porterfield, J., and C. DeRosa. 1998. *Mechanical Low Back Pain: Perspectives in Functional Anatomy.* Philadelphia: Saunders.

Sahrmann, S. 2002. *Diagnosis and Treatment of Movement Impairment Syndromes.* St. Louis: Mosby.

Weyland, P. 2000. Mechanical basis of human running speed. *Journal of Applied Physiology.* 89(5): 1991-1999.

Wilhelmi, B.J., S.J. Blackwell, J.S. Mancoll, and L.G. Phillips. 1998. Creep vs. stretch: A review of viscoelastic properties of skin. *Annals of Plastic Surgery.* 41: 215-219.

CHAPTER 6

하체 훈련

『펑셔널 트레이닝 포 스포츠』 초판이 발간된 이후 하체 훈련에 대한 나의 견해는 극적으로 바뀌었다. 지난 십여 년간 우리는 매우 고전적인 백 스쿼트 기반의 프로그램에서 프런트 스쿼트 기반의 프로그램으로 옮겨갔고 최종적으론 편측성 데드리프트와 편측성 스쿼트 종류를 주로 하는 프로그램에 집중하고 있다. 특정한 경우엔 양측성 스쿼트와 데드리프트 운동들로 시작하는 경우도 있지만, 하체 스트렝스를 발달시킨다면 명백히 편측성 운동들에 강조를 두고 있다.

하체 훈련 전략에 있어 이러한 진화를 꾀한 주된 이유는 다음 세 가지 목적을 효과적으로 획득하고자 하는 열망 때문이다.

- 부상 없는 훈련. 우리 선수들의 허리 통증 대부분은 고중량 스쿼트를 하고 난 뒤 발생하였다.
- 경기 시즌 중의 부상 감소. 편측 운동 프로그램은 양측성 운동 프로그램과 비교했을 때 부상 발생률이 크게 떨어지는 것으로 보인다.
- 퍼포먼스 향상. 편측성 훈련 운동들을 사용한 선수들의 퍼포먼스는 양측성 훈련을 했을 때와 비교할 때 동일하거나 더 나은 퍼포먼스를 보였다.

비록 퀄리티가 높은 훈련 프로그램들은 주로 기능적인 하체 스트렝스에 집중해야 한다는 사실에는 우리 모두 동의하지만 그 방법들에 대해선 많은 의견 차이를 보인다. 우리는 거의 모든 팀 스포츠와 많은 개인 스포츠가 스피드에 크게 의존하고 있으며, 스피드 향상의 첫 단계는 스트렝스 향상이라는 것을 안다. 퍼포먼스 향상, 부상 예방, 스트렝스 획득 또는 신체 사이즈 증가가 목적인지 아닌지 상관없이 하체 훈련은 이 모든 것을 이루기 위한 가장 좋은 방법이다.

맨몸 스쿼트로 시작하기

우리의 하체 스트렝스 훈련은 종종 맨몸(체중) 스쿼트와 케틀벨 스모 데드리프트라는 양측성 운동으로 시작한다. 스쿼트와 힌지hinge는 여전히 기본적인 움직임 기술로 여겨지고 있다.

그러나 많은 운동선수들에게 케틀벨 스모 데드리프트나 트랩바 데드리프트 같은 엉덩이가 더 우세한 운동들이 스쿼트보다 더 좋은 출발점이 된다. 사실 데드리프트가 (스쿼트보다) 더 배우기 쉽고 가동성 문제로 인한 제한이 적을 수 있다. 하지만 운동선수들에게 맨몸 스쿼트 동작을 가르치는 것은 여전히 중요하며, 선수가 가진 유연성과 부상 가능성에 대한 중요한 정보를 보여줄 것이다.

이제 생각해봐야 하는 점은 스쿼트를 어떻게 해야 하는지, 그리고 중량을 실을지 말지의 여부이다. 스쿼트와 스쿼트에 중량을 싣는 것은 신체적으로나 정신적인 관점에서 독특한 문제점을 야기한다. 우리는 스스로 단순한 질문을 할 필요가 있다. "완벽한 맨몸 스쿼트를 제대로 할 수 없는 선수에게 외부 부하를 실어줘야 할까?"

스쿼트 교육의 어려움 점에 대해 이해하기 위해선, 먼저 중량을 드는 것에 대한 일반적인 심리에 대해 살펴보는 것이 중요하다. 젊은 남성들에게서 분명하게 확인할 수 있는 마초적인 심리는 스트렝스 훈련 운동들을 가르치는 것을 매우 어렵게 만든다. 이런 운동 학습 과정motor learning process에서의 어려움은 특히나 그룹 훈련에서 두드러진다. 스쿼트를 제대로 하기 위해 중량을 사용하지 않고 가동성을 개발하려는 선수는 매우 드물다. 대부분의 선수들은 중량을 들고 싶어하고 도전하고 싶어한다.

좋은 뜻을 가진 코치가 스쿼트를 잘 하지 못하는 선수에게 '강해지도록' 격려하는 경우가 너무나 많다. 물리치료사인 그레이 쿡은 이러한 실수를 '기능장애에 스트렝스를 더하는 것'이라고 표현하였다. 만약 스쿼트를 하지 못한다면 중량을 들고 스쿼트를 하지 말라는 것을 심플하게 이야기한 것이다. 스쿼트 기술이 서툰 선수에게 중량을 더해 운동시키는 것은 움직임 기능부전movement dysfunction의 맨 꼭대기에 스트렝스를 더하는 것이다. 그 선수나 고객은 여전히 잘못된 움직임 패턴을 가지고 있지만, 이제는 그 잘못된 패턴에 외부 부하external load를 가지고 동작을 하게 되는 것이다. 이러한 모습은 고등학교와 대학의 스트렝스 훈련에서 흔히 보이는 실수이며 많은 선수들이 가진 허리 통증의 원인일 수 있다.

따라서 이렇게 하는 대신, 코치들이 선수들에게 줘야하는 첫 조언은 "가동성을 가져라" 또는 "완벽한 스쿼트 패턴을 만들어라"여야 한다. 바른 테크닉이 성립된 이후에만 선수들은 리프팅에 중량을 더할 수 있다.

우리가 현재 하고 있는 접근 방식은 중량을 다루기 전 스쿼트 패턴을 만들기 위해 가동성을 다루는 작업을 하며, 대부분의 하체 스쿼트 패턴은 편측성 운동에 중량을 싣는 것이다. 편측성 무릎 지배적 패턴은 더 가르치기 간단하고 훨씬 더 유용하다.

워밍업이 웨이트룸 바깥에서 수행되어 선수가 '바벨에 중량이 얼마나 많이 실릴 수 있지? 그리고 주변에서 내가 운동하는 모습을 누가 보고 있지?'라고 생각하지 않는 환경이라면, 양측성 스쿼트는 워밍업의 일부로써 가장 훌륭한 운동일 것이다. 우리는 심리학적인 관점에서 스쿼트를 성공적으로 지도하는 데 방해가 되는 벽을 하나 제거하였다. 웨이트룸에서 지속적으로 무거운 중량을 들어보려는 욕망은 선수들이 잘못된 동작을 하고 자신에게 친숙한 움직임 패턴을 사용하게 만든다. 하지만 워밍업의 일부로 스쿼트 가동성 작업을 하는 것은 이와 반대되는 작용을 한다. 우리는 워밍업에서 스쿼트 가동성 작업을 하는 동시에 편측성 하체 프로그레션을 통해 싱글 레그 스트렝스 프로그램도 함께 진행한다.

우리 선수들은 또한 케틀벨 스모 데드리프트나 트랩바 데드리프트 같은 운동들로 고관절과 허리의 스트렝스를 발달시킨다(이런 운동들은 고관절 움직임 범위가 작기 때문에 스쿼트보다 배우기 훨씬 더 단순하다). 그리고 동시에 싱글 레그 스트렝스와 가동성을 다룬다.

스쿼트와 데드리프트의 차이

사람들이 스쿼트와 데드리프트의 차이에 대해 질문하였을 때 예전의 나는 간단하게 대답할 수 있었다. 데드리프트는 중량을 손으로 든다(그림 6.1a 참조). 이것이 나에게 있어 스쿼트와 데드리프트를 구분하는 가장 쉬운 방법이다. 스쿼트의 경우 바는 앞 또는 뒤의 어깨 위에 있다(그림 6.1b 참조). 두 리프팅 동작은 매우 비슷하게 보인다. 그러나 만약 데드리프트가 중량이 손에 실린다는 점으로 정의된다면, 그림 6.2의 동작은 어떻게 말할 수 있을까?

운동이 익숙한 독자라면 리어 풋 엘리베이티드 스플릿 스쿼트라고 부르거나, 만약 당신이 바보 같은 이름을 좋아한다면 불가리안 런지라고 말할 것이다(불가리안도 아니고 런지도 아니기 때문에 멍청한 작명 센스다). 그러나 이 동작은 손으로 중량을 들고 있지 않나? 몸통이 더 세워져 있기 때문에 이 동작은 스쿼트라고 논쟁거리가 될 것이다.

그림 6.1 (a) 데드리프트, (b) 스쿼트

그림 6.2 리어 풋 엘리베이티드 스플릿 스쿼트

하체 스트렝스 훈련은 무릎이 우세한 패턴과 엉덩이가 우세한 패턴으로 나눌 수 있다. 예전에는 양측성 스쿼트와 양측성 데드리프트 및 그러한 종류의 운동들로 나뉘었다.

내가 말하고자 하는 점은 현재 우리는 훨씬 더 복잡한 그림들을 가지고 있다는 것이다. 우리의 운동 목록들은 진화를 거듭해 더 이상 스쿼트나 데드리프트에 대한 예전의 정의를 적용할 수 없으며, 새로운 정의가 필요하다. 고블릿 스쿼트는 손으로 중량을 들지만 중량의 위치는 허리 위에 있다. 이것은 스쿼트다. 아마도 정확히는 프런트 스쿼트의 한 종류지만 그래도 여전히 스쿼트이다. 케틀벨 스모 데드리프트에서는 손으로 중량을 들고 있지만 하체 패턴이 데드리프트보다 더 스쿼트에 가까운, 무릎이 우세한 움직임을 보이는 동작이다.

그림 6.3은 트랩바 데드리프트인가 트랩바 스쿼트인가? 아니면 운동을 어떻게 하느냐에 따라 다르게 불릴 수 있는가? 만약 트랩바 데드리프트라 불리는 어떤 운동이 스쿼트 타입의 하체 패턴으로 수행된다면 이것은 트랩바 스쿼트가 되는 것인가? 수트케이스 스타일suitcase-style의 리어 풋 엘리베이티드 스플릿 스쿼트는 중량을 손으로 들고 중량의 위치도 허리 아래에 있지만 분명 데드리프트처럼 보이지 않다.

그러면 다시 데드리프트의 정의로 돌아가 생각해보자. 바닥에 있는 중량을 들어 올린 후 다시 바닥에 내려놓는 것이 데드리프트인가? 이것은 내가 댄 존과 파벨 차졸린Pavel Tsatsouline의 『이지 스트렝스Easy Strength』를 읽기 전까지 가지고 있었던 데드리프트에 대한 정

그림 6.3 트랩바 데드리프트 또는 트랩바 스쿼트?

그림 6.4 케틀벨 스윙

그림 6.5 스트레이트 레그 데드리프트 또는 변형된 스트레이트 레그 데드리프트

의였다. 하지만 이 저자들은 스쿼트와 데드리프트를 재정의하였다. 그들은 데드리프트가 '최소의 무릎 굽힘으로 깊은 고관절 움직임'을 가졌고 스쿼트는 '무릎과 고관절의 깊은 움직임'을 가졌다고 두 운동을 구별하였다.

다시 말해서 고관절이 우세한 운동은 데드리프트이고 무릎이 우세한 운동은 스쿼트이다. 고관절이 우세한 운동은 존과 차졸린이 말했듯이 '최소의 무릎 굽힙과 깊은 엉덩이 움직임'을 보인다. 케틀벨 스윙(그림 6.4 참조)과 스트레이트 레그 데드리프트(그림 6.5 참조)를 생각해보라. 나는 변형된 스트레이트 레그 데드리프트modified straight-leg deadlift라는 용어를 좋아한다. 스윙의 인기와 트랩바의 출현으로 트레이닝계의 풍경이 상당이 변했다.

아마도 우리는 존과 차졸린의 정의를 사용하여 몇몇 운동들을 다시 분석하고 분류해야 할 것이다.

스모 데드리프트를 분석해보자(그림 6.6 참조). 이 운동은 전면 사슬에 작용하는가? 아마도 그럴 것이다. 그럼 후면 사슬은 어떤가? 후면 사슬도 작용한다. 그럼 내전근들도 다루진 않는가? 분명 그러할 것이다. 내가 파워리프터였을 때 이 운동은 스쿼트를 하는 사람을 위한 데드리프트였다. 내가 파워리프팅을 하는 날에는 스모 스타일의 데드리프트를 하였는데 내 다리가 등허리보다 훨씬 강했기 때문에 이렇게 운동을 하였다.

전면 사슬이 좀 더 강한 와이드 스탠스 스쿼터wide-stance squatter는 컨벤셔널 데드리프트보다 스모 데드리프트에서 더 많이 당긴다. 이러한 리프터는 기본적으로 손으로 바벨을 잡고 스쿼트를 하듯 데드리프트를 한다. 개인적으로 무릎 우세 패턴과 고관절 우세 패턴 중 우리는 무릎 쪽에 표를 던져야 한다고 생각한다. 『펑셔널 트레이닝 포 스포츠』 초판에서 무릎 우세인지 고관절 우세 운동인지 그 범주에 깔끔하게 들어가지 않는 이러한 운동들을 하이브리드 성 운동이라고 불렀다.

그림 6.7a에서는 중량이 팔에 실리지 않아 스모 스쿼트가 될 것이다. 앞서 말했듯이 중량을 팔에 실으면 스모 데드리프트가 된다(그림 6.7b). 중량을 허리 위로 올려 고블릿 스쿼트 포지션에서 들어 옮기면 이것은 고블릿 스쿼트가 된다. 혼란스러운가? 그렇지 않길 바란다. 내가 말하고자 하는 요점은 실상은 우리가 원하는 대로 명료하고 쉽게 구분되지 않는다는 것이다.

그림 6.6 스모 데드리프트

그림 6.7 (a) 스모 스쿼트, (b) 스모 데드리프트, (c) 고블릿 스쿼트

결론: 누가 신경 쓰겠는가? 이는 그저 용어의 문제일 뿐이다. 파워리프팅대회에서 데드리프트는 항상 바닥에서 들어 올린다. 그러나 체육관과 스포츠 퍼포먼스 프로그램에서는 메뉴가 바뀐다. 최소한의 무릎 움직임을 쓰는 힙 힌지는 무언인가? 데드리프트라고 부른다. 무릎과 엉덩이를 함께 움직이는 것은? 스쿼트이다.

좋든 나쁘든, 선수들에게 스쿼트를 가르쳐야 한다. 하지만 선수들이 강해지기 시작하면, 편측성 스쿼트 종류로 운동을 바꾸길 권하며, 만약 정말로 양측성 운동을 꼭 훈련시켜야 한다면 트랩바 데드리프트를 시킬 것을 권한다. 하체를 위해 주로 편측성 훈련에 의존하는 개념은 단순한 사고(우리는 대부분의 시간에서 한쪽 다리로 달리고 점프한다)와 단순하지 않은 생각, 즉 양측성 결손bilateral deficit으로 알려진 것에 바탕을 두고 있다.

"양측 사지 결손(BLDbilateral limb deficit) 현상은 근육들이 단독이나 반대쪽 근육과 함께 수축하였을 때 최대 힘 생산 능력maximal force generating capacity 또는 거의near 최대 힘 생산 능력에 차이가 생기는 것을 말한다. 결손은 편측성 힘unilateral force들의 합산이 양측성 힘bilateral force보다 클 때 발생한다. BLD는 수많은 연구에서 상지와 하지, 등척성과 동적 수축dynamic contraction 모두에서 관찰되었다." (Kuruganti, Murphy, and Pardy 2010)

이것이 의미하는 것은 무엇일까? 즉 어떤 선수의 한 다리 스쿼트가 양다리를 사용한 스쿼트의 절반 이상의 힘을 낼 수 있다는 것이다. 사실 두 발이 지면에 가하는 힘의 절반보다

한 발로 지면에 가하는 힘이 더 강하다. 실제 우리가 훈련시키는 모든 선수들이 그들의 백 스쿼트로 할 수 있는 중량의 절반보다 훨씬 더 많은 무게를 리어 풋 엘리베이티드 스플릿 스쿼트로 밀어낸다. 사실 우리가 프런트 스쿼트와 리어 풋 엘리베이티드 스플릿 스쿼트를 테스트했을 때, 우리 선수들 중 많은 수가 동일한 프런트 스쿼트와 리어 풋 엘리베이티드 스플리스 스쿼트의 중량을 기록했다. 이게 불가능해 보인다는 것을 알지만, 그렇지 않았다.

자, 이러한 이유들로 첫 번째 단계에서는 여전히 스쿼트 패턴을 가르친다. 스쿼트가 아니라, '스쿼트 패턴'이라고 말한 것을 알아야 한다. 목표는 스쿼트 자세에서의 가동성이지 백 스쿼트나 프런트 스쿼트와 같이 바벨이 위치가 중요한 것이 아니다. 단순히 맨몸 스쿼트, 고블릿 스쿼트, 또는 케틀벨 데드리프트를 가르치려는 시도만으로 스트렝스, 유연성, 그리고 부상 가능성에 대한 정보들을 알 수 있다. 맨몸 스쿼트와 고블릿 스쿼트는 고관절과 발목의 가동성, 햄스트링의 유연성, 그리고 하체의 일반적인 상태를 평가하는 데 사용할 수 있다.

허벅지를 바닥이랑 평행하게 맨몸 스쿼트 자세를 할 수 없는 선수들은(그림 6.8 참조) 발목이나 엉덩이 가동성, 햄스트링 유연성, 또는 세 가지 조합이 부족한 경향이 있다. 스쿼트 패턴의 문제를 교정하는 첫 번째 단계는 뒤꿈치를 높여 스쿼트를 해보는 것이다. 1×4인치(2.5×10cm) 보드 또는 특수 제작 된 웨지에 뒤꿈치를 올리면 대부분의 운동선수들은 적절한 깊이로 스쿼트를 할 수 있다. 이 보드의 역할은 단순히 인공적으로 발목 가동성을 만들어 준 것이다.

참고: 뒤꿈치를 높이는 것이 어떤 식으로든 무릎에 해를 주진 않는다. 뒤꿈치를 올리면 무릎의 스트레스가 증가한다는 생각은 어떤 과학적 연구에서도 뒷받침되지 않았다. 실제로 올림픽 역도선수들과 경쟁적인 파워리프터들은 수십 년 동안 대회와 훈련 둘 다 뒷굽이 있는 신발을 사용하고 있다.

적절한 스쿼트 패턴은 선수가 뒤꿈치에 중량을 실은 상태를 유지하고 스쿼트 자세로 앉도록 가르치는 것을 포함한다. 대부분의 선수들이 "스쿼트해"라는 지시를 들었을 때, 그들의 마음은 자신의 몸에 가능한 가장 쉬운 방법으로 엉덩이를 낮추라고 말한다.

그림 6.8 대퇴를 바닥이랑 평행하게 하는 맨몸 스쿼트 자세를 할 수 없는 선수들은 발목이나 고관절 가동성, 햄스트링 유연성, 또는 이 세 가지 조합이 부족한 경향이 있다.

그림 6.9 약한 선수나 부상에서 회복중인 선수들은 종종 발목 가동범위의 한계까지 무릎을 발가락 앞으로 움직여 무게중심을 낮추려 시도한다.

약한 선수들은 스쿼트를 가장 쉽게 하는 방법으로 종종 약한 근육들(보통 대퇴사두근)에 과한 부하를 가하지 않으려는 전략을 쓴다. 약한 선수나 부상에서 회복중인 선수들은 종종 발목 가동범위를 한계까지 사용하여 무릎을 발가락 앞으로 움직여 무게중심을 낮추려는 시도를 한다(그림 6.9 참조). 그런 다음에야 무릎 관절을 중심으로 움직임이 시작된다. 이와 같은 발목 지배적인 형태의 스쿼트는 허벅지가 땅에 평행한 자세에 이르기 위해 과도한 무릎 굴곡을 유발한다.

파워리프팅 평행 스쿼트

대부분의 치료사들과 선수 트레이너들은 스쿼트에 대해 무릎 각도(환자들은 종종 스쿼트의 무릎 각도가 90도가 되어야 한다고 지시받는다)에만 기반하여 설명하는 실수를 한다. 그러나 스쿼트 자세의 목표는 대퇴골(허벅지뼈)이 바닥과 평행하게 되는 자세이다. 무릎의 각도는 허벅지 평행 스쿼트가 되기 훨씬 전에 90도에 도달할 수 있다.

반면에 스트렝스 코치들은 보통 스쿼트 깊이를 무릎 각도보다는 바닥에 대한 대퇴골 평행 관계로 정의한다. 대퇴골이 평행한 스쿼트의 경우 발목 지배적 움직임을 가진 사람의 경우 무릎 각도가 135도 이상 되는 경우가 많다. 이런 유형의 발목 지배적인 스쿼트는 무릎 통증이나 슬개건염(대퇴사두근건의 건염)이 있는 운동선수에게서 자주 보인다.

스쿼트 패턴을 가르치고 배우는 데 중요한 열쇠는 선수의 허벅지를 바닥과 평행하게 하려는 코치의 욕구와 선수의 무릎 굴곡의 가동범위를 제한하려는 치료사의 욕구를 결합하는 것이다. 코치, 트레이너, 치료사는 같은 언어로 말해야 한다. 선수는 코치의 염려와 트레이너나 치료사의 염려를 모두 받아들여야 한다. 선수는 발목 가동범위를 최소화하고 무릎 가동범위는 최대화하는 방식으로 맨몸 스쿼트를 수행하는 방법을 배워야 한다.

우리가 진행하는 프로그램에서는 항상 완전히 깊은 스쿼트full-depth squatting를 가르친다.

우리는 허벅지 윗면이 바닥과 평행한 것을 풀 스쿼트라고 정의한다.

스쿼트를 가르치기 위해 앉는 깊이를 측정할 목적으로 12인치(30cm) 높이의 플라이오메트릭 박스를 사용한다. 여기에 더해 평행 깊이를 맞추기 위해 에어렉스 패드를 사용해 높이를 조정하는데, 당신은 아마 많은 선수들이 12인치 박스만 필요로 한다는 것을 알면 놀랄 것이다. 한편 이때 깊이 측정에 사용되는 동작은 박스 스쿼트가 아니라 맨몸 또는 고블릿 스쿼트라는 것을 염두해야 한다. 하프 스쿼트나 쿼터 스쿼트는 절대로 사용하거나 가르치지 말아야 한다. 하프 스쿼트와 쿼터 스쿼트는 종종 잘못 설계된 스트렝스와 컨디셔닝 프로그램에서 볼 수 있는데, 이런 부분적인 움직임에서 다루는 중량이 더 크기 때문에 허리부상의 위험이 더 크다.

정상적인 유연성을 가진 선수는 발뒤꿈치를 들지 않고도 허벅지가 바닥과 평행한 스쿼트 자세를 취할 수 있다. 스쿼트 패턴을 배우는 것은 하체 스트렝스, 속도, 수직 점프를 증가시키는 첫 번째 단계이다.

평행보다 더 낮게 스쿼트를 하는 개념이 일부 단체에서 인기를 얻고 있다. 그러나 내가 '파워리프팅 평행powerlifting parallel'이라고 부르는 깊이 아래에서는 주의를 기울여야 한다. 칼 클라인Carl Klein은 1970년대의 기념비적인 그의 작업인 『The Knee in Sports』에서 풀 스쿼트를 수행하는 것에 대해 경고했다. 슬프게도, 많은 사람들이 클라인의 코멘트를 읽었지만 그의 책은 읽지 않았다. 이른바, 세부적인 것들이 문제를 일으킬 수 있다. 클라인은 풀 스쿼트를 하지 않도록 주의를 주었고 중대한 논쟁을 시작했다. 하지만 클라인의 충고를 받아들인 의사들 중 아주 소수의 사람들만이 실제로 그 책을 읽거나 그림을 보았다.

클라인은 "(무릎이) 완전 굴곡 상태에 가까워지면 내측 및 외측 측부 인대의 전방 섬유가 타이트해지고 정상적인 길이 상태 이상으로 늘어난다. 특히 큰 대퇴 뒤쪽과 종아리 근육의 부피가 큰 경우 두 부위가 겹쳐지며 지렛대 받침과 같은 역할을 하고, 무릎에 힘이 가해져 이로 인해 전방 십자인대 역시 늘어나게 된다. 이런 성질의 지속적인 작용은 결국 이러한 지지 인대supporting ligament들의 완전성integrity을 약화시키고 조직들이 늘어나는 상황에서 근육의 지원을 요구하는 '신장 효과 준비 상태stretcheffect readiness(고유수용성 자극)'를 감소시킬 수 있다"라고 경고했다.(14)

클라인은 계속해서 "허벅지는 그저 평행한 위치만 깨고, 스쿼트의 깊이를 제어해야 한다. 이 지점을 훨씬 넘어서면, 햄스트링과 종아리 근육 사이의 반응은 관절 앞쪽과 측면들을 벌리면서 인대들을 늘리기 시작한다"(30)라고 말했다.

비록 40년이 지난 지금이지만 여전히 클라인의 논리는 반박하기 힘들다. 하지만 평행지점보다 더 낮게 스쿼트를 했을 때의 부상에 대한 몇 가지 정당한 우려들이 있다.

가장 큰 문제는 클라인의 풀 스쿼트에 대한 정의에 있다. 클라인의 풀 스쿼트는 주로 올림픽 역도선수들이 사용하는 허벅지가 평행선보다 낮게 내려가는 버전이지만 최근엔 몇몇 하드 코어 스트렝스 집단들에게도 인기가 있다.

클라인은 다음과 같은 매우 설득력 있는 우려를 표했다. "풀 스쿼트 자세에서 무릎 내측 연골의 후각posterior horn 또는 연골 가장자리rim가 경골과 대퇴골 사이에 잠기게 된다. 이때 어떤 형태로든지 관절 메커니즘의 붕괴가 일어나면, 연골의 뒤쪽 부분은 고정되어 있고 앞쪽 부분이 앞으로 움직여, 그 결과 뒤쪽 부분에 찢김이 발생한다."(56)

열쇠는 다음과 같다. "다리를 평행 이하로 구부리는 위험을 감수하지 않고도 뛰어난 하체 스트렝스를 개발하는 것이 가능하다. 따라서 여러분이 특별히 자신만의 능률이 높은 스쿼트 스타일을 발견한 경쟁을 해야 하는 역도 선수가 아니라면, 운동을 할 때는 평행선 밑으로 스쿼트하지 않는 것이 좋을 것이다"(57).

결론: 스쿼트를 '파워리프터 평행선에 유지하고 현재 유행하는 피스톨 스타일 스쿼트를 피하라.'

베이스라인, 리그레션 그리고 프로그레션

우리는 상체와 하체 운동을 베이스라인baseline, 리그레션regressions 또는 프로그레션progressions으로 분류한다. 베이스라인 운동은 평균적인 운동선수의 일반적인 출발점이다. 이를 기준으로 삼아 선수가 발전하는지 퇴보하는지를 볼 수 있다. 프로그레션은 쉬운 것부터 어려운 것으로 번호가 매겨진다. 리그레션도 또한 번호로 매겨지지만, 점점 더 쉬운 쪽으로 번호를 높여 붙인다. 따라서 프로그레션 3은 상당히 어려운 운동이 될 것이며, 리그레션 3은 매우 간단할 것이다.

맨몸 스쿼트

베이스라인

그림 6.10 **맨몸 스쿼트**

맨몸 스쿼트의 경우(그림 6.10 참조), 양손을 어깨높이로 하여 팔을 몸 앞으로 뻗은 상태로 시작한다. 가슴은 위를 향하게 하고, 등의 상하부는 약간 아치를 만들어 견고하게 한다. 발은 대략 어깨너비로 떨어져 있어야 하며, 약 10~15도 정도 살짝 바깥으로 향한다. 유연성이 문제가 되는 경우 적절한 깊이를 얻기 위해 양발 사이의 간격은 넓어질 수 있다. 선수가 내려가는 중에 몸이 앞으로 기울어지는 경향이 있거나, 발뒤꿈치가 바닥에서 떨어지거나, 또는 골반이 하강에서 후방으로 회전하는 경우, 1×4인치(2.5×10cm) 보드, 10파운드(5kg) 플레이트 또는 특수 제작된 웨지를 발뒤꿈치 아래에 놓을 수도 있다. 비록 많은 권위자들이 발뒤꿈치 아래에 물체를 놓는 것을 반대하며 주의를 주지만, 우리 훈련 시설에 있는 선수들은 이 방법으로 훌륭한 성공을 거두고 있으며 무릎 통증을 겪지 않음을 경험했다.

내려가기

1. 스쿼트로 내려가기 전에 코로 깊게 숨을 들이쉬어라.
2. 스쿼트 자세로 내려가면서, 뒤로 앉고 체중을 발뒤꿈치에 싣는 것에 집중하라. 나는 초보자들에게 발가락들을 신발 위쪽으로 당기라고 지시하기를 선호한다. 체중을 발 중간이나 발끝에 두는 것은 바람직하지 않은 자세인 앞으로 기울어짐을 야기한다. 숨을 내쉬지 마라. 손을 어깨높이로 유지하라.

3. 허벅지 위가 바닥과 평행이 될 때까지 천천히 내려간다.
4. 내려간 자세에서 무릎은 발가락 위에 있어야 한다. 무릎을 모으지 마라. 양 무릎은 발가락 위 바깥으로 벌어지게 한다.

일어서기

1. 가슴을 펴면서 일어나는 것에 집중한다. 엉덩이는 위와 앞쪽으로 가져온다.
2. 발뒤꿈치를 바닥에 박아라.
3. 촛불을 불듯이 입술을 모은 사이로 강하게 숨을 불어 내쉬어라.

고블릿 스쿼트 배우기

리그레션 1 + 프로그레션 1

스쿼트에서의 첫 번째 리그레션은 무게를 늘리는 것을 포함한다. 놀랍게도, 첫 번째 프로그레션도 마찬가지다. 실제로 프로그레션과 리그레션은 동일한 운동이다. 모순되게 들릴 수도 있다는 건 알지만, 참고 들어라.

고블릿 스쿼트

리그레션 1

이 책에서 한 가지 다른 점을 더 말하자면, 운동을 더 쉽게 하기 위해 중량을 더할 것을 추천한다는 것이다(이것은 나중에 더 설명하겠다). 이것이 직관에 반하는 조언이라는 것을 알고 있다. 사실 90% 정도의 시간, 기술적 문제는 너무 많은 무게를 사용하는 것에서 비롯되지만, 맨몸 스쿼트 대해 배우는 것은 예외 중 하나이다.

완벽하지 않은 스쿼트를 위한 첫 번째 보정은 이미 언급한대로 항상 힐 보드나 웨지를 사용하는 것이다. 두 번째 수정은 고블릿 자세에서 덤벨을 추가하는 것이다.

그림 6.11 **고블릿 스쿼트**

고블릿 스쿼트 자세에서(그림 6.11 참조), 덤벨의 한쪽 끝을 거꾸로 들고 있는 것은 스트렝스와 컨디셔닝의 전문가인 댄 존에 의해 대중화되었다. 존은 큰 음료수 잔$_{goblet}$이나 스프 그릇을 들고 있는 것을 좋아한다(참고: 스프 그릇 스쿼트는 그렇게 기억하기 쉬운 용어는 아니기에 고블릿 스쿼트라고 부른다). 중요한 것은 덤벨의 윗부분이 흉골과 쇄골에 닿고, 바닥이 흉골 아래쪽이나 검상돌기와 계속 닿아 있어야 하는 것이다. 이미 언급했듯이 두 번째 보정은 고블릿 자세에 덤벨을 추가하는 것이다.

고블릿 스쿼트에 무게를 싣는 효과는 기적이나 다름없다. 덤벨을 고블릿 포지션에서 들고 있는 것은 즉시 나쁜 스쿼트를 좋은 스쿼트로 바꿀 수 있다. 이는 마법이나 다름없다.

댄 존이 고블릿 스쿼트를 계속해서 칭찬하는 것을 듣고 나서, 우리는 MBSC에서 간단한 실험을 했다. 우리는 대부분이 스쿼트 자세가 좋지 않은 십대 소년들을 모두 데려갔고, 고블릿 포지션으로 10에서 20파운드를(5~10kg) 추가했다. 결과는 100퍼센트 호전이었다. 모든 운동선수들이 더 나아졌다. 고블릿 스쿼트는 코어와 상체 안전성을 구동하는 반응적 도구로 사용되는 것 같다. 이것은 기술이 향상되는 결과를 가져온다. 다시 한 번 강조하자면 고블릿 스쿼트를 할 때 리프팅 내내 두 지점(흉골과 검상돌기)을 접촉하고 있어야 한다. 만약 아래쪽 접촉 지점이 떨어지면, 이는 몸이 적절하지 못하게 앞으로 기울었다는 것을 의미하고 반드시 수정하여야 한다.

중요 사항: 고블릿 스쿼트 스타일로 중량을 실을 수 있는 모든 하체 운동은 우선 고블릿 스타일 중량 스쿼트를 해야 한다. 선수가 덤벨을 더 이상 제 위치에 놓을 수 없을 때까지 고블릿 자세를 사용한다. 접촉점을 잘 잡으려면 케틀벨 대신 덤벨을 사용하라.

고블릿 스쿼트

프로그레션 1

나쁜 스쿼트를 좋게 만드는 기술은 좋은 스쿼트를 더 뛰어나게 하는 기술과 같다는 사실은 놀랄 일이 아니다. 우리의 첫 번째 부하 옵션은 기술이 부족한 사용자의 경우와 같이 완벽한 기술을 보유한 사용자의 경우에도 동일하게 고블릿 자세에서 덤벨을 추가한다. 이것은 선수가 두 개의 접촉 지점을 유지하지 못할 때까지 스쿼트에 부하를 주는 유일한 방법이다. 우리 남자 고등학생들이 고블릿 자세에서 120파운드(55kg) 덤벨을 사용하는 것은 드문 일이 아니다. 우리 시설의 여학생들은 70~80파운드(30~35kg) 범위에 쉽게 도달한다. 실제로 우리가 바벨로 스쿼트를 하는 시간은 올림픽 리프팅 선수들을 훈련시킬 때 말고는 없다(10장에 이것에 대해 자세히 설명되어 있음).

케틀벨 스모 데드리프트

리그레션 2

먼저, 스쿼트를 잘 할 수 없다면 무게를 추가해보라. 이 말이 당신을 혼란스럽게 할 것임을 잘 알고 있다. 이 조언은 당신의 직관에 어긋날 것이다. 맨몸 스쿼트가 어렵다면 (중량을 사용한) 데드리프트로 난이도를 낮춘다. 나는 싱글 케틀벨 그리고 싱글 덤벨 스모 데드리프트에 푹 빠져버렸다. 만약 케틀벨이 없다면(케틀벨은 손잡이가 있어 편리하다), 덤벨을 바닥에 세워 윗부분을 잡고 이 운동을 할 수 있다. 케틀벨 스모 데드리프트의 장점은 이보다 더 심플한 운동은 없다는 점이다.

그림 6.12 **케틀벨 스모 데드리프트**

스쿼트 스탠스로 선 뒤, 케틀벨 손잡이나 덤벨 끝이 손에 닿을 때까지 엉덩이를 낮추고, 케틀벨(또는 덤벨)을 쥐고, 광배근과 하부 승모근을 쥐어짠 후, 케틀벨(덤벨)을 집어서 들어 올린다(그림 6.12 참조). 일부 리프터들은 데드리프트 패턴을 좀 더 사용할 수도 있는데(고관절 움직임이 더 많고 무릎 움직임이 더 적은), 그건 괜찮다.

지난 몇 년간 우리의 경험에 비추어보면, 이 운동은 핵심적인 리그레션 운동으로 자리잡았다. 우리 시설에선 선수들이 (우리 시설에 있는) 가장 무거운 덤벨을 다룰 수 있을 때까지 계속해서 케틀벨 또는 덤벨 스모 데드리프트를 기본적인 하체 운동으로 해야 한다.

참고: 우리는 거의 언제나 케틀벨에서 덤벨로 옮겨가는 것으로 끝난다. 우리 시설에서 보유한 가장 무거운 케틀벨은 46킬로그램이다(약 100파운드). 우리 시설에서의 가장 무거운 덤벨은 120파운드이다.

핏 엘리베이티드 덤벨 데드리프트

프로그레션 2

선수가 120파운드(55kg, 또는 가장 무거운 덤벨)를 다룰 수 있게 되면 6인치(15cm) 상자에 발을 올려 가동범위를 늘린다. 여기서 3~4주 더 진행한다. 일반적으로 우리가 범위를 더할 때 중량을 약 20파운드(10kg) 낮추기 때문에 120파운드×5회는 100파운드×5회가 된다.

트랩바 또는 헥스바 데드리프트

프로그레션 3

트랩바 또는 헥스바 데드리프트(그림 6.13)는 케틀벨 데드리프트 및 고블릿 스쿼트와 더불어 우리의 핵심적인 3대 양측성 운동 중 하나이다. 케틀벨 데드리프트와 고블릿 스쿼트가 초심자를 위한 기본적인 운동인 반면, 트랩바 데드리프트는 스트렝스를 키우는 주요 양측성 운동으로 사용할 수 있다.

그림 6.13 트랩바 또는 헥스바 데드리프트

트랩바는 더 많은 스쿼트 패턴(무릎과 고관절의 깊은 움직임)을 데드리프트 동작(손에 무게를 들고)과 함께 사용할 수 있게 하는 훌륭한 발명품이다. 트랩바는 몸을 통과해서 움직이기 때문에, 일반 스트레이트 바벨을 사용해 바닥에서 띄울 때나, 무릎을 따라 움직여야 하는 문제가 해결된다. 이러한 사항은 일부 리프터들이 데드리프트할 때 생기는 문제의 원인이 되는 전단력을 제거한다.

트랩바는 또한 컨벤셔널 데드리프트 패턴(제한된 무릎 굴곡과 깊은 고관절 움직임)이나 수정된 스트레이트 레그 데드리프트 패턴을 좀 더 잘 나올 수 있게 한다. 트랩바는 적절하게 사용하면 양측성 전신 운동을 할 때 스쿼트보다 허리가 더 안전하기 때문에 정말 유용한 도구이다.

데드리프트가 스쿼트보다 허리에 스트레스를 더 주는지를 이해하는 핵심은 이상하게 생각할 수도 있지만 어깨 가동성과 충분히 관련이 있다. 불량한 어깨 가동성으로 인한 보상 작용은 허리의 신전이다. 불량한 어깨 가동성은 허리 통증의 주요한 원인이 된다. 만약 선수가 스쿼트를 하려고 어깨에 바를 얹으려고 하지만 어깨 가동성 떨어진다면, 그는 어떻게 할까? 그는 요추를 신전시킬 것이다. 만약 그가 프런트 스쿼트를 하기 위해 팔꿈치는 위로 올리려고 할 때 어깨 가동성이 부족하다면, 그는 무엇을 할까? 요추를 신전시킬 것이다.

고관절과 척추가 연결되어 있는 것처럼, 요추과 어깨도 연결되어 있다. 다음에 허리 통증이 있는 선수를 만나면, 고관절 가동성만 확인하지 마라. 어깨의 가동성 역시 확인하고 운동을 처방해야 한다. 이점이 바로 스쿼트와 비교할 때 데드리프트에서 허리 통증을 덜 호소하는 이유이다. 어깨 외회전이 부족한 사람들에게 어깨 외회전 힘을 제거하면(스쿼트가 아닌 데드리프트를 시키면) 허리 증상을 크게 감소시킬 수 있다. 새로운 사항을 듣고 생각하여 배우는 것은 놀라운 결과를 낳는다.

트랩바 데드리프트는 『펑셔널 트레이닝 포 스포츠』 초판에서 하이브리드 운동이라고 이름 붙인 운동으로, 스쿼트와 데드리프트 사이를 가로지르는 운동이다. 어쨌든, 트랩바 운동은 트랩바의 디자인 때문에 컨벤셔널 데드리프트보다 가르치기 쉽고 안전하다. 다이아몬드 모양의 트랩바는 선수가 바의 안쪽에서 동작을 시작하고 중량을 싣고도 간단히 일어설 수 있게 한다. 선수가 몸을 기울이기보단 좀 더 앉을 수 있기 때문에 컨벤셔널 데드리프트와 달리 허리에 실리는 스트레스에서부터 피할 수 있는 것이다. 또한 트랩바는 바벨을 정강이에 붙이고 있지 않아도 되기에 컨벤셔널 데드리프트가 가진 많은 잠재적 위험에서 자유로울 수 있다.

디로딩 스쿼트 패턴

리그레션 3

만약 고블릿 스쿼트를 사용해도 적절한 기술을 만들지 못하는 경우, 다른 옵션으로(특히 나이 든 고객들에게) 스쿼트 패턴의 부하를 줄이는 것deload을 생각할 수 있다. 일부 나이 든 고객이나 부상당한 선수들은 너무 약해서 스쿼트 패턴을 제대로 취하지 못할 수 있다. 디로딩 스쿼트deloading squat는 레그 프레스와 같은 기계에 의지하지 않고 체중보다 낮은 부하를 가할 수 있다. 디로딩은 서스펜션 장치(예: 링, TRX) 또는 풀다운 기계로 할 수 있다. 중량 부하는 서스펜션 도구(링 또는 TRX의 경우)의 상체 지지 정도를 줄이거나 풀다운 기계의 중량를 줄임으로써 높일 수 있다. 나는 훈련 보조의 정도를 수치화할 수 있기 때문에 풀다운 머신을 선호한다.

어느 정도 적절한 움직임이 숙달되었다면 이제 부하를 추가할 때이다. 바벨, 케틀벨, 스톤, 그리고 벽돌 등을 포함한 중량을 더할 수 있다면 그 어떤 도구도 사용엔 제한이 없지만 다음을 반드시 기억하라. 적절한 움직임을 할 수 있는 것이 우선이다.

싱글 레그 스트렝스 발달시키기

싱글 레그 스트렝스를 발달시키는 방법은 지난 10년 동안 상당히 발전했다. 10년 전에는 선수가 기능적인 한 다리 운동을 하는 모습을 보는 것이 드물었다. 사실 많은 코치들은 런지 같은 한 다리 운동과 여러 종류의 싱글 레스 스쿼트들을 우습게 여겼다. 만약 운동선수가 한 다리 운동을 한다면, 한 다리 프레스나 싱글 레그 익스텐션 및 레그 컬과 같은 편측성 머신 기반 운동이었다. 이제 몇몇 코치들은 고전적인 양다리 운동들을 완전히 버리고 엄격한 싱글 레그 버전의 프로그램을 선호한다. 특히 허리가 좋지 않은 선수나 스트렝스 훈련에 회의적인 선수들에게는 더욱 그렇다. 전통적으로 고중량 스트렝스 훈련을 강조하지 않았던 많은 스포츠 선수들은 백 스쿼트와 파워 클린과 같은 운동에는 폐쇄적인 접근 방식을 가지고 있지만, 싱글 레그 스트렝스와 플라이오메트릭에 대해선 매우 개방적인 생각을 가지고 있다. 싱글 레그 트레이닝은 스트렝스 훈련을 완전히 피하려는 선수를 위한 적극적인 하체 운동을 제공한다.

비록 기존의 스트렝스 프로그램에서는 무시되어 왔지만, 싱글 레그 스트렝스는 실제로 스피드와 균형 능력의 향상 및 부상 예방에 필수적일 수 있다. 싱글 레그 스트렝스는 기능성 하체 스트렝스 훈련의 필수요소이다. 사례를 보면 대부분의 스포츠에서 모든 더블 레그 운동이 비기능적임을 알 수 있다.

비록 양측성 스쿼트와 데드리프트를 비기능적 운동이라고 보는 것이 극단적이라 생각될 수 있지만, 이 주장은 모든 스트렝스 프로그램에서 싱글 레그 훈련이 필요하다는 것을 시사한다. 불행히도 많은 스트렝스 프로그램은 여전히 스쿼트 및 데드리프트와 같은 전통적인 두 다리 운동에만 초점을 맞추고 있으며, 심지어 레그 프레스, 레그 익스텐션 및 레그 컬과 같은 완전히 비기능적인 다리 운동 같은 더한 악수를 두고 있다.

기능적과 비기능적 논쟁에 대한 적절한 대답의 실마리를 찾으려면 이 책의 초반에 우리가 가졌던 간단한 질문으로 돌아가라. 얼마나 많은 스포츠들이 동시에 양쪽 발을 땅에 닿게 하면서 운동을 하는가? 정답은 하나다. 조정 경기 선수들은 양다리로 동시에 힘을 만들어 낸다. 하지만 대부분의 스포츠 기술들은 한 다리로 이루어진다. 이러한 간단한 이유로, 싱글 레그 스트렝스가 스트렝스 프로그램의 주안점이 되는 것이 핵심이다.

싱글 레그 스트렝스는 특수한 성격을 가지고 있기 때문에 더블 레그 운동을 통해 발전할 수는 없다. 골반 안정근pelvic stabilizer의 활동은 싱글 레그 스탠스와 더블 레그 스탠스가 서로 다르다. 싱글 레그 운동들은 중둔근(엉덩이 근육), 내전근, 그리고 요방형근(허리 근육)이 중요한 안정근으로 작동하도록 한다. 기존 더블 레그 운동에선 이러한 근육들(중둔근, 내전근, 요방형근)이 안정성 역할을 수행할 필요가 없다. 또한 이제 싱글 레그 스트렝스는 부상 감소의 핵심으로 인식되고 있고, 모든 재활과 리컨디셔닝reconditioning 및 무릎 부상 예방 프로그램의 주요 요소가 되었다.

이러한 싱글 레그 운동은 베이스라인, 프로그레션(1, 2, 3, 4) 또는 리그레션으로 분류된다. 모든 선수는 운동 단계에 관계 없이 처음 3주 동안 적절한 베이스라인 연습을 시작해야 한다. 거의 모든 프로그레션 2단계 운동은 뛰어난 선수가 얼마간의 외부 부하를 사용하면 수행할 수 있지만, 선수들은 오직 운동을 완전히 습득했을 때만 다음으로 진행해야 한다는 점을 기억한다. 선수들이 베이스라인 싱글 레그 스트렝스 운동을 완전히 습득한 후에 프로그래션 단계 운동들로 싱글 레그 스트렝스를 진행할 수 있다.

대부분의 싱글 레그 훈련은 처음에는 간단히 맨몸을 프로그레션에 사용할 수 있다. 즉 첫 3주 동안은 체중만을 사용하고(외부 부하 없음), 첫째 주는 각 다리당 8회, 둘째 주 10회, 셋째 주는 12회로 반복수를 정한다. 이것은 심플한 점진적 저항 개념이다. 수준 높은 선수들은 외부 부하(바벨, 덤벨 또는 중량조끼)로 시작하기를 원할 수 있지만, 싱글 레그 트레이닝을 경험하지 못했던 선수의 경우 처음부터 의욕을 떨어뜨릴 수도 있다. 선수들이 발전함에 따라, 어떤 싱글 레그 운동은 5회보다 더 적게 반복하는 프로그램이 추가될 수 있다.

스플릿 스쿼트

베이스라인

스플릿 스쿼트(그림 6.14 참조)는 싱글 레그 스트렝스를 향상시키는 데 가장 좋은 운동일 수 있다. 스플릿 스쿼트는 수행하기나 배우기도 쉬워서 항상 싱글 레그 프로그레션의 1단계 운동이다. 여러 리그레션과 프로그레션 운동들이 있지만, 우리 시설에서의 베이스라인 운동은 스플릿 스쿼트다.

그림 6.14 **스플릿 스쿼트**

스플릿 스쿼트를 수행하려면 양발을 어깨너비로 벌리고(어깨와 수직으로) 양발의 앞뒤 간격은 약 3~4피트(1~1.2m) 넓이로 떨어뜨린 자세를 취하라. 이 자세는 바닥에 두 개의 단단하고 안정적인 지점을 제공한다. 스플릿 스쿼트의 경우, 손을 머리 뒤에서 깍지 끼거나 손을 고관절에 올려놓아라. 이 자세에서 앞쪽 발의 뒤꿈치에 체중을 실은 상태를 유지하면서 뒤쪽 다리의 무릎을 바닥(또는 Airex 패드)으로 내린다. 뒤쪽 다리 무릎을 내리고 체중은 앞쪽 다리 뒤꿈치에 실도록 지시하는 것이 중요하다. 체중이 발 앞볼에 실리도록 몸이 앞으로 크게 움직이는 것을 허락하지 마라. 체중이 앞쪽 다리 뒤꿈치에 실리고 있다면 앞쪽 무릎이 발가락 끝을 넘어갈 수도 있다.

티칭 큐

탬파Tampa에서 활동하는 스트렝스 & 컨디셔닝 코치 브래드 카즈마르스키Brad Kaczmarski는 우리에게 스플릿 스쿼트를 가르치는 데 도움이 될 만한 좋은 제안을 해주었다. 카즈마르스키는 '보톰 업bottom up(거꾸로)' 접근법을 사용할 것을 제안했고, 이는 우리 시설에서 스플릿 스쿼트 움직임을 배우는 데 어려움을 겪고 있는 선수들에게 가장 처음으로 시도하는 옵션이다. 보톰 업을 가르치려면 닐링 런지 스트레칭 자세kneeling lunge stretch position(뒤쪽 다리가 바닥에 닿아 있는 런지 중간 자세)를 취하게 하고 뒤꿈치를 바닥으로 밀어 일어나게 한다. '보톰 업' 티칭법은 엉덩이를 뒤로 보내는 자세를 취하는 사람이나 코어 컨트롤에 어려움을 겪는 선수를 빠르게 교정시켜준다.

스플릿 스쿼트는 런지가 아니라는 점에 주의하라. 이 운동은 발을 움직이거나 걷는 움직임을 포함하지 않는다. 스플릿 스쿼트는 균형 감각과 고관절 굴곡근들의 동적인 유연성 발달이라는 장점이 있다.

테크닉 포인트

- 앞쪽 발뒤꿈치에 체중을 싣고 뒤쪽 무릎을 바닥으로 내리는 동작에 집중한다.
- 머리와 가슴을 세운 자세를 유지한다. 초심자는 양손을 머리 뒤로 한 자세가 가장 좋다.
- 뒤쪽 다리는 균형을 잡는 역할을 한다는 것에 주의하라. 뒷다리를 사용하여 동작하지 마라.

- 선수들이 어려움을 겪으면 '보톰 업' 접근법을 생각하라.
- 뒤쪽 다리의 무릎은 살짝 구부린다. 올바르게 자세를 잡으면 무릎이 바닥에 닿을 때 고관절 굴곡근이 '약간' 스트레칭되는 느낌이 든다.

이 모든 싱글 레그 운동들에 처음 부하를 추가할 때는 이전에 설명한 고블릿 자세를 취하는 것이 가장 좋다. 선수가 덤벨의 제 위치(덤벨이 닿는 두 포인트)를 지키기 어려워할 때까지 중량을 높이고, 그 이상의 중량부터는 덤벨을 양옆으로 쥐는 자세로 변경한다.

참고: 몇 년 동안 우리는 스플릿 스쿼트에서 리어 풋 엘리베이티드 스플릿 스쿼트로 빨리 전환했다. 돌이켜 생각해보면 이것은 실수일지도 모른다. 빠르게 바꾼 것은 중량이 무거워짐에 따라 뒤쪽 발의 엄지발가락 압력에 대해 선수들이 불평했기 때문이다. 그래서 우리는 모든 것을 바꿔 단순히 스플릿 스쿼트를 3주 동안 하고 재빨리 더 어려운 변형 동작들에 뛰어드는 대신, 선수들이 발 앞볼이 불편하다고 불평할 때까지 스플릿 스쿼트를 해야 한다는 점을 깨달았다. 우리는 선수들이 불만 없이 스플릿 스쿼트에서 매우 강해지는 것을 발견했다.

리어 풋 엘리베이티드 스플릿 스쿼트

프로그래션 1

리어 풋 엘리베이티드 스플릿 스쿼트는 지난 5년 동안 우리의 프로그램에서 주요 하체 스트렝스 운동이었다. 우리는 뒤로 발을 들어 올리는 버전으로 전환하기 전에 적어도 처음 6주 동안은 기존 스플릿 스쿼트를 한다.

리어 풋 엘리베이티드 스플릿 스쿼트(그림 6.15 참조)는 스플릿 스쿼트와 비슷한 자세를 취하는데, 예외로는 뒤쪽 다리를 벤치나 이 스쿼트를 위해 특별히 설계된 원형 받침의 스탠스에 올리는 것이 다르다. 뒤쪽 발은 반드시 발등이 벤치에 놓여야 한다. 발끝을 벤치에 놓지 마라. 리어 풋 엘리베이티드 스플릿 스쿼트를 할 때 발끝으로 균형을 잡으려 한다면 절대로 무거운 중량을 다룰 수 없을 것이다.

그림 6.15 리어 풋 엘리베이티드 스플릿 스쿼트

이 자세에서도 바닥에 안정적인 지지점이 있긴 하지만 벤치나 스플릿 스쿼트 스탠드에 약간 덜 안정적인 지점이 생긴다. 뒤쪽 다리가 덜 안정적이고 도움을 덜 주기 때문에 스플릿 스쿼트의 어려움이 상당히 증가한다. 이 자세에서 앞쪽 허벅지가 바닥에 평행하고 뒤쪽 무릎이 바닥에 거의 닿을 때까지 내려온다. 이 운동은 스플릿 스쿼트처럼 발을 움직이지 않고도 동작을 할 수 있으며, 고관절 굴곡근의 동적인 유연성을 향상시킬 수 있다.

이 운동은 앞에서 설명한 8-10-12 맨몸 프로그레션에 따라 맨몸 운동으로 시작할 수 있지만 덤벨이나 케틀벨로 스트렝스 운동을 하는 것이 가장 좋다. 선수가 덤벨을 제자리에 유지할 수 있는 한(덤벨의 두 군데가 접촉하는 고블릿 방식) 중량을 지속적으로 높인다. 우리 시설에서 남자 선수들은 100파운드(45kg) 이상부터, 여자 선수들은 50~60파운드(23~27kg) 이상부터 중량을 잡는 방법을 바꾼다. 케틀벨은 운동선수가 더 이상 고블릿 방식의 부하를 유지할 수 없을 때 그립과 균형의 관점에서 매우 잘 작동한다. 우리는 한 다리씩 한 세트당 다섯 번 반복으로 반복수는 낮게 갈 것이다(예: 한쪽 다리에 5회씩 3세트). 선수들은 자신들이 사용 가능한 가장 무거운 케틀벨이나 덤벨을 사용하는 시기에 매우 빠르게 도달할 것이다. 필요하다면 중량조끼는 추가적인 부하를 더할 수 있다. 리어 풋 엘리베이티드 스플릿 스쿼트는 앞서 설명한 스플릿 스쿼트보다 중량 부하가 30~40파운드(13~18kg) 덜 필요할 수도 있다. 이는 운동 난이도가 증가하면 사용하는 부하가 떨어질 수 있다는 것을 의미한다.

중량 부하에 대한 기준을 제공하기 위해 덧붙이자면, 우리 시설에선 36kg 케틀벨 한쌍(한 손당 80파운드)을 가지고 10회 반복할 수 있는 여자 선수와 120파운드(55kg) 덤벨 한쌍으로 10회 반복할 수 있는 남자 선수가 있다.

싱글 레그 스쿼트

프로그레션 2

싱글 레그 스쿼트(그림 6.16 참조)는 싱글 레그 운동의 왕이다. 이 운동은 가장 어려운 운동일 수도 있지만 아마 가장 유익한 운동일 것이다. 싱글 레그 스쿼트는 반대쪽 다리에서 오는 균형감이나 안정성의 도움 없이, 다리 하나만 사용해야 한다. 스플릿 스쿼트 종류의 운동들에서 보이는 뒤쪽 다리의 받침대 효과와 달리, 골반 근육은 땅 또는 벤치에 닿는 반대쪽 다리의 도움 없이 안정성 기능을 해야 한다. 모든 스프린트 동작에서 골반이나 고관절의 안정성에 대한 필요성을 비추어보아, 이러한 사항의 중요성은 아무리 강조해도 지나치지 않다. 스프린팅에서, 지지하는 다리는 스윙하는 다리의 어떠한 도움 없이도 힘을 발휘해야 한다.

그림 6.16 폴리오 박스에서 싱글 레그 스쿼트

일부 선수들은 이 운동을 즉시 할 수 없을 수도 있으나 의기소침해 할 필요는 없다. 대부분의 선수들은 처음 몇 번은 불안정하거나 어색함을 느낀다. 동작이 편안해지기 위해서는 몇 번의 세션이 필요할 수 있다. 싱글 레그 스쿼트의 주요 이점 중 하나는 균형 감각을 키운다는 것이다.

참고: 싱글 레그 스쿼트를 피스톨 스쿼트와 혼동하지 않도록 하라. 우리는 여러 가지 이유로 피스톨 스쿼트를 지지하지 않는다. 비록 이 두 운동이 매우 비슷하게 보이지만, 두 운동을 서로 대체할 순 없다. 싱글 레그 스쿼트에서는 고관절 굴곡근에 가해지는 스트레스가 상당히 적으며, 피스톨 스쿼트에 비해 허리 아래쪽에 가해지는 스트레스도 훨씬 적다. 박스에서 동작을 하는 것은 바닥에서 이 동작을 하는 것에 비해 자유로운 다리를 더 아래로 내릴 수 있다. 피스톨 스쿼트는 종종 자유로운 다리를 바닥에 평행하게 잡아 주기 위해 고관절 굴곡근을 남용해서 허리 통증을 유발할 수 있다. 게다가 싱글 레그 스쿼트는 허벅지가 바닥과 평행한 동작이다. 평행보다 내려가는 것은 인정하지 않는다. 평행선 아래로 스쿼트를 하는 것은 종종 요추 말림을 초래하며. 무릎의 관절 선에서 내측 반월상 연골의 뒤쪽이 압박될 수 있다. 기억하라.

평행 아래로 스쿼트를 하면 무릎 굴곡 과정에서 반월상 연골이 관절에서 전방으로 움직이며 반월상 연골의 뒤쪽 부분(후각)은 관절 사이에 낄 수 있다.

테크닉 포인트

- 플라이오메트릭 박스나 벤치 위에 5파운드(2.5kg) 덤벨 한쌍을 들고 서라. 부하를 더 하는 것으로 리프팅이 더 쉬워지는 두 번째 경우이다. 양손의 5파운드 덤벨로 균형을 유지하면 무게가 없을 때보다 싱글 레그 스쿼트가 더 쉬워진다. 허벅지와 바닥이 평행인 자세로 몸을 낮춘다. 비록 덤벨을 사용하는 것이 좋은 생각이 아닌 것처럼 보일 수 있지만, 카운터밸런스counterbalance는 분명히 이 운동을 배우기 쉽게 만든다.
- 스쿼트 자세로 내려오기 시작하면서 덤벨을 어깨높이로 올리면 발뒤꿈치에 앉는 것(체중 싣기)을 도와준다.
- 뒤꿈치에 체중 싣기 유지 및 발목의 움직임을 최소화하며 맨 아래 자세에서 무릎이 엄지발가락을 넘어서 움직이지 않도록 하는 데 집중하라. 발뒤꿈치를 플레이트 위에 놓거나 특별히 만들어진 웨지에 서서 동작하는 것은 매우 도움이 될 수 있다.
- 발목이 아니라 무릎을 굽히는 것으로 시작하는 것이 매우 중요하다. 이 점을 주의 깊게 살펴라.

대부분의 선수들은 5파운드 덤벨 한쌍으로 5회씩 3세트로 시작해야 한다. 트레이닝 사이클의 단계(예: 고중량 저반복strength phase, 저중량 고반복accumulation phase. 역자 주)에 따라, 횟수를 늘리거나 덤벨의 무게를 늘림으로써 진행시킨다. 리어 풋 엘리베이티드 스플릿 스쿼트같이, 한 다리에 5회 이상 반복하지 말아야 한다.

파셜 싱글 레그 스쿼트

리그레션 1

싱글 레그 스쿼트는 운동 본래의 가동범위보다 덜 움직여도 되는 몇 안 되는 운동 중 하나이다. 비록 부분 가동범위 운동들partial-range exercises은 일반적으로 피해야 하지만 고관절과 골반 안정성의 관점에서 이 운동의 가치는 매우 커서 이 동작을 가능한 깊게(평행에 도달할 때까지) 수행할 수 없는 고객이나 운동선수에게 부분 동작을 가르칠 가치는 충분히 있다. 나는 이것을 점진적 가동범위 증가 운동이라고 부른다. 중량을 점진적으로 늘리는 대신, 부하는 선수 또는 클라이언트가 원하는 범위에 도달하는 동안 일정하게 유지된다(맨몸+양손의 5파운드 덤벨을 유지한다). 우리는 보통 에어렉스 패드들을 이용해 동작의 깊이를 높이거나 낮춘다.

싱글 레그 데드리프트

리그레션 2

『펑셔널 트레이닝 포 스포츠』 초판에서 우리는 이 운동을 스케이터 싱글 레그 스쿼트skater's single-leg squat라고 불렀다. 이런 용어를 사용한 건 이 운동을 하키에 특화된 싱글 레그 박스 스쿼트로 묘사했었기 때문이다. 몸을 똑바로 세우고 자유로운 다리를 앞으로 두는 대신, 이 운동에선 몸통을 내려 허벅지에 닿게 하고(그림 6.17 참조) 자유로운 다리는 무릎을 구부린다. 이렇게 앞으로 구부린 자세는 스케이터의 출발 자세를 흉내낸 것이다. 하지만 스쿼트와 데드리프트에 대한 우리의 사고 과정이 변화하면서, 우리는 이 운동이 깊은 고관절 움직임을 가지고 있고 데드리프트로 분류되어야 한다는 것을 깨달았다. 실제로 이 운동을 측면에서 보았을 때 관절 각도들은 트랩바 데드리프트의 관절 각도와 거의 동일하다.

싱글 레그 데드리프트는 허리 문제로 데드리프트를 할 수 없는 사람들을 위한 훌륭한 대안이다. 이 운동은 나중에 소개할 싱글 레그 스트레이트 레그 데드리프트와는 다르다는 점을 기억하라. (비록 고관절과 무릎 움직임이 유사해 보이지만) 이 운동은 중량을 더했을 때 자세가 잘 나오는 세 번째 운동이다. 싱글 레그 스쿼트처럼 양손에 5파운드(2.5kg) 덤벨을 들고 시작한다.

8-10-12 맨몸 프로그레션(첫째 주 8회, 둘째 주 10회, 셋째 주 12회)을 따르고 덤벨과 중량조끼 조합으로 부하량을 늘린다.

그림 6.17 **싱글 레그 데드리프트**

런지

프로그레션 3

런지(그림 6.18 참조)는 또 다른 훌륭한 싱글 레그 훈련이다. 런지를 스쿼트의 쉬운 대체 운동으로 생각하는 많은 사람들 때문에 런지에 대한 잘못된 인식이 퍼져 있다. 사실 런지는 강한 근육통을 만드는 운동이며 쉬운 운동의 카테고리에 들어가면 안 되는 운동이다. 런지의 주요 이점이자 런지가 고급 운동인 이유는, 앞으로 움직일 때 몸을 감속시키기 위해 하체 근육이 적절하게 작용하기 때문이다. 또한 런지는 고관절 부위에 대한 동적인 스트레칭 움직임이 뛰어난 운동이며 이러한 이유만으로 스트렝스 훈련과 워밍업 루틴 모두에 포함될 수 있다. 서혜부(사타구니) 또는 고관절 굴곡근에 문제가 있는 선수는 런지가 매우 유익한 훈련임을 알게 될 것이다.

그림 6.18 **런지**

테크닉 포인트

- 등허리는 단단하고 약간의 아치를 유지하여야 하며 상체는 똑바로 세운다.
- 두 발을 함께 붙이고 선 자세에서 움직임을 시작한다.

- 스텝(운동 보폭)은 선수의 키보다 약간 짧은 정도여야 한다. 스텝은 뒤쪽 다리의 고관절 굴곡근이 살짝 스트레칭될 정도로 충분히 길어야 한다.
- 이 움직임은 앞으로 나아가고 '다시 뒤로 밀어내는' 동작을 하여 두 발이 모이는 자세로 마무리해야 한다.

지구력을 위해 한 다리에 10회 정도 반복할 수 있다. 런지는 다른 운동들과 결합하여 다리 서킷에 포함시킬 수 있다.

슬라이드 보드 런지

프로그레션 3A

슬라이드 보드 런지는 싱글 레그 스트렝스, 동적인 유연성, 그리고 적당한 불안정성이 조합된 탁월한 싱글 레그 운동이다. 이 운동은 트레이닝과 재활 과정 모두에 훌륭한 움직임이다.

훈련 도구를 누군가 독점하는 문제가 있어도 걱정하지 마라. 슬라이드 보드나 발슬라이드 말고 1.2m 정도의 표면이 미끄러운 재질이면 어느 것이든 활용할 수 있다. 뒤쪽 발에 슬라이드 보드 신발을 착용하고 발을 뒤로 미끄러뜨리며 뒤쪽으로 런지를 하라(그림 6.19 참조). 앞발이 싱글 레그 스쿼트를 수행하는 동안 뒤쪽 발은 앞뒤로 미끄러진다. 머리 뒤에 손을 얹고 앞쪽 무릎은 발 가운데midfoot 위치를 유지한다.

이 운동에는 매우 흥미로운 점이 있다. 스플릿 스쿼트처럼 보이지만, 뒤로 보낸 다리를 다시 당기는 동작은 아마도 싱글 레그 스트레이트 레그 데드리프트와 같은 후방사슬 범주에 속한 운동이 될 것이다. 만약 단 한 가지 하체 움직임을 선택할 수 있다면 무릎 지배적 운동처럼 보이는 고관절 지배적 운동이 훌륭한 선택일 것이다. 슬라이드 보드 런지의 한 가지 단점은 우리가 이 운동에 무거운 부하를 적용한 경험이 많이 없다는 것이다. 스트렝스 운동으로 사용할 때는 이 운동의 효과가 저하되는 것으로 보인다. 그래서 근비대 초기 단계와 해부학적 적응anatomical adaptation 단계에서 가장 잘 사용된다.

이 운동은 부가적인 스트레칭과 불안정성 요소가 있기 때문에 맨몸 부하만 사용하여 단계를 높인다.

그림 6.19 **슬라이드 보드 런지**

래터럴 스쿼트

프로그레션 3B

래터럴 바디 웨이트 스쿼트는 웜업 운동과 스트렝스 운동 모두로 사용할 수 있다. 이 운동은 내전근의 동적인 유연성을 향상시키고 야구 선수나 하키 선수와 같이 관상면에서 움직이는 종목 선수의 스트렝스를 향상시키는 훌륭한 운동이다. 양발을 약 4피트(1.2m) 간격으로 벌리고 서서 한쪽으로 앉아라(그림 6.20 참조). 앉을 때 체중은 발뒤꿈치에 유지하고 무릎은 발가락 위에 위치시킨다. 양발의 간격이 넓을수록 좋다. 5피트 8인치(173cm)보다 큰 운동선수는 두 발의 간격이 1.2m보다 작으면 수행하는 데 어려움을 겪는다.

래터럴 스쿼트는 맨몸 부하로만 단계를 조절한다.

그림 6.20 래터럴 스쿼트

래터럴 런지

프로그레션 4

래터럴 런지는 관상면에서 이루어지는 감속성 운동이다. 즉 몸을 좌우로 움직인다. 래터럴 스쿼트를 배운 선수들은 래터럴 런지를 매끄럽게 진행할 것이다. 래터럴 런지와 래터럴 스쿼트는 동적인 웜업 또는 스트렝스 운동으로 사용할 수 있다.

스텝 업(계단 오르기) 운동을 하지 마라

스텝 업step-up 운동은 스쿼트의 대체 운동이 될 수 있지만, 무릎에 문제가 있는 선수에게는 앞에서 소개한 싱글 레그 운동들에 비해 불편감을 더 줄 수 있다. 그 이유는 스텝 업 운동 동작에는 초기 원심성 수축initial eccentric contraction이 부족하기 때문이다. 바닥에 있는 다리로 밀어내면 너무 쉽게 동작을 속일 수 있기 때문에 스텝 업은 선호되는 싱글 레그 운동이 아니다.

싱글 레그 안정성 향상

선수들은 종종 스플릿 스쿼트와 싱글 레그 벤치 스쿼트와 같은 운동을 잘하지만 싱글 레그 스쿼트는 하기 힘들어한다. 흔히 이런 사람들은 연골연화증(무릎 연골이 단단함을 잃는 것), 슬개건염이나 슬개대퇴증후군과 같은 무릎 문제를 앓고 있는 선수들이다. 내 경험에 의하면 이런 선수들은 일반적으로 엉덩이 외측이 약하기 때문에 스쿼트를 하는 동안 하체를 안정시키는 데 어렵다는 공통점이 있다. 중둔근은 달리기, 점프 그리고 스쿼트와 같은 한쪽 다리 움직임에서 하체를 안정시키는 주요한 역할을 하지만 종종 무시되는 근육이다.

많은 선수들이 이 근육은 너무 약해서 그 기능을 수행하지 못하거나 신경학적으로 '활성화'되어 있지 않다. 그 결과, 무릎의 지지 구조들은 중둔근 대신 안정성을 제공하도록 강요된다. 이러한 점은 장경인대의 통증, 슬개건의 통증, 또는 슬개골 아래의 통증으로 나타날 수 있다. 지난 수년간 이런 문제들은 대퇴사두근 스트렝스 부족 때문으로 여겨졌고 의사와 치료사들은 이 문제를 해결하기 위해 레그 익스텐션 같은 심플하고 비기능적인 운동을 처방했다. 최근에 치료사들과 선수 트레이너들은 이러한 무릎 질환들에서 엉덩이의 외측 근육들의 역할을 인정하기 시작했다. 우리는 이러한 근육들을 활성화시키는 두 가지 방법을 발견했다. 그것은 미니 밴드 스텝 및 크로스 바디 리칭이다.

미니 밴드 워크

미니 밴드 워크Mini-band walks는 외측 둔근들을 활성화하는 쉬운 방법이다. 선수는 단순히 양 발목에 밴드를 두르고 옆으로 움직인다. 미니 밴드 워크에서는 좌우 고관절이 동시에 외전되며, 지지하는 다리는 닫힌 사슬(땅에 닿는 발) 활성을 다른 쪽 다리는 열린 사슬 외전 동작을 한다. 미니 밴드 워크에서 고려해야 하는 핵심 사항은 다음 두 가지다.

- 밴드 장력을 유지하라. 밴드가 타이트함을 유지할 수 있도록 양발이 충분히 떨어져 있어야 한다.
- 몸을 사용하지 마라. 종종 외측 둔근이 약한 사람들은 다리를 이용해 움직이지 않고 몸을 흔들어 발을 벌린다.

고관절 회전 근육들을 자극하기 위해 밴드를 발에 위치시킨다. 밴드를 발목 대신 발에 위치시키면 내회전력이 가해지며, 그 결과 골반 외회전근이 더 많이 자극된다.

크로스 바디 리칭

크로스 바디 리칭Cross-body reaching은 둔근의 개입을 더욱 촉진시키기 위해 모든 무릎 또는 고관절 지배적 운동들에 사용될 수 있는 기술이다. 운동 자극을 받는 다리를 가로질러 팔을 뻗는 동작reaching은 둔근의 기여도를 증가시킨다. 해부학적으로 설명하면 고정된 대퇴골에 대해 골반이 회전한 결과 고관절에서는 내회전이 유발된다. 둔근들은 외회전근들이기 때문에, 고관절의 내회전으로 인해 신장되고 좀 더 크게 반응하게 된다. 이를 통해 고관절의 안정성이 높아진다. 흥미롭게도, 많은 사람들은 고관절의 안정성을 무릎의 안정성으로 보고 '무릎이 안으로 모이는 것'이 불안정성을 나타내는 것으로 여긴다. 실제로 무릎의 내반슬valgus은 고관절 내전과 외회전이 일어난 모습이며 무릎의 문제는 전혀 아니다.

고관절의 신전과 건강한 햄스트링

앞서 언급했듯이, 고관절을 신전시키는 근육들, 주로 대둔근과 햄스트링군들은 여전히 많은 트레이닝 프로그램에서 간과되고 있다. 많은 훈련 프로그램들이 스쿼트와 스쿼트 변형 운동들을 과도하게 강조하고 고관전 신전근들을 놓친다.

프로그램을 만들 때 스쿼트와 싱글 레그 스쿼트 종류의 운동들과 같은 무릎 지배적 운동들은 둔근과 햄스트링에 미치는 영향이 댄존과 파벨 차졸린의 『이지 스트렝스』에서 '최소한의 무릎 굴곡과 깊은 고관절 움직임'으로 표현된 고관절 지배적 운동과는 다르다는 점을 이해하는 것이 중요하다. 비록 기능적 해부학적 개념에선 모든 하체 운동에는 모든 근육들이 관여되어 있다고 배우지만, 고관절과 무릎의 굴곡 각도에 따라 강조되는 부분과 집중되는 부분을 결정할 수 있다. 운동에 둔근와 햄스트링을 더 완전하게 포함하려면 움직임의 중심은 무릎이 아닌 고관절에 있어야 한다.

이 개념을 이해하기 위해, 싱글 레그 스쿼트의 모습을 상상해보라. 고관절은 무릎의 움직임과 함께 약 90도의 가동범위를 걸쳐 움직인다. 일반적으로 무릎 움직임 각도가 1도씩 변하면 고관절도 1도씩 움직인다. 싱글 레그 스쿼트의 초점은 무릎 신전근과 고관절 신전들이 동일하게 작용하고, '무릎과 고관절에서' 깊은 움직임이 일어나는 것이다. 한편, 싱글 레그 스트레이트 레그 데드리프트 같은 운동에서는 고관절에서 90도에 걸쳐 움직임이 나타나는 반면 무릎 굴곡은 10~20도 정도로 약간만 일어난다. 이는 고관절에서 깊은 움직임이 일어나는 것이다. 적절하게 설계된 프로그램은 반드시 무릎 지배적 운동과 고관절 지배적 운동들의 균형을 포함해야만 한다.

싱글 레그 힙 도미넌트 프로그레션

퍼포먼스를 향상시키고 햄스트링 부상을 예방하기 위해 편측 고관절 지배적 운동보다 더 중요한 것은 없을 것이다. 심지어 나는 싱글 레그 스트레이트 레그 데드리프트와 그 변형 운동들이 하체 프로그램에서 가장 중요한 운동이라고 생각한다. 이에 대한 주요한 이유는 아마도 기존의 스트렝스 프로그램에서 후방사슬이 종종 무시되고 있기 때문일 것이다. 스포츠 현장에서 대퇴사두의 부상에 대해 들어보긴 쉽지 않았지만, 햄스트링의 부상에 대해서는 흔히 들어봤을 것이다. 기능성 스트렝스 프로그램을 설계할 때는 이 중요한 영역을 간과하지 마라.

싱글 레그 스트레이트 레그 데드리프트

베이스라인

싱글 레그 스트레이트 레그 데드리프트는 후방사슬 운동의 왕으로 거듭나게 되었다. 이 운동은 전체적인 후방사슬뿐만 아니라(둔근, 햄스트링, 그리고 장내전근) 균형감도 향상시킨다. 이 운동은 안전하고 도전의식을 일으키며 매우 유익하다. 또한 우리가 이전에 '최소한의 무릎 움직임을 가진 깊은 고관절 움직임'이라고 말한 것을 보여주는 대표적인 예이다. 현재 유행하는 용어로 싱글 레그 스트레이트 레그 데드리프트의 움직임을 가장 잘 설명하는 것은 힙 힌지의 개념이다. 힙 힌지는 요추를 구부리지 않고 고관절에서부터 움직임을 내는 능력이다. 무릎은 10~20도 정도 굽어 있고, 나머지 움직임은 모두 고관절에서 나온다. 중요한 것은 요추를 구부리면 안 된다는 것이다. 이 움직임은 종종 '골퍼의 리프트'라고 불리는데, 잔디에서 티를 뽑아내는 데 사용되는 움직임과 비슷하기 때문이다.

만일 내가 오직 두 개의 하체 운동으로만 훈련을 설계할 수 있다면, 거의 항상 스플릿 스쿼트와 싱글 레그 스트레이트 레그 데드리프트를 할 것이다. 만일 내가 초보자 프로그램을 시작한다면, 나는 여전히 이 두 운동으로 시작할 것이다. 우리 시설의 프로그램에서는 그 어떤 더블 레그 후방사슬double-leg posterior-chain 운동보다 싱글 레그 스트레이트 레그 데드리프트를 선호한다. 싱글 레그 후방사슬Single-leg posterior-chain 활동은 더블 레그 후방사슬 활동보다 확실히 더 기능적이며, 균형 감각과 고유수용성 감각에 자극을 주는 싱글 레그 후방사슬 활동이 가장 유익하다. 싱글 레그 스트레이트 레그 데드리프트의 두 번째 이점 중 하나는 발목에 엄청난 고유수용성 감각 작용을 발생시킨다는 것이다. 또 다른 이점으로는 높은 부하량이 필요하지 않으며 허리 부상의 가능성이 거의 없다는 것이다.

그림 6.21 **싱글 레그 스트레이트 레그 데드리프트**

이 운동은 래터럴 스쿼트처럼, 맨몸 웜업과 부하를 준 스트렝스 운동 모두로 사용 가능한 또 다른 운동이다. 우리가 부하를 적용한 스플릿 스쿼트와 싱글 레그 스트레이트 레그 데드리프트를 스트렝스 운동으로 하지 않은 날에는, 이 운동들을 모빌리티 작업과 워밍업을 위한 맨몸 운동으로 사용한다.

하지만 결국 이 운동은 스트렝스 운동이 되도록 고안되었음을 아는 것이 중요하다. 우리는 선수들이 싱글 레그 스트레이트 레그 데드리프트에서 225파운드(100kg) 이상을 사용하도록 했다.

테크닉 포인트

- 케틀벨 또는 덤벨 하나를 바닥에 있는 발의 반대쪽 손으로 잡는다(케틀벨은 잡기 쉽고 아래로 향하는 힘을 지속적으로 만들기 때문에 선호된다). 몸을 앞으로 기울이면서 동시에 자유로운 다리는 몸통의 라인에 맞추면서 뒤로 보낸다. 머리부터 발끝까지 하나의 긴 단위로 움직인다고 생각해보라(그림 6.21 참조). 허리는 평평하고 가슴은 위로 높게 향하게 유지한다.
- 케틀벨이나 덤벨을 바닥에 놓인 발 바로 안쪽 바닥에 놓도록 '노력한다'.
- 뒤쪽 다리까지 가능한 몸을 길게 만드려고 생각하라. 뒤쪽 다리 발가락들을 정강이 쪽으로 당기고 뒤꿈치는 뒤쪽 가상의 벽으로 밀어넣는 상상을 하라.
- 이 운동의 목표는 케틀벨이나 덤벨을 바닥에 내려놓는 것이 아니다. 제대로 된 기술을 만들기 위해 햄스트링이 늘어나는 느낌에 집중한다.
- 중요한 팁: 무릎이 안쪽으로 움직이려 하면, 발 바깥으로 리칭 어크로스reach across(반대쪽 손을 몸 가로질러 뻗는다)한다. 이 회전 작용은 대퇴골에 대해 골반을 회전시키며 둔근을 늘리는 작용을 한다.

훈련 수준과 단계에 따라 한 다리당 5~10회씩 2~3세트를 한다.

리칭 싱글 레그 스트레이트 레그 데드리프트

리그레션 1

싱글 레그 스트레이트 레그 데드리프트의 리칭reaching 버전은 일반적으로 힙 힌지라고 알려진 움직임을 하기 힘들어하는 사람들을 위해 난이도를 낮춘 훌륭한 동작이다(그림 6.22 참조). 많은 초심자들이 고관절이 아니라 요추에서 움직임이 일어나려고 하여 고생할 것이다. 또한 많은 사람들이 처음에는 균형을 잡기도 힘들어할 것이다.

그림 6.22 리칭 싱글 레그 스트레이트 레그 데드리프트

이 동작은 중량 도구 없이 시작하고 원뿔cone을 이용하는 것이 가장 좋다. 원뿔을 사용하면 손을 뻗는 리칭 동작을 독려하고 강화시키기 때문이다. 이 동작의 핵심은 다른 리칭 동작처럼 가능한 몸을 길게 만드는 것이지만, 이 동작에서는 발을 뒤로 뻗으면서 손도 앞으로 길게 뻗는 것이 차이점이다. 뒤쪽 다리의 신전 동작은 둔근과 햄스트링을 활성화시키고 손을 앞으로 뻗는 동작은 요추과 흉추부 신전근을 모두 활성화시키기 때문에 이 운동은 목표하는 바(둔근, 햄스트링, 등허리 신전근)가 실패 없이 언제나 자극되는 운동이다. 선수들과 고객들은 손잡이가 있는 가벼운 메디신 볼을 잡고 난이도를 높일 수는 있지만 처음 가르칠 때는 맨몸으로만 한다. 이 운동은 어리거나(11~12세) 좀 더 나이가 있는(30세 이상) 고객을 위한 베이스라인 운동이 될 수 있다.

테크닉 포인트

- 발끝은 정강이 쪽으로 당기고 손을 가능한 앞으로 멀리 뻗는다고 생각하라.
- 몸을 가능한 길게 만든다. 몸을 길게 하는 것이 중요한 큐이고, "길게 하라"는 큐는 요추 굴곡을 방지하고 힙 힌지 움직임을 독려할 것이다.
- 메디신 볼을 손으로 잡아 부하를 추가할 수 있다. 핸들이 달린 가벼운 볼이 가장 알맞을 것이다.

크로스 리칭 싱글 레그 스트레이트 레그 데드리프트

리그레션 2

만약 이처럼 난이도를 낮춘 리칭 운동이 제대로 효과를 발휘하지 못하면, 이는 종종 선수나 고객이 고관절을 안정화시키기 위한 둔근 활성을 잘 하지 못하기 때문이다. 이로 인해 여러 가지 불안정성 및 기술적 오류가 발생할 수 있다. 이를 해결하기 위해, 선수나 고객이 고정된 다리 쪽으로 골반을 다시 움직이게 한다. 이때 사용하는 것이 싱글 레그 안정성에 대한 섹션에서 설명한 크로스 바디 리칭 동작이다(그림 6.23 참조. 이 동작을 지도할 때 대퇴골을 향해 골반을 움직이라는 식으로 설명하지 마라. 그저 선수에게 몸을 가로질러 팔을 뻗으라고 한다). 크로스 리치 동작은 골반 움직임을 활성화하고 자세를 유지하는 다리에 고정된 대퇴골 쪽의 골반을 내회전시킨다. 그 결과 둔근이 늘어나고, 근육들의 동원력을 증가시키며, 자세를 잡는 다리의 안정성이 증가한다.

이 동작을 만들기 위해, 선수를 원뿔 앞에 세우고 원뿔은 다리 바깥쪽에 12인치 정도 떨어뜨려 놓는다. 몸을 가로질러 반대편 쪽으로 손을 뻗으라고 지시한다. 이 동작은 안정성이 떨어지고 비틀거리는 선수가 즉각적인 안정성을 만들 수 있는 마술 같은 교정 운동이다. 부하를 주려면 손잡이가 있는 메디신 볼을 사용하라.

그림 6.23 **크로스 리칭 싱글 레그 스트레이트 레그 데드리프트**

케이블 로디드 싱글 레그 스트레이트 레그 데드리프트

프로그레션 1

로우 풀리 케이블low pulley cable을 충분히 사용할 수 있는 환경이라면 베이스라인 운동으로 싱글 레그 스트레이트 레그 데드리프트의 로우 풀리 버전(그림 6.24 참조)을 사용할 수 있다. 일대일 지도에서는 이 운동이 싱글 레그 스트레이트 레그 데드리프트 패턴을 처음에 가르치고 수행하는 가장 좋은 방법일 수 있다. 하지만 여러 사람들 또는 팀을 지도하는 경우, 이 운동은 최선의 선택이 아닐 수도 있다. 이 운동은 중량을 더하는 프로그레션이 되면서도 동시에 훌륭한 지도 도구가 될 수 있는데, 운동 자체로 자가 교정적인 요소가 있기 때문이다.

이 운동의 핵심은 부하 저항의 벡터이다. 부하를 아래로 내리는 대신, 훈련자는 케이블에 의해 전방으로 당겨지는 부하에 저항하게 된다. 이는 후면 사슬에 걸리는 부하의 방향에 변화를 주고 고관절 신전에 좋은 방향으로 당김 작용을 생성한다.

그림 6.24 **케이블 로디드 싱글 레그 스트레이트 레그 데드리프트**

- 핸들 하나를 로우 풀리에 장착하라.
- 핸들은 자세를 잡는 다리의 반대편 손으로 잡는다.
- 여기에서도 "몸을 길게 만들라"고 지시하고, 매우 강한 고관절 신전 동작을 한다.
- 자세를 잡은 다리의 무릎은 동작 내내 10~20도 정도 굴곡한다.

밴드 로디드 싱글 레그 스트레이트 레그 데드리프트

프로그레션 2

이 운동은 로우 풀리의 케이블 대신 밴드에 의해 부하가 발생한다는 점은 제외하곤 나머지는 앞의 운동과 동일하다. 이 동작의 장점은 다음 두 가지이다.

- 운동용 밴드는 케이블 장비보다 저렴하다.
- 고관절이 움직이면서 저항이 증가한다.

밴드 운동의 장점(또는 단점이 될 수도 있다)은 밴드가 늘어남에 따라 운동의 끝 범위에서 저항이 증가한다는 것이다. 후방 사슬 부하loading의 관점에서 보면 이는 긍정적인 요소가 되는데, 달리기 시작의 푸시 오프 단계push-off phase에서 움직임 끝 범위에 근육들에 가해지는 스트레스가 가장 크기 때문이다.

- 운동 방법은 바뀌지 않는다. 밴드를 사용할 때도 여전히 몸을 길게 하고 고관절에서 힌지 움직임을 잡는 것에 중점을 둔다.
- 차이점은 신장된 자세에서의 운동이 가장 쉽다는 것이고, 밴드의 길이가 늘어남에 따라 부하가 증가하고, 그 결과 고관절을 신전했을 때 최대의 부하가 발생한다.

하체 스트렝스와 파워 사례 연구: 고스더 첼리우스

미식축구에서 태클을 하는 포지션은 농구 선수의 키, 풋볼 선수의 체격(보통 체중 300파운드 이상), 그리고 뛰어난 운동 능력을 갖춘 사람이 담당한다. 탬파 베이 버카니어Tampa Bay Buccaneer의 오펜시브 태클 포지션인 고스더 첼리우스는 약 6피트 5인치(196cm) 신장과 체중 315파운드(143kg)의 체격을 가지고 있다. 종종 이러한 체형을 가진 선수의 키는 스쿼트와 데드리프트와 같은 운동을 하기 어렵게 하는 요인이 된다. 키가 큰 운동선수들은 종종 양다리 리프팅 기술을 하려고 애쓰다가 요통을 자주 경험할 수 있다. 하지만 싱글 레그 스쿼트, 스플릿 스쿼트, 싱글 레그 스트레이트 레그 데드리프트 같은 운동은 이 거인들이 열심히 훈련하고 건강을 유지하도록 해준다. 고스더는 지난 5년간 NFL에서 건강을 유지하기 위해 이러한 기능적 운동을 사용했다. 편측성 운동은 어느 선수에게나 좋을 수 있지만 특히나, 나이가 들수록 부상률이 높아지는 큰 운동선수에게는 특별한 가치를 발휘한다.

큰 남자들이 편측성 훈련을 할 때의 큰 장점은 그들의 체중이 자동적으로 훈련 부하의 일부가 된다는 것이다. 위 선수의 경우 10파운드(5kg)를 추가한 싱글 레그 스쿼트 또는 스플릿 스쿼트의 하중은 325파운드(약 148kg)가 되는 것이다. 바벨을 사용하는 일반적인 스쿼트(상대적으로 기능적 스트렝스가 부족한)로는 상당한 스트렝스를 보여주는 덩치 큰 선수일지라도 싱글 레그 스쿼트와 같은 운동은 매우 힘든 운동이 될 수 있다.

브릿징(중간 연결) 프로그레션Bridging Progressions: 레그 컬 배우기

고관절 지배적 운동들은 둔근을 목표로 하는 운동과 햄스트링을 목표로 하는 운동으로 나눌 수 있다. 브릿지Bridges와 싱글 레그 브릿지 운동의 경우, 처음에는 둔근을 타깃으로 하고 다음으로 햄스트링을 타깃으로 하는 레그 컬 종류의 운동으로 진행할 수 있는 코어 운동이다.

그런데 고관절 신전을 돕는 근육들, 특히 햄스트링의 경우, 종종 무릎의 굴곡근으로 잘못 훈련되는 경우가 많아 문제를 어렵게 만들곤 한다. 많은 구시대적인 스트렝스 프로그램에서, 어떤 근육들은 과거의 '기시점-정지점 기반 해부학origin-insertion anatomy'에서 유래한 근육 기능에 대한 오래된 이해에 따라 여전히 훈련되고 있다.

비록 몇몇 해부학 교과서들이 여전히 햄스트링 그룹을 무릎 굴곡근으로 묘사하고 있지만, 실제로는 고관절의 강력한 신전근과 무릎의 안정근이다. 햄스트링은 비기능적으로 설정되었을 때만 무릎 굴곡근 역할을 한다. 달리기, 점프, 스케이팅에서 햄스트링의 기능은 무릎을 구부리는 것이 아니라 엉덩이를 신전시키는 것이다.

본론부터 말하자면, 엎드리거나 서서 하는 레그 컬 운동은 시간 낭비이다. 머신을 사용한 레그 컬 운동은 사람의 생활에서 결코 사용되지 않는 패턴과 방식으로 햄스트링 근육을 운동시킨다. 우리가 종종 이와 같은 비기능적 패턴으로 햄스트링을 훈련 또는 재활하고 있는 상황은, 레그 컬 같은 운동으로 햄스트링 재활을 하는 선수들의 반복되는 햄스트링 부상에 대해 설명할 수 있는 이유가 될 것이다.

참고 사항: 이 장의 뒷부분에서 설명하는 스태빌리티 볼 레그 컬 및 슬라이드 보드 레그 컬은 위와 같은 레그 컬과는 다른 성격을 가지고 있는데, 닫힌 사슬 움직임(지지면과 접촉한 발)을 사용하고 동작을 정확하게 수행할 때 둔근과 협조하여 움직이기 때문이다.

햄스트링을 무릎 굴곡근이 아니라 고관절 신전근으로 훈련시키는 것이 스포츠 현장에서 자주 보이는 햄스트링 부상을 제거하는 데 큰 도움이 될 것이다. 선수들과 코치들은 해부학 교과서적 기술이 아니라 근육의 진정한 기능에 대해 한 번 더 생각해봐야 할 것이다. 햄스트링이 무릎 굴곡근이라는 생각은 잊어라. 햄스트링은 강력한 고관절 신전근이며 달리기에서는 무릎 신전 동작을 원심성eccentrically으로 감속하는 근육이다. 또한 무릎을 굴곡시키거나 신전시킨 자세에서 햄스트링과 둔근을 운동시킬 것을 기억하라. 이러한 내용이 몇몇 이들에겐 큰 생각의 전환을 일으켜야 할 수도 있으나, 그들의 햄스트링을 치유하는 데는 큰 혜택을 얻을 수 있을 것이다.

브릿지와 브릿지 프로그레션 운동들에 붙여지는 수많은 이름들이 있다. 브릿지는 또한 힙 리프트hip lift 그리고 힙 쓰러스트hip thrust라고도 불린다. 나는 '힙 쓰러스트'라는 명칭은 좋아하지 않고 '힙 리프트'라고 부르는 게 더 좋다고 생각한다. 나에게 쓰러스트라는 단어는 통제력이 결여된 강력한 동작이라는 의미로, 이 운동이 조절력이 필요없다는 뜻으로 비춰지기 때문이다. 브릿지 운동은 코어 운동과 하체 운동 사이에 걸쳐 있는 운동이다. 브릿지 운동의 시작 단계들은 훈련 프로그램에서 종종 가동성과 활성화activation 파트에 들어가는데, 고객이나 선수들은 고관절 신전(그리고 둔근활성)과 요추 신전을 분리해서 움직여야 하는, 어려운 모터 러닝motor learning 작업을 해내야 한다. 그러나 싱글 브릿지 또는 싱글 레그 힙 리프트, 숄더 엘리베이티드 브릿지 및 힙 리프트를 통해 이런 문제를 해결할 수있다. 브릿지 동작은 최종적으로 슬라이드 보드(또는 스태빌리티 볼) 레그 컬 운동을 시작할 수 있는 기반을 형성한다.

싱글 레그 브릿지 또는 쿡 힙 리프트

베이스라인

그림 6.25 싱글 레그 브릿지 또는 쿡 힙 리프트

유명한 물리치료사 그레이 쿡은 선수에게 엉덩이 신전근의 기능을 허리 신전근의 작용과 빠르고 쉽게 분리하는 방법을 가르치기 위해 쿡 힙 리프트Cook hip lift 운동을 널리 퍼뜨렸다. 대부분의 선수들은 요추의 가동범위를 의도적으로 제한했을 때 비로소 고관절이 얼마나 작은 가동범위를 가지고 있었는지 깨닫는다. 적절하게 수행한 힙 리프트 또는 싱글 레그 브릿지는 코어 운동, 능동적인 스트레칭 운동, 그리고 둔근 스트렝스 운동 모두를 하나의 간단한 움직임만으로 가능하게 한다.

양발을 평평하게 붙이고 바닥에 등을 대고 눕는다(훅 라잉hook-lying 자세). 흉곽의 아래 끝단에 테니스공을 하나 놓고 공이 그 자리에서 움직이지 않을 만큼 한쪽 무릎을 충분히 강하게 가슴까지 잡아당긴다. 이 자세에서 테니스공을 단단히 흉곽에 붙인 상태로, 반대쪽 발을 바닥을 향해 밀면서 고관절을 신전시킨다(그림 6.25 참조). 이 운동의 가동범위는 겨우 2~3인치(5~8cm) 정도이다. 공을 고정하는 무릎 당김을 느슨하게 하면 가동범위를 크게 늘릴 수 있지만, 이러면 운동의 목적을 이루지 못한다. 공의 고정을 느슨하게 하면 고관절 신전을 증가하기 위해 요추 신전이 발생한다.

이 운동에는 세 가지 뚜렷한 이점이 있다.

1. 이 운동은 고관절 신전에 햄스트링의 기여를 줄이면서 둔근이 고관절 신전의 주동근으로 작용하게 한다.
2. 이 운동은 고관절 신전과 요추 신전을 구별하는 방법을 선수에게 알려준다.
3. 코치 또는 트레이너는 고관절 신전을 제한하고 허리 통증에 기여하기도 하는 고관절 굴곡근의 긴장도를 평가할 수 있다.

만약 선수가 햄스트링의 경련을 호소한다면 엉덩이가 제대로 작동하지 않는 것이다. NASMNational Academy of Sports Medicine의 물리치료사 마이크 클락은 이를 협력근 우세synergistic dominance 예로 제시하는데, 약한 대둔근을 대신 보상하기 위해 햄스트링이 작용하기 때문이라고 한다.

숄더 엘리베이티드 힙 리프트

프로그레션 1

숄더 엘리베이티드 힙 리프트는 쿡 힙 리프트를 한 단계 탁월하게 진행시킨 운동이다. 운동의 난이도를 증가시키기 위해 양 어깨를 벤치에 놓아 몸을 높인다. 이와 같은 모든 힙 리프트 운동들은 8-10-12 맨몸 프로그레션을 사용한다.

스태빌리티 볼 레그 컬

프로그레션 2

스태빌리티 볼 레그 컬은 몸통과 햄스트링을 안정화하기 위해 둔근과 척추기립근을 사용해야 하고 닫힌 사슬 레그 컬을 수행해야 하기에 난이도가 높은 고급 운동이다. 이 운동은 몸통의 안정성을 길러주는 동시에 햄스트링을 강화시킨다. 스태빌리티 볼 레그 컬과 슬라이드 보드 레그 컬은 내가 권장하는 유일한 레그 컬 움직임이다.

테크닉 포인트

- 양 뒤꿈치는 볼 위에 위치시키고, 몸은 엉덩이를 바닥에서 떨어뜨린 상태에서 고정시킨다.
- 몸을 곧게 유지하면서 뒤꿈치를 이용하여 공을 몸 아래로 당긴다(그림 6.26 참조).

그림 6.26 **스태빌리티 볼 레그 컬**

슬라이드 보드 레그 컬

프로그레션 3

슬라이드 보드 레그 컬은 슬라이드 보드, 미니 슬라이드 보드 또는 발슬라이드가 사용된다는 점을 제외하고 스태빌리티 볼을 사용한 동작과 동일하다. 동작은 완전히 같다. 다만, 스태빌리티 볼은 동작에 경사면을 만들어서 슬라이드 보드 레그 컬보다 쉽다.

이 장에서는 적절한 하체 스트렝스 프로그램의 기초를 설명하였다. 스쿼트를 배우고 싱글 레그 운동을 수행하는 것은 스피드와 파워를 발달시키는 두 가지 핵심이다. 주어진 프로그레션과 가이드라인을 따르라. 하체를 훈련하기 위한 쉬운 방책인, 머신을 이용한 길은 멀리하라. 선수가 앉거나 누운 자세에선 균형 능력, 유연성, 그리고 스트렝스를 발달시키지 못한다. 험난한 길이 종종 최선의 길이 된다.

참고문헌

John, D., and P. Tsatsouline. 2011. *Easy Strength.* St. Paul, MN: Dragon Door.

Klein, K., and F. Allman. 1971. *The Knee in Sports.* Austin, TX: Jenkins.

Kuruganti, U., T. Murphy, and T. Pardy. 2011. Bilateral deficit phenomenon and the role of antagonist muscle activity during maximal isometric knee extensions in young, athletic men. *European Journal of Applied Physiology.* 111 (7): 1533-1539. doi: 10.1007/s00421-010-1752-8.

CHAPTER 7

코어 트레이닝

이 책의 뚜렷한 목적 중 하나는 즉시 사용할 수 있는 아이디어를 제공하는 것이다. 이 장의 정보는 모든 선수의 건강과 코어 기능을 향상시키는 데 사용될 수 있으며, 특히 골프, 테니스, 필드 및 아이스하키, 크리켓과 같은 타격 동작이 있는 스포츠에 관여하는 코치 및 선수들에게 중요하다.

이 장에 제시된 코어 운동들은 물체를 치거나 던질 수 있게 하는 플랫폼을 더 안정적인 방향으로 개발하도록 설계되었다. 게다가 이 코어 프로그램은 허리 통증을 겪고 있는 모든 운동선수들에게 도움을 줄 것이다. 메디신 볼 운동은 치기와 던지기 기술에서 사용되는 모든 근육 그룹의 파워와 협응력을 향상시킨다. 코어 훈련은 야구공이나 골프공을 더 멀리 치거나 하키 퍽이나 테니스공을 더 강하고 빠르게 칠 수 있는 파워에 관한 잃어버린 연결고리이다. 또한 스포츠 경력을 보다 길고 건강하게 유지하기 위한 열쇠가 될 수 있다.

복부, 고관절(엉덩이), 그리고 심지어 견갑흉곽 안정근들을 다루는 모든 훈련은 코어 훈련으로 여겨질 수 있다. 사실 가장 좋은 기능적 코어 운동들은 이 책의 다른 부분에서 논의한 많은 편측 무릎 및 고관절 지배적인 운동이다.

'코어'라는 단어는 몸의 중심부에 모든 근육을 포함하는 의미를 가지기에 그 범위가 넓다. 코어 근육들은 다음 근육들을 포함하고 있다.

- 복직근(복근)
- 복횡근(복근)
- 다열근(등 근육)
- 내부, 외부 복사근(복근)
- 요방형근(허리 근육)
- 척추기립근(등허리 근육). 그리고 다음 근육들로도 확장된다.
- 둔근, 햄스트링, 그리고 고관절 회전근군(고관절을 지나는)

이 근육들은 상체 스트렝스와 하체 스트렝스 사이를 잇는 중요한 연결고리이다. 그러나 이렇게 중대한 역할에도 불구하고, 코어 근육은 종종 관련 근육의 실제 기능에 대한 실질적인 고려 없이, 현명하지 못하고 과학적으로 무의미한 방식으로 훈련된다. 더욱이, 흔히 사용되고 처방되는 많은 코어 운동은 요통을 예방하거나 완화하기보다는 허리 통증을 악화시킬 수 있다.

과거의 코어 운동은 주로 크런치 또는 싯업 같은 복직근을 목적으로 한 체간 굴곡 신전 운동으로 이루어져 있으며, 하체에서 상체로의 안정되고 강력한 연결의 필요성은 절대로 언급되지 않았다. 코어 훈련은 항상 이렇게 해왔기 때문에 주로 부실하게 수행 되어왔다. 이것은 리더십 전문가인 『크리에이팅 매직Creating Magic』의 저자 리 코커렐의 다음과 같은 생각으로 우리를 이끈다. '우리가 항상 해왔던 방식이 잘못 되었다면 어떨까?'

코어의 기능

코어 훈련을 제대로 이해하려면, 1장의 기능적 해부학에 대한 내용에 대해 다시 생각해보라. 복부의 근육들은 움직임근mover이 아니라 안정근stabilizer로 디자인되어 있다. 설사 복부의 근육들이 움직임근이라 할지라도, 체간의 굴곡 및 신전 움직임과 관련된 스포츠나 스포츠 활동들은 얼마나 있는지 생각해보라. 당신이 스포츠에 대해 잘 알고 있다면, 그런 스포츠는 거의 없다는 것을 알 것이다. 스포츠에서는 코어 근육의 안정성과 고관절 회전이 주를 이룬다. 실제로 코어 근육은 체간을 굴곡시키는 근육들인가? 아니면 회전시키는 근육들인가?

기능적인 해부학에서는 코어 근육들의 주요 목적이 움직임을 막는 것이라고 밝히고 있다. 실제로 유명한 물리치료사인 셜리 사만의 기념비적인 서적인 『운동손상증후군의 진단과 치료Diagnosis and Treatment of Movement Impairment Syndromes』에서는 '대부분의 활동중에 복근의 주요 역할은 등척성 지지를 제공하고 몸통의 회전 정도를 제한하는 것'이라고 말했다(2002, 70). 마찬가지로 요통 연구가인 제임스 포터필드James Porterfield와 칼 데로사Carl DeRosa는 "복근의 기능을 확실히하려면, 복근을 체간의 굴곡근이나 회전근으로 간주하기보단 복근의 기능을 체간의 '항회전근antirotators' 및 '항측굴antilateral flexor'로 생각하는 것이 더 바람직하다"라고 했다(1998, 99). 이 비교적 심플한 두 가지 생각들은(내가 1980년대 해부학 수업 때 들었던 내용과 다른) 코어 근육들이 실제로 어떻게 작용하는지에 대해 깨닫게 함으로써 코어 훈련에 대한 기존의 나의 관점을 완전히 바꿔놓았다. 코어 근육들을 체간 굴곡근과 외측 굽힘근으로 여기고 크런치와 사이드 밴드와 같은 운동을 처방하는 대신에, 나는 이제 이 근육들을 항신전근antiextensors 및 항측면굴곡근antilateral flexors으로 보고, 더 중요한 것은 항회전anitrotation이라고 불리게 된 개념을 이제 구상할 수 있게 되었다는 것이다. 실제적인 코어 훈련은 움직임을 만들어내는 것이 아니라 움직임을 막는 것이다.

지난 20년 동안 스트렝스 및 컨디셔닝 훈련은 시상면 중심에서 편측성 및 다중면 훈련으로 중점이 옮겨졌다. 특히 운동선수들을 위한 이 과정의 일부는 척추 가동성 발달에서 회전 움직임을 개발하는 잘못된 방향으로 진행되었다. 야구, 하키, 골프와 같이 회전이 필요한 스포츠에서 모든 선수는 종종 맹목적으로 회전 가동범위를 더 넓히도록 강요받았다.

나 역시 처음에는 많은 다른 스트렝스 및 컨디셔닝 코치들처럼 이 결함 있는 전제에 희생되었다. 나는 내가 너무나 싫어하는, 다른 사람의 권고를 맹목적으로 따르고 이제는 의심스럽고 위험하다고 생각되는 운동들을 사용하는 나그네쥐(무리를 따라 집단 자살하는 동물)들 중 하나였다. 요통을 앓고 있을 때조차도, 나는 단순히 나의 불편함이 그저 나이와 연관 된 것으로 치부하면서, 계속해서 회전 스트레칭과 회전 동적 웜업 운동을 하고 있었다.

앞서 언급한 셜리 셔먼(그리고 스튜어트 맥길과 필립 비치 등)은 나의 입장을 다시 생각하게 했고 결국 한때 우리 프로그램의 필수요소였던 몇몇 스트레칭들과 동적 웜 업 운동들을 제거했다. 셔먼은 그녀의 책에서 "허리 문제의 상당 부분은 복부 근육이 L5-S1 높이에서 골반과 척추 사이의 회전을 엄격하게 제어하지 못하기 때문에 생긴다"(71)라고 말했다. 많은 퍼스널 트레이너와 코치가 만들고자 노력한 허리 가동범위 운동은 바람직하지 않으며 실제로 잠재적인 부상을 일으킬 수 있다.

회전 움직임에 저항하거나 방지하는 능력은 회전을 생성하는 능력보다 더 중요할 수 있다. 고객이나 선수는 우리가 회전 움직임을 하도록 허락하기 전에 회전 움직임을 막을 수 있어야 한다.

셔먼은 계속해서 내가 퍼포먼스 분야에서 간과되고 있다고 생각하는 주요 사실에 주목했다. "요추 전체의 회전 범위는 약 13도이다. T10~L5까지의 각 척추 분절의 회전은 각 2도이다. 회전이 가장 크게 일어나는 곳은 L5와 S1 사이이며, 이는 5도이다. 요추가 아닌 흉추가 몸통의 가장 큰 회전 부위가 되어야 한다." 사람이 회전 운동을 할 때 "움직임은 가슴에서 일어난다고 생각하라"고 지시받아야 한다(61-62).

셔먼은 다음과 같은 문구를 사용하여 자기 주장의 마지막을 장식하였다. "요추에서의 회전 움직임은 유익한 것보다 해로운 점이 더 많으며, 특히 체간이 고정되거나 다른 쪽으로 회전하는 동안 골반과 하지가 한쪽으로 회전하는 것은 특히 위험하다." (72; 그림 7.1 및 7.2 참조).

그림 7.1 시티드 트렁크 로테이셔널 스트레칭

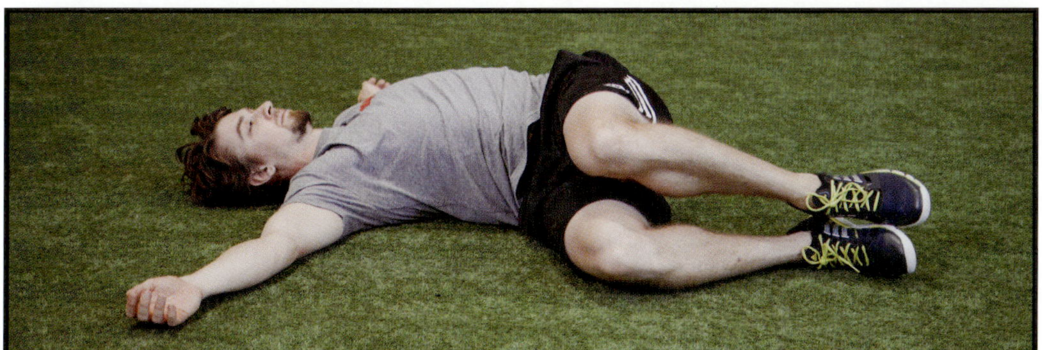

그림 7.2 다이나믹 벤트-레그 트렁크 트위스트

그림 7.3 다이나믹 스트레이트 레그 트렁크 트위스트

그림 7.4 스콜피온

흥미롭게도 셔먼은 유명한 스프린트 코치 배리 로스Barry Ross의 결론에 동의한다. 로스는 그의 단거리 선수들을 위해 주로 등척성 복부 훈련을 추천한다. 셔먼은 다음과 같이 동의하였다. "대부분의 활동에서 복부 근육의 주요 역할은 등척성 지지를 제공하고 논의된 바와 같이 요추 움직임을 제한하는 체간의 회전 정도를 제한한다".(70)

이 모든 것이 무엇을 의미할까? 그것은 우리가 요추 가동범위를 증가시키려고 하는 스트레칭과 운동을 제거할 필요가 있음을 의미한다. 여기에는 앉아서 하는 몸통 회전 스트레칭(그림 7.1)과 누워서 하는 몸통 회전 스트레칭이 포함된다.

우리는 또한 다이나믹 벤트 레그 트렁크 트위스트(그림 7.2) 다이나믹 스트레이트 레그 트렁크 트위스트(그림 7.3), 그리고 스콜피온(그림 7.4) 같이 몸통의 가동범위를 늘리기 위해 디자인된 동적인 운동을 없애야만 한다.

대부분의 사람들은 요추에 추가적인 몸통 가동범위가 필요하지 않다. 우리가 정말로 필요로 하는 것은 우리가 가지고 있는 움직임 범위를 제어할 수 있어야 한다는 것이다. 우리는 방금 설명한 운동을 없애고 나서 선수들에게서 허리 통증에 대한 불만이 크게 감소한 것을 확인하였다. 우리는 이제 고관절의 내회전 및 외회전 가동범위 모두를 개발할 것을 강조한다.

앞으로는 코어의 움직임 범위와 코어의 안정성이라는 상반된 성질을 동시에 발달시키는 대신, 코어 안정성과 고관절 가동성을 만드려는 코치들을 보게 될 것이다.

훈련 프로그램 안의 코어 훈련

훈련 프로그램 중 코어 훈련을 언제 해야 하는지는 자주 논의되는 주제이다. 훈련 프로그램 끝부분에서 코어 훈련을 해야 한다고 하는 사람들은, 코어 훈련을 먼저 하면 근피로 때문에 안정성이 떨어진 상태에서 본 훈련을 하게 될 것이라는 우려를 표한다. 일부는 최소한 그 중요성을 보여주기 위해 부분적으로 훈련하기 전에 코어 훈련을 하는 것에 찬성한다. 이들은 코어가 스포츠 훈련의 핵심이므로 코어 훈련을 프로그램의 처음에 위치시켜야 한다는, '중요한 것을 먼저 한다'는 사고방식을 보인다. 과거에는 이러한 방식을 선호한 적이 있다. 하지만 현재 우리는 코어 운동들을 워크아웃 전반에 걸쳐놓았고, 주로 능동적 휴식active rest 요소로 넣는다.

중요한 것은 코어 운동이 우선적으로, 그리고 훈련중 적절한 곳에 지능적으로 배치되어야 한다는 것이다. 또 다른 중요한 점은 코어 훈련이 최대 스트렝스 훈련과 다른 성격을 가졌다는 것이다. 많은 코어 운동은 본질적으로 등척성이며, 근육을 피로하게 하는 것보다는 근육을 활성화하거나 상향 조절upregulate하는 쪽으로 많이 작용한다는 것이다. 나는 운동이란 마치 전등을 켜기 위해 조광기 스위치를 사용하는 것과 같이, 근육을 활성화시키거나 상향 조절하는 것이라고 생각한다. 당신은 그저 이미 일하고 있거나, 일을 해야 하는 근육들의 파워 조절 스위치를 높일 뿐이다.

코어 훈련은 벤치 프레스 또는 덤벨 컬을 하는 것처럼 '거울에 비친 멋진' 근육들을 키우지 못할 수도 있지만 부상을 줄이고 운동 경기를 향상시키기 위한 핵심 요소 중 하나이다. 강한 코어와 낮은 체지방과는 아무런 관련이 없음을 기억하라. 복근의 선명도는 식이요법의 결과이지 코어 훈련의 성과물이 아니다. 코어 훈련은 선수들이 더 강하게 더 멀리 던지거나, 더 건강하게 지낼 수 있도록 할 수 있지만, 만약 눈에 띄게 발달한 근육을 만들기 위해서라면 먹는 것에 주의할 필요가 있다.

코어 운동 카테고리

코어 운동은 세 가지 기본 분류로 나뉜다.

1. 항신전Antiextension은 전면 코어 근육의 주요 기능이며 모든 프로그램의 처음 두세 단계에서 다루어져야 한다. 수십 년 동안 우리는 굴곡 동작을 통해 전면 코어를 개발해왔다(크런치 또는 싯업과 같이 엉덩이 쪽으로 어깨를 움직이거나, 니업 또는 리버스 크런치와 같이 엉덩이를 어깨 쪽으로 당기기). 우리는 이제 이러한 근육들이 안정적인 흉곽 아래 안정적인 골반을 유지하기 위해 디자인된 안정근이며, 몸통 굴곡근이 아닌 안정근으로 훈련되어야 한다는 것을 알게 되었다.
2. 항측굴Antilateral flexion 움직임은 흔히 체간을 측굴시킨다고 여겨지는 요방형근과 복사근을 골반과 고관절 안정근으로 발달시킨다. 항신전 움직임 개념과 유사하게, 다양한 등척성 운동들은 측면 안정근들을 작동시키는 데 사용된다.
3. 항회전Antirotation은 코어 훈련의 핵심일 수도 있다. 항회전 스트렝스는 안티로테이션 운동 프로그레션과 대각선 패턴 및 회전력rotational force의 사용을 통해 개발된다. 이 프로그램에는 트렁크 트위스트, 러시안 트위스트 또는 트위스트 싯업 같은 회전 운

동들을 포함하고 있지 않다.

호흡 및 코어 훈련

『펑셔널 트레이닝 포 스포츠』 초판에선 코어 훈련 지침에 관한 두 가지 개념에 크게 의존하였다. 처음 우리에게 안정화에 대한 많은 개념을 준 것은 폴 호지스Paul Hodges와 호주의 물리치료사들이었고, NASM의 마이크 클라크는 드로잉 인drawing-in 개념을 대중화했다. 그 이후로 오랫동안 코어 훈련, 코어 안정화, 그리고 브레이싱bracing 및 드로잉 인 개념에 대해 "누가 옳은가?"에 대한 논쟁이 있었다. 나는 이러한 논쟁들에 몰두하는 대신에 '무엇이 효과적이든 간에, 몸을 단단히 만드는 것을 취한다'라는 접근 방식을 택했고, 어떤 개념이 맞는지에 대해선 학계의 전문가들끼리 다투도록 내버려두었다.

그러다 2014년에, 나는 다행히도 포스츄럴 레스토레이션 인스티튜트Postural Restoration Institute라 불리는 네브래스카 주 링컨에 있는 한 기관의 마이클 멀린Michael Mullin이라는 물리치료 어시스턴트를 만나게 되었다. 멀린은 호흡breathing(숨을 내쉬고 마시는 활동)과 생리적 호흡 과정process of respiration에 대한 간단한 설명과, 이러한 내용들이 코어 훈련과 코어 안정성에 어떤 연관이 있는지 알려주었다. 이것은 우리가 코어 운동을 가르치는 방법을 근본적으로 바꾸어놓았다. 코어 훈련을 이해하는 열쇠는 호흡respiration 과정이 수동적인 것이 아니라 능동적인 것이란 점을 깨달은 것이다.

코어 훈련에 대해 가장 먼저 이해해야 할 것은 횡격막이 사실은 근육이라는 것이다. 그리고 이 근육은 코어 훈련에서 우리가 활성화하고자 하는 심부 복근들의 길항근이라는 점이다. 흡기할 때 돔 모양의 횡격막은 구심성으로 수축하여 평평하게 된다. 호기에는(특히 최대 호기 후반부) 심부 복근들이 구심적으로 수축하여, 횡격막을 돔 모양으로 효과적으로 다시 밀어올린다. 적절한 호흡을 통해 우리는 횡격막과 심부 복근들의 구심성 수축과 원심성 수축의 상호작용을 가지게 된다.

멀린은 '풍선을 부는 가치'(Boyle, Olinick, and Lewis, 2010)라는 제목의 글에서 개념을 강화했다. 이 기사는 풍선 없이 풍선을 부는 행동을 묘사한다. 코 흡기와 공격적인 입 호기 과정에서 어떤 일이 일어나는가. 숨을 내쉴 때마다 심부 복근은 (코어) 풍선의 탄성 에너지에 점점 더 강하게 작용한다. 풍선이 거의 터지려고 할 때, 복근들과 호기 사이의 연결이 견고하게 강화되어 있다.

이제 호흡은 우리 코어 훈련의 필수적인 부분이다. 실제로 모든 코어 운동은 본질적으로 호흡을 중심으로 이루어진다. 우리는 선수와 고객이 적절한 근육 시너지를 얻기 위해 흡입과 호기를 길게 할 수 있도록 (호흡) 시간과 호흡수를 줄인다.

주 단위 코어 훈련 프로그레션 프로그램

코어 훈련 난이도 증가법은 간단하다. 체중을 활용하는 운동에선 처음에 8~12회 반복을 3세트한다. 안정성 운동은 일반적으로 5초간 멈추는 5세트를 하나로 한 25초 운동 3세트로 시작한다. 물리치료사 알 비닉Al Vihnick는 다음과 같은 말로 이 개념을 내게 소개했다. "안정화근을 훈련시키기 원한다면 안정화를 위한 시간이 필요하다." 1초간의 유지로는 안정화근을 5초 수축만큼 효과적으로 사용할 수 없다. 반복횟수 대신 시간을 사용하여 세트의 길이를 결정할 수 있다. 5회 반복 1세트는 약 30~60초 정도 소요된다. 이것들은 일반적인 지침이며 선수의 나이와 경험에 따라 조정될 수 있다.

체중을 사용하는 모든 운동의 경우 다음과 같이 3주 동안 진행하라.

첫째 주: 3×8
둘째 주: 3×10
셋째 주: 3×12

3주 후, 약간 더 어려운 버전으로 운동을 진행하고(보통 프로그레션 1로 표시됨), 반복횟수를 줄이고 같은 진행을 다시 따른다.

코어 훈련도 프로그램의 다른 훈련 요소들과 마찬가지로 배우고 가르쳐야 한다는 점을 기억하라. 코어 작업을 단순히 스트렝스 프로그램 마지막이 아니라 처음에 하는 것만으로는 부족하다. 코치들은 코어 능력을 훈련의 다른 요소들만큼 또는 그보다 더 잘 가르쳐야 한다. 적절하게 학습된 코어 훈련 프로그램은 스트렝스 운동, 점프, 그리고 스프린트에서 체간의 자세를 유지시켜 부상 감소, 스트렝스 향상, 그리고 스피드 향상에 도움을 준다. 추가적으로, 잘 설계된 체간 프로그램은 타격 스포츠에서의 퍼포먼스를 현저하게 개선할 수 있다. 이러한 이익은 아무리 강조해도 지나치지 않다.

항신전 움직임 프로그레션

요추 신전(그리고 결과적으로 이에 따른 골반 전방 경사)을 막는 전방 코어의 능력을 발달시키는 것은 코어 훈련의 가장 중요한 부분일 수 있으며, 확실한 것은 코어 프로그램의 출발점이 되어야 한다는 것이다. 골반 전방 경사와 하지교차증후군에서 전방 코어 근육은 골반의 전방 회전과 척추의 신전을 조절할 수 없다. 과거에는 스트레칭과 근력 강화를 조합하는 것이 권장되었지만 요추의 신전과 그에 수반되는 전방 경사를 방지하기 위해 전면 복부를 작동하는 명백한 단계는 알려지지 않았다. 현재 알려진 개념들은 요추 신전을 막고 골반을 안정화시키기 위해선 이러한 근육들을 훈련시키라고 말한다. 나는 선수들에게 1단계에서 플랭크와 스태빌리티 볼 롤 아웃을 가르치는 것을 좋아하기 때문에 이 운동들을 1A와 1B로 지정하였다.

프런트 플랭크

베이스라인 1A

모든 운동선수는 30초 동안 완벽히 플랭크를 하는 법을 배워야 한다(그림 7.5 참조). (나는 플랭크를 30초 넘게 하는 방식을 지지하지 않는다. 오래 지속하는 플랭크는 불필요하고 지루하다.)

1. 팔꿈치와 팔뚝을 사용하는 것으로 시작한다. 15초 동안 멈춤 동작을 하는 것으로 시작하는데, 15초 동안 숨을 한 번에 길게 내쉰다고 생각하라. 이것은 실제로 심부 복근에 불을 붙일 것이다(10초의 날숨이 힘들어도 놀라지 마라).

그림 7.5 **프런트 플랭크**

2. 완벽한 플랭크는 서 있는 자세처럼 보인다는 것을 기억하라. 플랭크는 엎드린 등척성 크런치 움직임이 아니다. 골반은 중립 위치, 또는 선 자세에서와 같아야 한다. 즉 복직근 수축을 통해 골반에 큰 후방경사를 만들지 말아야 한다.
3. 모든 것을 쥐어짜라. 팔뚝으로 바닥을 밀고, 둔근을 쥐어짜고, 대퇴 사두근과 심부 복근을 조인다.

토르소 엘리베이티드 프런트 플랭크

리그레션 1

만약 당신의 선수나 고객이 좋은 프런트 플랭크 자세를 유지할 수 없다면, 간단한 물리학적 법칙을 이용하여 몸을 기울이게 해 상대적으로 체중을 줄여주어라. 운동용 벤치에서 팔꿈치와 팔뚝을 사용한 자세부터 시작하라.

스태빌리티 볼 롤 아웃

베이스라인 1B

스태빌리티 볼 롤 아웃(그림 7.6 참조)은 사실 짧은 지렛대(무릎을 꿇는 것으로) 플랭크이다. 동작중 스태빌리티 볼을 굴려 지레 팔lever arm이 길어지고 짧아진다. 스태빌리티 공이 커다란 AB 휠과 비슷하게 작용한다고 생각하라. 선수가 약할수록 더 큰 공으로 시작하여야 한다. 스태빌리티 볼 크기 단위는 센티미터(cm)이다. 65cm와 75cm 공은 초보자들에게 좋다. 모든 사람

그림 7.6 **스태빌리티 볼 롤 아웃**

이 스태빌리티 볼 롤 아웃과 프런트 플랭크의 조합으로 항신전 움직임 프로그레션을 시작한다. 복근이 강한(또는 자신이 강하다고 생각하는) 선수들이라도, 처음 3주 동안 일주일에 두 번씩 스태빌리티 볼 롤 아웃을 해야 한다. AB 휠로 시작하는 것은 복부 근육에 상처를 내거나 허리를 다치게 할 가능성을 증가시킨다.

1. 둔근과 복근을 단단히 조이며 톨 닐링tall kneeling 자세로 시작한다. 양손은 공 위에 올려놓는다.
2. 몸을 앞으로 보내는 동안 숨을 내쉬고, 손에서 시작해 팔꿈치로 공을 굴린다. 톨 닐링 자세를 유지하며, 머리에서 무릎까지 단단히 조인다.
3. 고관절을 신전을 유지하기 위해 둔근을 쥐어짜고, 코어를 단단하게 하고 척추를 안정화시키기 위해 숨을 내쉰다. 핵심은 코어(머리에서 엉덩이까지의 척추)가 신전되지 않도록 하는 것이다.

바디 쏘우

프로그레션 2

바디 쏘우(그림 7.7 참조)는 지레 팔이 길어지고 짧아지는 플랭크라는 점에서 스태빌리티 볼 롤 아웃과 유사하다. 바디 쏘우에서 선수는 발을 슬라이드 보드나 두 개의 발슬라이드에 놓고 플랭크 자세에서 시작한다. 앞의 운동과 달리 바닥으로 몸을 내리는 대신, 마치 톱처럼 어깨에서 몸을 앞뒤로 움직인다. 어깨를 굴곡으로 움직이면 지레 팔은 늘어나고 전방 코어의 긴장이 증가한다.

1. 바디 쏘우를 움직임이 있는 플랭크라고 생각하라. 몸은 머리부터 발뒤꿈치까지 단단하게 유지되어야 한다.
2. 전방 코어에 증가된 부하를 느끼는 선까지만 크게 움직인다. 등허리에서 부하가 느껴지면, 가동범위가 너무 넓은 것이다.
3. 동작을 더하는 핵심은 코어 안정성에 부하를 높이는 것이다. 선수가 얼마나 멀리 갈 수 있는지가 아니라, 코어의 부하를 높이기 위해 얼마나 움직여야 할 필요가 있는지 여부다. 바디 쏘우는 동작 반복수에 집중한다. 맨몸으로 8-10-12의 프로그레션을 진행하라.

그림 7.7 **바디 쏘우**

AB 돌리

프로그레션 3

이 장비가 대중적이지 않다는 것을 잘 알고 있다. AB 돌리AB Dolly는 가격이 조금 비싸지만 스태빌리티 볼에서 AB 휠로의 운동 전환을 훨씬 더 쉽게 해준다. 이것은 물리학적인 문제이다. AB 돌리는 팔꿈치로 몸을 지지하기 때문에, AB 휠 롤 아웃의 경우 보다 지레 팔이 짧다(그림 7.8 참조).

그림 7.8 AB 돌리

AB 휠 롤 아웃

프로그레션 4

AB 돌리로도 AB 휠을 대체하여 운동할 수 있다. 그저 AB 돌리 측면을 손으로 잡고 운동하면 지레 팔이 길어진다. 하지만 나는 선수가 숙련될수록 휠을 사용하게 하는 것을 선호하는데, 휠을 사용하면 대각선 부하를 가할 수 있기 때문이다. 하지만 3단계에서는 그럴 필요까진 없다. 핵심은 이제 움직이는 물체에 대한 지레 팔이 팔 전체 길이만큼 길어진다는 것이다. AB 휠 롤 아웃(그림 7.9 참조)은 고급 코어 운동이다. AB 휠 롤 아웃은 복근에 부상을 유발할 수 있으므로 반드시 진행 순서를 따라야 한다.

발슬라이드 또는 슬라이드 보드 롤 아웃

프로그레션 5

발슬라이드 또는 슬라이드 보드는 마찰 요소를 더한다. 휠이 굴러가는 대신, 체중이 마찰력을 만들어낸다. 이는 운동을 더욱 힘들게 하고, 특히 구심성 또는 동작 시작 위치로 돌아가는 것을 더욱 힘들게 한다. 선수는 스스로 몸을 당겨야 할 것이다.

그림 7.9 AB 휠 롤 아웃

항회전 움직임 운동들

항회전 움직임은 코어 훈련의 새로운 트렌드이다. 항회전 움직임에 대한 이미지를 그리고 싶다면, 체간회전을 일으키려고 하는 힘이 전달되는 것을 생각해보라. 그리고 선수는 그런 일이 일어나지 않도록 버틴다. 앞서 언급했듯이, 이것이 코어 회전 근육의 실제 역할이다.

항회전 운동은 두 가지 분류로 나뉜다. 첫 번째 분류는 4지점 자세(두 팔꿈치 또는 두 손 그리고 두 발 지지 자세)에서 3지점 자세(일반적으로 한 팔꿈치 또는 손과 두 발 지지 자세)로 움직이는 플랭크 동작 그룹의 프로그레션들이다. 이러한 운동들은 3지점 버전의 플랭크이다. 항회전 운동의 두 번째 분류는 대각선 패턴diagonal pattern으로 묘사하는 것이 가장 좋을 것이다. 힘들은 다양한 각도로 도입되며, 코어 근육들은 항회전적 기능으로 이러한 힘에 대항해야 한다. 이 운동 분류에는 찹, 리프트, 프레스 아웃 및 푸시 풀과 같은 운동이 포함된다. 이것들은 안정성 운동들이다. 회전 운동의 초기 시도에는 우드 초퍼와 같은 결함이 있는 활동이 포함되어 있었다. 회전 코어 훈련에 대한 많은 초기 시도는 기본에서 완전히 벗어났으며 대각선 움직임에서 이루어진 단순한 고관절 굴곡 패턴이었다.

항회전 플랭크 프로그레션

프런트 플랭크는 팔 또는 다리가 움직일 때마다 항신전 운동에서 항회전 운동으로 전환된다. 이러한 이유로 우리의 플랭크 프로그레션은 항회전 분류에 속한다. 주의: 우리가 지도하는 모든 플랭크 항회전 프로그레션은 암 리치arm reach나 이와 비슷한 움직임이 있다. 나는 다리를 드는 플랭크 프로그레션을 좋아하지 않는데 하체의 상당한 무게로 인해 안전하게 움직이기 힘들기 때문이다.

플랭크 리치

프로그레션 1

플랭크 리치plank reach(그림 7.10 참조)는 항신전 플랭크에서 항회전 운동으로 전환하는 운동 분류 중 가장 단순한 프로그레션이다. 플랭크 리치에서 선수는 단순히 앞에 있는 물체에 손을 뻗으라고 요구받는다. 우리는 일반적으로 약 12인치(30cm) 떨어진 곳에 위치한 원뿔을 사용한다. 선수는 계속 팔뚝과 팔꿈치로 몸을 지지한다. 플랭크 리치의 핵심은 코어 안정성 유지이다. 손을 뻗는 동안에 선수는 완벽한 플랭크 자세를 계속 유지해야 한다. 선수가 4지점에서 3지점 지지로 전환할 때 플랭크의 모든 요소가 보여야 한다. 3지점 지지 자세는 코어를 가로지르는 대각선 힘을 생성하지만 이 움직임을 저항해야 한다.

그림 7.10 **플랭크 리치**

클락 플랭크

프로그레션 2

클락 플랭크clock plank는 플랭크 리치와 유사하지만 팔꿈치 대신 손으로 몸을 지지한다(그림 7.11 참조). 단순히 앞으로 손을 뻗는 대신, 선수는 오른손을 12시 방향으로 뻗고 그 뒤에는 왼손을 12시 방향으로 뻗는다. 그 다음 오른손을 1시 방향으로 뻗고 왼손은 11시 방향으로 뻗는다. 이렇게 진행하여 각 시간 방향으로 손을 뻗어나가 각 손이 총 7지점으로 뻗는다. 클락 플랭크는 12시~6시 뻗음을 1세트로 사용하거나 12시-6시-12시로 난이도를 높이는 등 다양한 방법으로 수행할 수 있다. 다시 말하지만 핵심은 대각선 회전력이 있을 때의 코어 및 견갑골 안정성이다.

그림 7.11 **클락 플랭크**

플랭크 로우

프로그레션 3

플랭크 로우에서(그림 7.12 참조) 선수는 팔꿈치를 편 자세를 취하지만 양손에 덤벨 한쌍을 쥔다. 동작은 리치에서 로우로 바뀐다. 플랭크 로우에는 많은 이름과 변형 운동들이 있지만, 모두 스트렝스 운동이나 서커스 동작이 아니라 항회전 코어 운동으로 보여야 한다. 나는 구르지 않는 육각형 덤벨을 사용하고, 케틀벨은 절대 사용하지 말라고 권하고 싶다. 어떤 잠재적 이득보다 손목 부상의 위험을 훨씬 조심해야 한다.

그림 7.12 **플랭크 로우**

항측면 굴곡 움직임

우리는 전면 코어가 항신전 역할을 하는 것을 확인하고 싶듯이 측면 근육들 또한 안정근 역할을 하길 바란다. 과거에는 사이드 밴드와 같은 운동이 코어의 외측 굴곡 능력을 훈련하기 위해 사용되었다. 하지만 지금은 모든 코어 근육들이 움직임을 유발하는 것 이상으로 움직임을 막는 역할을 가진 것으로 여겨진다. 외측 굴곡근(주로 복사근과 요방형근)은 실제로 코어가 외측 굴곡으로 무너지는 것을 방지하는 역할을 한다.

사이드 플랭크

베이스라인

사이드 플랭크는 프런트 플랭크의 측면 버전이며, 항측면 굴곡 개념 통합을 시작하는 최적의 운동이다. 모든 선수들과 고객들은 30초 동안 완벽한 사이드 플랭크를 유지하는 법을 배워야 한다.

1. 견갑골을 뒤쪽 아래로 당긴 상태에서 팔꿈치로 지지하는 자세를 시작하라. 15초간 유지하며 시작하고 한 번에 크고 긴 15초간의 숨을 내쉰다. 이것은 정말 여러분의 심부 복근들을 불타게 할 것이다(10초간 숨을 내쉬는 것이 힘들더라도 놀라지 마라).
2. 완벽한 사이드 플랭크는 사람이 서커스 대포에서 발사된 모습을 보여준다. 몸을 길고 곧게 한다고 생각하라. 나는 반대쪽 팔을 펴서 유지하는 것을 좋아한다.
3. 모든 것을 쥐어짜라. 둔근을 쥐어짜고 대퇴사두근과 심부 복근들을 조인다.

숏 레버 사이드 플랭크

리그레션 1

사이드 플랭크의 강도를 낮추려면 무릎을 구부려 지렛대를 줄이기만 하면 된다.

사이드 플랭크 로우

프로그레션 1

사이드 플랭크의 난이도를 높이는 간단한 방법은 밴드나 케이블을 사용한 로우 동작을 추가하는 것이다. 이렇게 하면 기본적으로 처음 관상면 안정성에 가해졌던 부하에 횡단면 부하가 더해진다. 플랭크의 집중도를 증가시키기 위해 로우를 기본적으로 통합된 상당히 가벼운 운동이라고 생각하라. 시간을 운동 기준으로 삼는 대신, 우리의 8-10-12 프로그레션에 따라 로우를 반복하라.

수트케이스 캐리

프로그레션 2

수트케이스 캐리는 기본적으로 하나의 덤벨이나 케틀벨을 한 손에 들고 걷는 것이다. 수트케이스 캐리의 핵심은 사실 이 운동이 사이트 플랭크의 부하가 실린 동적 버전의 운동이라는 것이다. 나는 스튜어트 맥길 강연에 앉아 내가 이해하고 있었다고 생각한 이 운동에 대한 진가를 깨닫게 된 "아하!" 한 순간을 잊지 못한다. 나는 스트롱맨 이벤트에서 로디드 캐리를 하는 것을 많이 보았고 그들이 어리석다고 생각하였다. 하지만 지금은 내 자신을 어리석었다고 생각한다. 여기서 프로그레션은 이동 거리, 부하 또는 이 두 가지 모두로 조합이 만들어진다.

파머스 워크

프로그레션 3

파머스 워크는 수트케이스 캐리에서 발전된 것이지만, 실제로는 코어 운동에서 고관절 운동으로 바뀐 것이다. 양손에 균형 잡힌 부하를 추가하면 잠재적으로 항측굴 운동 요소가 줄어들고 고관절 안정근에 대한 요구가 증가한다. 맥길은 또한 그의 강의에서 그가 기록한 가장 큰 고관절 부하는 스트롱맨 로디드 캐리 이벤트의 요크 워크Yoke Walk 같은 운동들이었다고 언급했다. 어쨌든 모든 로디드 캐리는 코어 훈련 범주에 든다.

찹 앤 리프트 패턴과 프로그레션

물리치료사 그레이 쿡은 1990년대 후반에 처음으로 찹 앤 리프트 패턴chop and lift pattern을 고안해냈는데, 이는 크노트Knott와 보스Voss의 PNF 대각선 개념에 바탕을 둔 것이다. 쿡은 「체간을 위한 기능적 훈련」(1997)을 통해 이러한 대각선 패턴 개념을 재활세계에서 가져와서 완전히 새로운 운동 분류를 개발했다.

쿡은 동적인 힘에 대항하는 코어 안정성을 개발하기 위해 높은 곳에서 낮은 곳(찹chop)으로 그리고 낮은 곳에서부터 높은 곳(리프트)으로 움직이는 대각선 패턴을 지지했다. 찹 앤 리프트 변형 운동들에서 팔은 비교적 안정된 몸통을 통해 대각선으로 힘을 전달한다. 여기에 제시된 운동들은 쿡의 오리지널 개념에서 수정한 것이다. 이 운동들의 모든 회전은 어깨를 돌리는 것으로부터 와야 한다.

모든 찹 앤 리프트 운동들은 10회 반복 3세트를 수행하고, 2주차에서 중량을 높이거나 설정된 무게로 8-10-12 프로그레션을 사용하라.

하프 닐링 인라인 스테이블 찹

프로그레션 1A

프로그레션 1A는 두 발을 일직선으로 정렬한 하프 닐링 위치half-kneeling in-line에서 시작된다. 이는 앞발, 뒤쪽 무릎, 뒷발 모두가 직선을 이루고 있음을 의미한다. 이 협소한 지지 기반은 운동선수가 적절한 움직임 역학을 배우고 가벼운 부하를 사용하게 하기 위해 의도적으로 수행되는 것이다. 우리는 고무 재질의 밸런스 받침을 사용하여 인라인 위치를 만들지만 2×4인치(5×10cm) 보드로도 수행할 수 있다. 고무 받침 또는 보드는 적절한 대각선 패턴을 만들기 위해 케이블 기둥에서 약 2~3피트(0.6~0.9m) 떨어진 곳에 배치해야 한다.

그림 7.13 하프 닐링 인라인 런지 스테이블 찹

MBSC에서는 찹과 리프트 동작 모두 썸업 그립thumb-up grip(엄지가 위로 오는 그립)으로 잡은 상태에서 트라이셉스 로프 핸들을 사용한다. 우리는 찹을 가르칠 때 핸들을 가슴 쪽으로 당기고 난 뒤 몸에서 먼 쪽으로 누르라고 지도한다. 이 움직임은 몸통을 가로질러 대각선상에서 트라이셉스 프레스 다운과 결합된 풀다운과 같다(그림 7.13 참조). 이 과정을 두 부분의 별개의 동작, 당김 및 누르기로 가르친다. 대각선 패턴에서 눈이 손을 따라가는 것도 중요하다. 손을 보는 것은 흉부 회전을 제어하는 이상적인 조절량을 만든다.

하프 닐링 찹에는 핵심 사항이 두 가지이다. 첫 번째는 부하를 대각선 방향으로 높은 곳에서 낮은 곳으로 이동시키는 데 필요한 코어 안정성과 균형이다. 두 번째는 원심성으로 작용하는 케이블 스택을 뒤로 당길 때 발생하는 부하에 저항하는 항회전 스트렝스이다. 선수는 시상면을 통해 움직이는 힘을 제어하면서 케이블 부하에 대해 관상면의 안정성을 가져야 한다. 또한 선수는 관상면 및 횡단면 모두에서 안정되어야 한다. 여기에서의 핵심 동작은 고관절과 코어를 안정화시키기 위해 아래쪽(바깥쪽) 다리에 둔근을 활성화하는 것이다. 항회전 개념은 회전 움직임을 만드는 것보다는 회전력에 대항해 안정화를 하려는 것을 기반으로 한다. 셔먼(2002)은 다음과 같이 말한다. "대부분의 일상활동중에 복근의 역할은 등척성 지지isometric support를 제공하고 몸통의 회전 정도를 제한하는 것이다. 허리 문제의 많은 부분은 복근이 L5-S1 수준에서 골반과 척추에 대해 엄격한 통제를 유지하지 못하기 때문에 발생한다"(71). 항회전 작용은 셔먼이 언급한 엄격한 통제를 제공한다.

EXOS 설립자 마크 버스테겐은 쿡의 재활 콘셉트를 퍼포먼스 세계로 도입하고 회전성 훈련을 훈련 용어 일부로 만든 공로를 인정받을 만한 업적을 보였다.

1. (머신 기준) 바깥쪽 무릎은 바닥에 꿇고, 안쪽 무릎은 세운다.

2. 앞 발, 뒤쪽 엉덩이, 뒷발은 일렬로 정렬한다.
3. 동작은 가슴으로 핸들을 당겨서 내리고 몸에서 멀리 밀어낸다.

하프 닐링 인라인 스테이블 리프트

프로그레션 1B

리프트 동작은 찹과 반대라고 생각하라. 리프트 패턴은 낮은 곳에서 높은 곳으로 움직이는 대각선 패턴 외에는 찹과 거의 같은 방식으로 진행된다. 프로그레션 1B는 리프트 패턴에서 케이블 쪽 무릎을 꿇고 바깥쪽 무릎을 세우는 것을 제외하고는 찹과 동일한 인라인 자세를 사용한다(그림 7.14 참조). 동작은 가슴으로 당기고 이어서 사선으로 밀어내는 동작으로 이루어진다. 찹 패턴과 같은 트라이셉스 로프 핸들을 사용한다.

그림 7.14 **하프 닐링 인라인 스테이블 리프트**

1. 케이블 쪽 무릎을 꿇고 바깥쪽 무릎을 세운다.
2. 발, 엉덩이, 무릎은 일직선으로 정렬한다.
3. 핸들을 가슴 쪽으로 당겨 대각선 방향으로 밀어낸다.

런지 포지션 찹

프로그레션 2A

두 번째 프로그레션은 간단하지만 더 어렵게 변한다. 뒤쪽 무릎은 바닥에서 떨어뜨려 찹 동작을 하는 동안 스태틱 런지static lunge 자세를 유지하고 운동해야 한다(그림 7.15 참조). 다시 말하지만 가벼운 중량을 사용하고 운동은 통제된 풀 푸시 움직임pull-push movement이어야 한다. 이 운동은 매우 좋은 코어 안정성 운동이다.

그림 7.15 **런지 포지션 찹**

이러한 프로그레션(진행)은 무릎을 꿇은 상태에서의 스플릿 스탠스(런지)로, 서 있는 상태로, 그리고 최종적으로 한 다리 자세로 이동하는 쿡의 개념에 기초하며, 운동을 단순화하는 가장 좋은 방법은 관련된 관절의 수를 제한하는 것이라는 쿡의 관찰에 기초한다. 무릎을 꿇은 자세는 고관절과 코어에 집중하기 좋은데, 무릎 작용을 동작에서 제거함으로써 고관절과 코어에 더 집중할 수 있기 때문이다. 런지 자세는 지면에 접촉하는 안정점의 수가 3개(무릎 꿇은 자세는 앞발, 무릎, 뒷발)에서 2개(앞발, 뒷발)로 줄어들기 때문에 안정성에 대한 도전을 증가시킨다. 안정점에서 무릎을 제거함으로써 코어의 안정성에 대한 도전을 높이게 된다.

1. 뒤쪽 무릎은 바닥에서 1~2인치(2.5~5cm) 정도 떨어뜨린다.
2. 케이블 안쪽 무릎을 위로, 바깥쪽은 스플릿 스쿼트 자세처럼 아래로 내린다.
3. 상체 움직임은 변하지 않고 여기에서도 풀 푸시 또는 풀 프레스 움직임을 사용한다.

런지 포지션 리프트

프로그레션 2B

이 운동은 뒤쪽 무릎이 바닥에서 떨어지는 것을 제외하고는 인라인 버전과 동일하다. 다른 모든 요소들은 동일하게 유지된다.

1. 케이블 안쪽 무릎을 내리고, 바깥쪽은 스플릿 스쿼트 자세로 선다.
2. 상반신 움직임은 가슴으로 조절된 당김 동작을 한 뒤 몸에서 멀리 밀어내는 것이다.

스탠딩 찹

프로그레션 3A

스탠딩 찹(그림 7.16 참조)은 앞선 운동들과 매우 다른 운동이다. 푸시 풀 동작은 매끄럽고 유동적이며 폭발적인 움직임으로 변한다. 이전 두 버전과 달리 발 위치는 스플릿 자세가 아니라 양발이 평행이 되게 한다. 3단계에서는 대각선 패턴이 안정성을 목표로 하지 않고 동적 회전성 파워 운동dynamic rotational power exercise이 된다. 나는 선수들에게 어떤 물건을 잡고 바닥을 향해 인라인과 런지 버전에 사용된 것과 동일한 풀 푸시 패턴으로 땅에 공격적으로 던지는 상상을 하라고 설명한다. 사실 우리는 항회전성 운동에서 폭발적인 회전 운동으로 옮겨갔다.

그림 7.16 스탠딩 찹

스탠딩 리프트

프로그레션 3B

스탠딩 리프트 패턴(그림 7.17 참조)은 EXOS 회장 마크 버스티겐이 대각선 푸시 프레스diagonal push-press로 설명한 것이다. 이 동작은 케이블 머신 반대쪽으로 팔을 길게 뻗는 동작으로 마무리하는 폭발적인 크로스 바디 스쿼트 투 스탠드cross-body squat to stand이다. 회전 동작이 아니라 단순히 쪼그려 앉았다 바로 서는 동작을 하도록 지도한다. 회전 동작은 평행한 발 배치와 하중 위치의 조합으로 인해 자연스럽게 이루어진다.

그림 7.17 스탠딩 리프트

스탠딩 트랜스버스 찹

프로그레션 3C

트랜스버스 찹transverse chop(그림 7.18 참조)은 때리거나 물건을 치는 선수들을 위한 훌륭한 운동으로, 지난 몇 년간 우리 운동 메뉴에 추가된 것이다. 운동은 여전히 앞의 두 가지 연습에서와 같이 풀 푸시 패턴과 양발을 평행하게 위치시킨 자세에서 수행된다. 트라이셉스 로프는 엄지손가락으로 케이블 기둥을 가리키며 고정한다. 이것은 운동을 매끄럽게 하고 손목의 압박을 제거하기 위해 매우 중요하다.

그림 7.18 스탠딩 트랜스버스 찹

스텝 업 리프트

프로그레션 4

스텝 업 리프트step-up lift(그림 7.19 참조)는 일측성 하체 운동과 다면성 상체 움직임을 통합하기 때문에 대각선 패턴 운동 중 가장 기능적일 수 있다. 스텝 업 리프트에서는 케이블 머신 쪽 발을 12인치(30cm)의 플라이오 박스에 올려놓고, 스쿼트 투 스탠드 패턴 대신에 스텝 업 투 스탠드 패턴을 사용한다. 상체의 모든 움직임은 동일하지만 하체 패턴은 다리가 신전된 상태에서 일측성 지지를 하고 있는 것이 다르다. 이 운동은 둔근, 골반 안정근, 그리고 상체 근육 사이에 훌륭한 대각선 연결(패턴)을 만든다.

그림 7.19 **스텝 업 리프트**

건강한 햄스트링을 위한 다리를 놓아라

브릿지 운동은 코어 챕터에 포함되어 있지만 활성화activation 또는 가동성 섹션에서도 소개될 수 있다. 브릿지 운동과 네발 자세 운동은 코어 운동, 모터 컨트롤 운동 또는 활성화 운동으로 볼 수 있다. 어쨌든 이 운동들은 초기에 워밍업의 일환으로 수행되어야 하며 결국에는 슬라이드 보드 레그 컬과 같은 운동으로 변형되어야 한다.

쿡 힙 리프트

베이스라인 1

이 베이스라인 운동은 둔근과 코어 근육에 중점을 둔다. 쿡 힙 리프트(그림 7.20 참조)는 둔근과 햄스트링 스트렝스를 발달시키지만 더 중요한 것은 고관절 움직임과 요추 움직임 사이의 중요한 차이점을 가르쳐준다는 것이다. 이것이 바로 모든 브릿지 운동과 네발 자세 운동들의 중요한 목표이다. 햄스트링과 둔근을 목표로 하는 많은 운동에서 고관절보다 요추에서 더 많은 가동범위를 사용하는 잘못을 하기 쉽다. 이렇게 하면 선수에게 고관절 신전 대신에 허리를 신전하도록 가르치게 되는 것이다.

쿡 힙 리프트는 다음과 같이 수행한다. 먼저 양발을 바닥에 평평하게 붙이고 등을 대고 눕는다. 시작 자세에서 양손을 사용하여 한쪽 무릎을 가슴으로 단단히 당겨 요추의 움직임을 제한한다. 무릎을 가슴에 단단히 고정시키기 위해 흉곽 아래에 테니스공을 놓고 허벅지를 당겨 공을 그 자리에 고정시킨다. 공은 동작중에 떨어지지 않아야 한다. 반대쪽 무릎은 90도로 구부리고, 바닥에 위치한 발은 배측 굴곡한다. 발뒤꿈치를 바닥으로 밀어 고관절을 신전한다. 뒤꿈치를 바닥으로 밀면 후면 사슬을 사용하게 하고 선수가 대퇴사두근으로 밀지 못하게 막는다. 발가락은 계속 위로 든 상태를 유지한다. 동작의 마지막 열쇠는 구심성 수축 때 크게 숨을 내쉬는 것이다. 코를 통해 숨을 들이쉬고, 5초간 등척성을 유지하는 동안 입으로 강하게 숨을 내쉬어라.

그림 7.20 **쿡 힙 리프트**

처음에는 가동범위가 몇 도로 제한되더라도 놀라지 마라. 이 운동에는 두 가지 목적이 있다.

1. 이 운동은 요추 가동범위와 고관절 가동범위의 차이를 가르친다.
2. 이 운동의 상호적 성질reciprocal nature 때문에 장요근에 추가적인 유연성을 발달시킨다. 맞은편에 있는 장요근을 이완시키지 않고 같은 쪽의 둔근과 햄스트링을 수축하는 것은 불가능하다.

한쪽 다리당 5초씩 유지를 5번 수행하고 일주일에 1회씩 횟수를 추가한다.

핸즈 프리 쿡 힙 리프트

프로그레션 1

첫 번째 프로그레션은 테니스공을 고정하기 위해 굴곡한 고관절 굴곡근을 사용하는 것이다. 선수가 한쪽은 고관절 굴곡근을, 다른 쪽은 신전근을 수축해야 하기 때문에 운동의 복잡성이 증가하게 된다.

위 운동과 동일하게 5초씩 5번 유지하라.

더블 레그 브릿지

베이스라인 2

이 운동은 선수가 쿡 힙 리프트로부터 얻은 고관절 가동범위에 대한 지식을 전이시킬 때 필요로 하는 또 다른 베이스라인 운동이다. 양 뒤꿈치는 바닥에 붙이고 발가락들은 위로 올린(배측 굴곡) 훅 라잉 자세로 동작을 시작하고, 무릎과 고관절에서 어깨에 이르는 일직선을 만들기 위해 엉덩이를 높인다(그림 7.21). 요추를 신전하는 것이 아니라 둔근과 햄스트링을 사용해 이 자세를 만들고 유지한다. 엉덩이가 조금이라도 내려가면 운동의 효과가 현저히 떨어진다. 탑 포지션에서 숨을 최대로 내쉬면서 복근들을 안으로 당긴다. 5초간 숨을 내쉬는 동안 이 탑 포지션을 유지한다.

이 운동을 시도하기 전에, 쿡 힙 리프트와 같은 운동을 통해 고관절 움직임과 요추 움직임의 차이를 배우는 것이 중요하다. 이 차이를 이해하지 못하는 대부분의 운동선수들은 고관절을 펴려고 허리를 신전한다.

그림 7.21 더블 레그 브릿지

한 세트는 5초씩 5회 유지하는 것이다. 각 주당 반복횟수를 하나씩 더 추가하라.

얼터네이트 마치를 동한반 브릿지

프로그레션 1

다음 단계는 등척성 브릿지 자세에 작은 마치 동작(다리 들기)을 교대로 하는 것이다. 단순히 한 발씩 번갈아가면서 바닥에서 들기만 하면 된다. 한쪽 발을 들 때 반대쪽 엉덩이의 높이가 내려가면 안 된다. 이 프로그레션은 네 개의 지지점(두 어깨와 두 발)에서 세 개의 지지점(두 어깨와 한 발)으로 이동한 결과 척추에 가해지는 회전 스트레스로 인한 고관절 회전근과 다열근의 작용을 목표로 한다. 뒤꿈치를 아래로 밀고 지지하는 발과 같은 쪽에 있는 둔근을 활성화한다. 그림 7.22를 참조한다.

그림 7.22 얼터네이트 마치를 동반한 브릿지

한 다리당 8-10-12 세트로 행진한다.

네발기기 프로그레션

네발기기 운동은 흔히 재활 훈련으로 간주되어 왔으며, 강한 복근을 가지면 허리도 건강하다는 오래된 이론 때문에 스트렝스와 컨디셔닝 코치와 운동 트레이너들에 의해 대부분 무시되어 왔다. 누운 자세와 마찬가지로, 네발기기 운동은 처음 보면 이해되지 않을 수 있지만 이는 부정확하게 수행되었기 때문이다. 많은 경우에 이러한 운동의 결과는 의도했던 것과 반대로 나타났다.

네발기기 운동을 통해 선수가 안정된 몸통을 유지하면서 둔부와 햄스트링을 동원하는 방법을 가르쳐야 한다. 하지만 선수들은 요추를 신전하여(또는 과신전하여) 고관절 신전 움직임 같은 동작을 만들려는 상황이 흔히 나타난다. 네발기기 운동의 목적은 선수가 심부 복근 및 다열근으로 코어를 안정화시키는 것과, 그와 동시에 고관절 신전을 위해 고관절 신전근을 사용하는 것이다. 허리 통증의 많은 경우는 불량한 고관절 기능을 보상하려는 허리의 신전 및 회전 작용과 관련이 있다.

네발기기 힙 익스텐션(팔꿈치 지지 자세에서)

베이스라인

네발기기 프로그레션의 시작점은 손과 무릎 대신 팔꿈치와 무릎을 사용하는 것이다(그림 7.23 참조). 이렇게 하면 자동으로 고관절 굴곡이 더 커져 고관절과 몸통 사이의 각도가 90도에서 45도로 닫힌다. 그 결과 요추의 신전 능력이 떨어진다. 이에 의해 선수는 더 많은 각도로 고관절 신전근을 사용하도록 강요받는다. 이 운동에서 고관절은 무릎을 구부린 상태에서 신전시킨다. 이렇게 굴곡된 무릎 자세는 햄스트링에 대한 길이와 장력 관계를 불량하게 만들고, 다시 한 번 더 둔근이 기본적인 고관절 신전근이 되도록 강요한다. 자세를 고침으로써, 요추가 고관절 신전근처럼 움직이는 모습을 보이려 신전하는 것을 효과적으로 줄이고, 약하거나 덜 활동적인 둔근을 보상하기 위한 햄스트링의 능력을 줄인다. 5회×5초 운동을 하는 동안 구심성 수축을 하면서 숨은 크게 내쉰다. 6회×5초와 7회×5초로 운동을 진행한다.

그림 7.23 네발기기 힙 익스텐션(팔꿈치 지지 자세에서)

네발기기 자세 고관절 신전

프로그레션1

팔꿈치를 펴고 손 위에 팔꿈치가 위치할 수 있게 자세를 취하도록 난이도를 높인다. 이 운동은 다리를 구부린 상태나 고관절과 무릎을 편 상태에서도 할 수 있다. 다리를 곧게 뻗은 버전의 동작을 할 때, 발가락은 배측굴곡을 유지하고 발이 고관절 높이보다 올라가지 않게 하는 것이 더 중요하다. 고관절 신전은 다리를 곧게 뻗기 위해 '뒤꿈치를 뒤쪽 벽으로 보내는' 동작이어야 한다. 이 운동을 할 때 요추에서 과도한 움직임이 가장 자주 나타난다. 코어 안정성을 생각하라. 발뒤꿈치가 엉덩이와 수평을 유지한다면 허리를 신전시킬 수 없을 것이다.

구심성 수축을 하면서 크게 숨을 내쉬고 5회×5초를 수행하라. 6×5초와 7×5초로 진행한다.

네발기기 자세로 팔과 다리 움직이기

프로그레션 2

이제 네발기기 힙 익스텐션에 팔과 다리를 교대로 움직이는 동작을 추가한다(그림 7.24 참조). 이것은 초보자들이 종종 좋지 않은 자세로 수행하는, 난이도가 높은 운동이다. 이러한 운동이 부정확하게 수행되면, 우리가 제거하려는 고관절 신전처럼 보이려는 요추 신전의 패턴을 강화

그림 7.24 네발기기 자세로 팔과 다리 움직이기

하기 때문에 잠재적으로 손상을 입을 수 있음을 기억하라.

구심성 수축을 할 때 숨을 크게 내쉬고 5회×5초로 운동한다. 6×5초와 7×5초로 진행한다.

겟업 운동과 싯업 운동

우리는 안정성을 만들기 위해 주로 코어 운동을 하지만, 보다 전통적인 범위에서 고려할 수 있는 두 가지 운동이 있다. 터키시 겟업(우리는 그냥 겟업이라는 용어를 사용한다)과 스트레이트 레그 싯업이다. 두 운동 모두 체간 굴곡의 일부 요소를 포함하지만, 저반복 방식은 두 운동이 보다 유익하고 비교적 안전한 범주에 들어가게 한다. 우리는 크런치와 기존의 다리 구부린 자세의 싯업에 대해 주의를 기울이면서 조심하지만, 겟업과 스트레이트 싯업은 여전히 사용하고 있다.

스트레이트 레그 싯업

스트레이트 레그 싯업(그림 7.25 참조)은 정확히 이름 그대로의 동작이며 실제로 매우 어려운 코어 운동이고 저반복수를 하는 것이 가장 좋다. 우리는 절대로 세트당 10회를 넘지 않게 한다. 스트레이트 레그 싯업은 적은 양의 체간 굴곡과 많은 양의 고관절 굴곡이 일어나는 운동을 포함한다. 피트니스계의 몇몇 근거 없는 속설에선 스트레이트 레그 싯업을 피하라고 하지만 현실은 이 운동을 피할 충분한 이유가 없다는 것이다. 이 운동의 열쇠는 천천히 올라오고 천천히 내려오는 것에 있다. 만약 한 번의 반복을 위해 잠깐의 시간이 필요하다면, 그 선수는 이 운동을 위한 준비가 갖춰져 있지 않은 것을 의미한다.

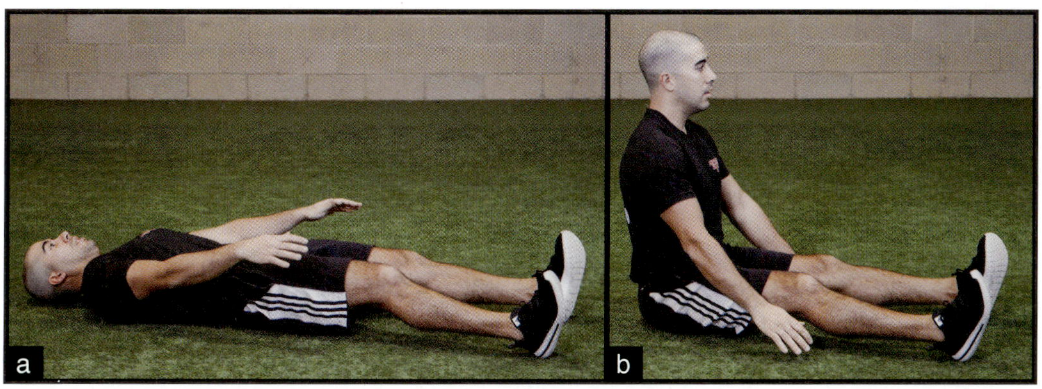

그림 7.25 스트레이트 레그 싯업

운동 난이도 조절은 매우 간단하다. 지레 팔의 길이를 조절하기 위해 팔을 몸 옆에 붙이고 시작한다. 몸을 조이고 천천히 내려간다. 동작에 흔들림이나 멈춤은 없어야 한다. 난이도를 높이려면 가슴 앞으로 손을 올리고 최종적으론 팔을 앞으로 뻗고 플레이트를 추가해 들도록 한다. 10개씩 2~3세트를 하라.

겟업

5년 전만 하더라도 나는 이 운동을 하는 것을 어리석은 짓이라고 말했을 것이다. 하지만 상황은 변했다. 옛말에 "학생이 준비가 되면 선생님이 나타난다"라는 말이 있다. 나에게는 이 말이 진실이었다. 나의 경우 선생님은 고객들이었고 그레이 쿡이었다.

나는 그레이 쿡이 수년간 겟업을 칭찬하는 것을 들었고 왜 그가 케틀벨의 열광적인 팬이 되기 시작했는지 궁금했다. 내가 깨닫게 된 것은 그레이 때문이 아니라 60세의 고객을 통해서였다. 그 고객은 바닥에서 일어나는 데 어려움을 겪었다. 그 과정은 종종 고통스럽고 조정되지 않을 것처럼 보였다. 때때로 그가 움직이는 것을 직접 도와주고 싶었지만 (스스로) 배움이 필요할 것 같아서 참았다. 어느 날 우리 둘 다 스트레칭을 하고 있을 때, 나는 내 행동과 그의 행동을 곰곰이 생각했다. 나의 고객은 바닥에서 일어나기 위해 두 팔과 두 다리 모두를 사용하며 고군분투했고, 때로는 딥 스쿼트 자세로 움직였다. 반면에 나는 바로 위로 튕겨져 올라오는 모습을 보였다. 나는 고객에게 내가 어떻게 했는지 설명하려고 했다. "팔꿈치 쪽으로 몸을 굴리고 난 뒤 손 위로 몸을 세우세요. 그러고 난 뒤 한쪽 무릎을 꿇고 일어나세요." 갑자기 어떤 생각이 떠올랐다. 나는 그에게 어떻게 '일어나는지$_{getup}$' 가르쳤던 것이다. 그 순간 유튜브에서 볼 수 있는 바보 같은 스트렝스 영상이라고 생각했던 터키시 겟업이 기본적인 원시적 움직임 패턴으로 변모하게 된 것이다. 겟업의 가장 심플한 의미는 우리가 바닥에서 어떻게 일어나느냐 하는 것이다. 아. 나는 내가 바보였다고 깨닫게 되는 아하! 하는 순간을 정말 싫어한다. 하지만 이제 모든 사람들이 스쿼트를 하듯 겟업을 하고 있다.

우리는 겟업을 꾸준히 시키는데 이는 이 동작을 배우는 데 시간이 걸리기 때문이다. 비록 순수주의자들은 겁을 먹겠지만, 겟업은 기본적으로 스트레이트 레그 싯업의 부하가 실린 변형 동작이며, 현재 매우 인기 있는 롤링 패턴의 일부 요소들을 포함한다.

겟업 셋업

어떻게 겟업을 하는지에 대해서는 책과 영상 정보 모두 제공한다. 간단히 말해서, 선수는 바닥에 등을 대고 누워 한쪽 손에 케틀벨을 잡고 팔을 편다. 같은 쪽 다리는 발을 바닥에 평평하게 붙인다. 반대쪽 다리는 곧게 뻗어 20~30도 정도 벌린다.

쿼터 겟업

베이스라인

쿼터 겟업(그림 7.26a 참조)은 단순히 케틀벨을 잡은 반대쪽 팔의 팔꿈치로 몸을 굴리는 것이다. 이 반대편 팔꿈치를 강하게 바닥으로 누르면서 케틀벨을 천장을 향해 높인다. 로테이셔널 싯업을 생각해보라. 1단계에서는 이 동작을 좌우로 3~4번 정도 하는 것이 전부이다.

하프 겟업

프로그레션 1

하프 겟업(그림 7.26b 참조)에서 선수는 팔꿈치로 몸을 지지한 것에서 손으로 몸을 지지한 상태로 전환한 후 브릿지를 한다. 사실 이 동작은 케틀벨을 든 쪽은 무릎을 구부린 브릿지(또는 힙 리프트)를, 반대쪽은 스트레이트 레그 브릿지를 한 것이다.

풀 겟업

프로그레션 2

브릿지 동작에서 하프 닐링으로 동작을 전환한 후 일어선다(그림 7.26c 참조). 다시 돌아갈 때는, 단순히 이 과정을 거꾸로 한다. DVD인 〈Kettlebells From the Ground Up〉(Cook and Jones, 2010)은 겟업을 위한 훌륭한 교육 자료이다.

그림 7.26 (a) 쿼터, (b) 하프, (c) 풀 겟업

메디신 볼 트레이닝

메디신 볼은 전신 파워, 회전 파워와 전면 코어 파워를 개발하기 위한 가장 단순하면서도 안전한 도구일 것이다. 사실 메디신 볼은 모든 기능적 훈련 프로그램에서 주요한 도구가 되었다.

메디신 볼 훈련의 핵심은 고관절 내회전과 외회전에서의 파워를 발달시키고 그 파워를 땅에서 코어로 이동하는 능력이다. 많은 코치가 요추 회전에 초점을 맞춘 운동을 사용하여 중량 도구로 코어 파워를 발달시키려는 잘못된 시도를 해왔다. 이것은 허리 부상으로 이어질 수 있는 잠재적으로 위험한 실수이다. 회전 파워는 코어가 아닌 고관절에 있다. 앞에서 논의했듯이 허리 회전은 잠재적으로 위험하며 전혀 기능적이지 않다. 반면 고관절 회전은 기능적일 뿐만 아니라 안전하다.

많은 선수들은 회전력이 허리 회전을 의미한다고 잘못 생각하고 있기 때문에 이전에 허리 회전으로 생각했던 움직임들 중 많은 것들이 실제로 고관절 회전 움직임이라는 것을 보여줘야 한다. 골프 스윙, 야구 스윙, 그리고 거의 모든 타격이나 던지기 기술과 같은 움직임들은 고관절 움직임과 상대적으로 안정된 요추에서 이루어진다.

이러한 많은 메디신 볼 드릴은 다목적이고 다기능적으로 볼 수 있다. 오버헤드 쓰로우는 파워을 위한 전면 코어를 훈련시키는 데 사용될 수 있지만 후면 어깨 근육계의 감속 능력을 발달시키기에 투수들에게도 필수적이다. 로테이셔널 쓰로우는 물체를 치는 데 필요한 고관절 파워를 발달시키며, 체스트 쓰로우는 밀어내기 동작 근육들의 파워를 발달시키는데 쓰인다.

메디신 볼은 고관절과 코어의 파워를 발달시키기에 안전하고 적용 분야가 다양하며 효과적인 도구이다. 메디신 볼 훈련은 역도와 플라이오메트릭만큼이나 코어와 고관절 기능을 발달시키는 것으로 여겨진다. 이 장에서 앞서 설명한 코어 운동의 대부분은 코어 안정성과 스트렝스를 다룬다. 메디신 볼 훈련은 다른 코어 운동을 통해 개발된 모든 스트렝스와 안정성을 사용 가능한 파워로 변환한다. 가장 중요한 것은, 적절한 메디신 볼 프로그레션은 안전하고 효과적으로 폭발적인 파워explosive power를 개발한다는 것이다.

다시 한 번, 이러한 개념 중 많은 부분에 대한 공은 1990년대 초반에 메디신 볼에 관한 나의 생각에 크게 영향을 준 EXOS의 마크 베르스테겐에게 가야 한다. 마크를 만나고 그의 선수들이 훈련하는 것을 보기 전에는, 시설을 꾸릴 때 메디신 볼을 던질 단단한 콘크리트 벽을 갖춰야 할 것을 결코 상상조차 하지 못했다. 거의 20년이 지난 지금, 나는 메디신 볼 벽을 포함하지 않는 시설을 디자인하는 것을 상상할 수 없었다.

메디신 볼 훈련은 벽에 대항할 때 훨씬 뛰어나다. 파트너에게 던지는 것은 선수가 최대한의 힘으로 공을 던질 수 없기 때문에 형편없는 대체제이다. 어쨌든, 콘크리트 벽 공간은 이제 메디신 볼 프로그램과 잘 설계된 시설의 기본 요건이 되었다.

메디신 볼을 던지는 것은 모든 고객에게 중요하지만 성인 고객들에게 가장 중요할 수도 있다. 성인들은 그들이 스트렝스를 잃는 것의 거의 1.5배의 속도로 파워를 잃고 있다. 어떤 여성 고객의 스트렝스가 10% 떨어졌다고 하면 그녀의 파워는 15% 잃었을 것이다.

훌륭한 메디신 볼 던지기는 좋은 슛이나 스윙들과 닮아야 하며 폭발적인 구심성 수축을 보이며 물 흐르듯 유동적이어야 한다. 스탠딩 쓰로우(서서 던지기)의 경우, 선수는 벽에서 대략 키만큼 떨어져서 벽과 공에 손상을 줄 것처럼 던져야 한다. 선수는 자신의 파워 출력에 따라 벽에서 더 가깝게 또는 멀리 자리를 잡을 수 있다.

적절한 볼을 선택하는 것은 필수적이다. 대부분의 스트렝스 선수들은 모든 면에서 무거운 것이 더 좋다고 믿는다. 하지만 메디신 볼의 경우는 절대 그렇지 않다.

어떤 선수가 메디신 볼을 던지려고 할 때, 그 공은 너무 무겁거나 어쩌면 너무 클 수도 있다. 표 7.1의 메디신 볼 중량에 대한 가이드라인은 수천 명의 선수들과의 경험에 기초한 것이다. 초심자에게는 가벼운 공이 더 효과적이다. 더 작은 선수들에게, 더 작은 지름의 공은 운동하기 더 좋다. 어떤 무게가 적절한지에 대해 의문이 있으면 2파운드 또는 1킬로그램을 줄인다. 처음에는 모든 메디신 볼이 킬로그램 단위로만 제공되었다. 그러나 미국에서 메디신 볼을 신속히 수용해 지금은 파운드와 킬로그램 사이즈로 제조되고 있다.

표 7.1 메디신 볼 선택 가이드라인

선수의 체중	볼의 중량(회전 동작)	볼의 중량(오버헤드 동작)
100~135파운드(45~61kg)	4파운드(2kg)	2파운드(1kg)
135~175파운드(61~79kg)	6파운드(3kg)	4파운드(2kg)
175~200파운드(79~90kg)	8파운드(4kg)	6파운드(3kg)
200~250파운드(90~113kg)	10파운드(5kg)	8파운드(4kg)

야구 선수들의 오버헤드 쓰로우의 경우, 우리는 4파운드(2kg) 볼에서 머무른다.

메디신 볼 훈련의 핵심은 속도velocity이다. 볼 무게가 아니라 스피드를 강조한다. 그리고 항상 다음과 같은 간단한 규칙을 기억하라. 만약 볼이 너무 무거워 보인다면, 아마 맞을 것이다.

메디신 볼 트레이닝의 장점

- 메디신 볼은 사용자가 스포츠의 일반적인 자세나 패턴으로 단련할 수 있게 한다. 이러한 패턴들은 골프 스윙, 테니스 스윙, 야구 스윙, 그리고 많은 다른 치는 기술striking들과 비슷하다.
- 메디신 볼은 코어를 위한 스트렝스와 지구력 운동에서 코어를 통한 파워 발달까지의 간격을 메운다. 메디신 볼은 코어 안정근과 고관절 회전근에 대한 플라이오메트릭 운동으로 작용한다고 생각하라. 메디신 볼은 근육들이 스포츠에서 접하는 것과 비슷한 속도로 수축하게 만든다.
- 이 메디신 볼은 땅에서부터 다리를 거쳐 코어를 통과하고, 마지막으로 팔을 통하는 힘들을 합치는 법을 가르친다. 이 전달 전환 과정은 코어 기능의 핵심이다. 운동선수는 코어를 핵심적인 연결고리 링크로 하여 땅에서 공으로 힘을 전달하는 법을 배운다.
- 콘크리트 블록 벽을 사용할 수 있는 경우 메디신 볼 운동을 단독으로 실시할 수 있다.
- 메디신 볼 운동은 또한 전신 컨디셔닝 효과도 있다.

메디신 볼 트레이닝의 단점

- 메디신 볼 운동의 단점은 운동한 느낌을 못 느낀다는 것이다. 선수들 종종 코어 운동을 연소 운동으로 판단하곤 한다. 이 경우 다음날까지 메디신 볼 훈련의 효과를 느끼지 못한다.
- 공간이 필요하다. 메디신 볼 훈련은 많은 공간을 차지하며 부딪쳐야 할 콘크리트 벽을 필요로 한다.
- 다양한 사이즈의 메디신 볼이 필요하다.

튕기지 않는 메디신 볼 사용

나는 탄성이 없는 메디신 볼을 좋아하지만 항상 그랬다고 할 수는 없다. 내 말뜻을 알 것이다. 이 공은 당신 할아버지가 체육시간에 쓰신 낡은 가죽 공처럼 생겼다. 이제는 비닐이나 케블라 재질로 덮여 있지만(또는 약간의 가짜 가죽) 여전히 똑같다. 이 재질의 공들은 상대적으로 부드럽고 잘 튀지 않는다.

약 10년 전에 나는 상체 플라이오메트릭 운동을 하기 위해 이 무겁고 튀지 않는 비닐로 덮인 공을 몇 개 샀다. 주로 우리는 이 공들을 메디신 볼 벤치 프레스로 사용했다. 팔을 뻗은 채 누워 있는 선수에게 운동 파트너가 18에서 20파운드의 공을 떨어뜨리고, 공을 받으면 다시 위로 던지도록 시켰다. 이 운동은 플라이오메트릭 푸시업같이 어깨에 스트레스를 주지 않기 때문에 상체 파워를 키우는 이 운동을 정말 좋아한다. 튀지 않는 공을 사용한 이유는 공이 떨어졌을 때 더 부드럽고 다루기 쉽기 때문이다.

몇 년 전, 우리 스태프 중 누군가가 우리가 훈련하고 있는 어린 선수들을 위해 좀 더 가볍고 튀지 않는 공을 주문했다. 하지만 그 공들은 창고에 처박히게 되었고 나는 우리가 이 도구들을 사용할 수 있을지 궁금했다. 어느 날 나는 그것들을 모두 꺼냈다. 우리는 공을 사기 위해 많은 돈을 썼고, 나는 이 도구의 좋은 용도를 생각하려고 노력했다. 나는 별 생각 없이 사이드 트위스트 쓰로우 동작으로 공 하나를 벽에다 던져보았다. 보통 이 던지기 동작은 우리의 회전성 코어 및 플라이오메트릭 운동에 대한 기본 동작이었지만, 기존에는 플라이오메트릭 효과를 얻기 위해 좀 더 탄성이 있던 고무 메디신 볼로 수행했었다.

처음에 들었던 생각은 공에서 좋지 못한 냄새가 난다는 것이었다. 그리고 이 공은 벽에 튕겨서 돌아오지도 않았다. 이에 대응하여 나는 공을 벽에서 최대한 세게 던져서 돌아오게 했다. 하지만 튕겨져 나오는 힘이 약했다. 이때 갑자기 내 머리 속에서 불이 켜졌다. 잘 튀지 않는 것이 이 도구의 단점이라고 생각했던 첫 인식이 갑자기 거대한 장점으로 돌변하게 되었다. 생각해보라. 처음에 우리는 로테이셔널 메디신 볼 쓰로우를 사용하여 폭발적인 코어 운동, 혹은 의도에 따라 코어 플라이오메트릭 운동으로써 사용했다. 공이 튀어 돌아온다는 사실이 우리에게 리드미컬한 운동 속도와 플라이오메트릭 효과를 가져다주었다. 벽에서 튕겨 나오는 볼을 가속 뿐만 아니라 감속 및 전환 효과를 생성하기 위해 코어를 사용해야 했다. 수년 동안 나는 그것이 훌륭한 생각이라고 생각했다.

하지만 탄성 없는 가벼운 공을 던질 때, 나는 갑자기 스스로에게 "우리는 무엇을 위해 회전성 파워 운동을 해야 하는가?"라고 물었다. 나는 내 자신의 질문에 즉시 대답했다. 이 운동의 목표는 야구, 아이스하키, 필드하키, 골프와 같은 스포츠에서 강하게 쳐내는 것이었다. 다음 질문은 "그럼 공이 벽에서 다시 튀어오는 신장성 요소가 중요한가"였다. 대답은 "아니오"인 것 같았다. 타격 기술은 1RM 운동처럼 매우 강력하지만 여러 번 반복하는 것은 아니다.

갑자기 이 가벼운 공들이 실수로 산 것이 아니라 훌륭한 새로운 도구가 되었다. 우리는 이제 고무공을 사용하는 것보다 튀기지 않는 공을 더 많이 사용한다. 사실 나는 메디신 볼 슬램과 사이드 쓰로우에는 튀는 고무공보다 튀지 않는 공이 훨씬 더 낫다고 생각한다. 규칙의 예외는 오버헤드 쓰로우일 수 있다. 여기서 우리는 여전히 가벼운 고무 메디신 볼에 초점을 맞추고 있다. 우리는 벽에서 멀리 떨어진 곳에 자리를 잡고 한 번 튕긴 후에 공을 잡는다.

만약 메디신 볼을 위한 벽이 있고 코어 파워를 위한 프로그램에서 메디신 볼을 사용하는 것을 좋아한다면, 튀지 않는 공을 몇 개 주문하라. 나는 대부분의 선수들에게 8파운드(4kg)짜리 공을 적용한다. 그리고 사이즈는 좀 더 작은 사이즈의 공도 준비하여 더 작은 선수들도 사용할 수 있게 한다. 아이들에게는 6파운드(3kg) 미니 볼이 운동하기에 좋다.

게다가 부드러운 공은 손가락들을 보호할 수도 있다. 기존의 공을 사용하다 선수들 중 몇몇은 손가락을 삐었고 심지어 메디신 볼로 손가락이 한두 개 정도 부러지기도 했다. 맞다. 튀지 않는 공은 좀 더 비싸다. 하지만 원래 좋은 도구들은 비싸다. 이 도구와 훈련을 시도해보라. 내 생각에 당신도 이 도구를 좋아할 것이다.

로테이셔널 쓰로우

로테이셔널 쓰로우Rotational throw는 코어 근육들과 둔근의 파워를 발달시키기 위한 최상의 기술이다. 이 운동은 특히 하키, 골프, 테니스, 야구 및 폭발적인 회전 동작이 필요한 기타 스포츠에 적합하다. 메디신 볼은 지면에서 파워를 끌어내 선수에게 고관절 내회전 및 외회전을 더 잘 활용하도록 가르침으로써 고관절 부위의 파워를 성장시킨다. 목표는 몸통 회전보다는 강력한 고관절 회전이다. 그리고 상대적으로 뻣뻣stiff하고 안정적인 코어를 통해 지면의 힘을 옮기는 방법을 배우는 것이다.

우리의 다른 코어 운동과 마찬가지로, 톨 닐링이나 하프 닐링에서 시작하여, 서서 던지기, 그리고 결국 스테핑 쓰로우로 진행한다. 런지 자세는 메디신 볼 던지기가 어렵기 때문에 닐링 자세에서 운동을 진행하고 런지 자세를 건너뛰고 선 자세에서 바로 진행한다.

사이드 쓰로우 프로그레션

사이드 쓰로우side-throw는 많은 스포츠 기술을 모방한다. 이 훈련은 테니스, 필드하키, 아이스하키, 라크로스, 야구와 같은 스포츠에 필요한 폭발적인 회전성 체간 스트렝스를 개발한다. 사이드 쓰로우에서는 고관절에서 던지는 움직임이 나오는 것에 중점을 두어야 한다.

좋은 사이드 쓰로우는 좋은 스윙이나 좋은 샷shot처럼 보일 것이다. 기술이 향상되고 있음이 눈으로 확인될 수 있도록 던지는 스타일을 개발하려고 노력하라. 하키 선수의 경우, 사이드 쓰로우는 슬랩 샷slap shot(아이스하키의 기술)처럼 보일 것이다. 테니스 선수에게는 좋은 스윙처럼 보일 것이다. 가르칠 때 선수나 고객이 하는 스포츠에 대한 친숙함을 끌어내야 한다.

오른쪽 사이드로 10번 던지기를 수행한 다음(그림 7.27 참조) 왼쪽 사이드로 10번 던진

그림 7.27 메디신 볼 사이드 쓰로우

다. 3주 동안 각 측면에서 10번 던지기를 3세트씩 하라. 볼륨을 증가시키려고 시도하지는 않는다. 대신 더 세고 더 강하게 던져라. 이것은 모든 회전 메디신 볼 훈련 프로그레션이 따라가야 할 규칙이다.

만약 메디신 볼 운동이 파워를 위한 것이라면, 왜 반복수는 10회로 할까? 나는 이 질문을 방망이로 즉시 처리할 것이다. 과학에 빠진 사람들은 10회 반복으로 구성된 메디신 볼 훈련을 보고 "그렇게 하는 것은 파워를 기르는 운동이 아니다"라고 말할 것이다. 이에 대한 나의 대답은 "과학은 당신의 말에 동의할 수도 있지만, 경험주의는 그렇지 않다"이다. 과학적인 근거에 따라 5~6회 반복으로 이루어진 세트를 해보기도 했지만, 솔직히 말해 충분한 결과를 얻지 못했다. 우리가 사용하는 부하량(공의 무게)은 충분히 가볍기 때문에 파워나 속도를 잃지 않고 10회 반복을 할 수 있다.

하프 닐링 사이드 트위스트 쓰로우

프로그레션 1

다른 코어 프로그레션처럼 우리는 대부분의 초보자를 위해 하프 닐링 자세의 사이드 트위스트 쓰로우로 시작한다(그림 7.28 참조). 이 자세는 대부분의 선수 프로그램에서 1단계가 될 것이다. 앞서 언급했듯이, 물리치료사 그레이 쿡은 학습 목적을 위해 관절을 제거하는 아이디어를 대중화했다. 하프 닐링 자세는 무릎과 발목을 제거하고 던지기 동작에서 효과적으로 고관절 회전을 가르친다. 안쪽(벽에 가까운) 무릎을 세우고 선수 또는 고객은 고관절과 무릎을 꿇는 쪽(뒤쪽) 엉덩이를 사용해야 한다.

우리는 긴 팔, 긴 지레 팔long-lever 작용을 적용하기 위해 벽 쪽 손은 공의 아래에, 반대쪽 손은 공의 뒤쪽에 두고 던지기를 시킨다. 이 운동은 밀어내는 동작이 아니라, 긴 지레 회전성 동작long-lever rotation이라는 점을 명심하라. 긴 지레 팔long lever arm 사용법을 가르치기 위해 샷이나 스윙에 대한 이미지를 사용하게 하고 선수가 샷이나 스윙에 대한 정신적 연결을 권장하며, 긴 레버 암의 사용법을 가르치고 선수가 밀어내기 움직임으로 더 되돌아가는지 지켜보라. 또한 고객은 자신의 우세하지 않은 쪽을 어색할 것임을 미리 알려야 한다.

그림 7.28 메디신 볼 하프 닐링 사이드 트위스트 쓰로우

1. 좁은 런지 자세의 하프 닐링을 하고, 벽에서 2~3피트(0.6~0.9m) 떨어진 곳에서 시작한다. 어깨는 벽과 수직을 이룬다.
2. 팔은 길게, 앞쪽 손은 공 밑에, 뒤쪽 손은 공 뒤에 있다.
3. 엉덩이를 '팝'하고 움직여 뒤쪽 무릎과 엉덩이로 던지는 것을 생각하라.

스탠딩 사이드 트위스트 쓰로우

프로그레션 2

앞에서 언급했듯이, 우리는 매우 간단하고 논리적인 이유로 런지 자세의 던지기를 건너뛴다. 우리 선수들과 고객들은 런지 자세를 유지한 던지기 동작을 힘겨워했으므로 선 자세는 그냥 넘어간다. 어리거나 나이가 있는 선수 또는 고객들 중 경우에 따라 선 자세를 바로 시작하기도 한다(그림 7.29 참조). 고등부 또는 대학부 선수들은 하프 닐링에서 스탠딩으로 단계별 프로그레션을 고수하겠지만 중학생 및 성인 고객은 선 자세에서 시작하며 단순하게 "가능한 세게 공을 던져라"고 시킨다. 이처럼 큰 운동 패턴gross motor pattern을 강조하는 방법은 종종 기술적인 장애를 극복한다. 같은 방식으로 나이든 고객은 선수들이 하는 것처럼 하프 닐링 자세에서 이익을 얻기에는 고관절과 코어가 지나치게 뻣뻣하기 때문에 선 자세에서 시작할 수도 있다. 기억하라 프로그레션은 유연한 제안이지 엄격한 규칙이 아니다.

그림 7.29 **메디신 볼 스탠딩 사이드 트위스트 쓰로우**

사이드 트위스트 쓰로우 위드 스텝

프로그레션 3

프로그레션 다음 단계는 던지기에 움직임을 추가하는 것이다. 프로그레션 3에서는 뒷발에서 생성되는 힘을 증가시키기 위해 앞쪽 발을 벽 쪽으로 한 걸음 내딛는다. 체중을 뒷발에서 앞발로 이동시키는 것을 강조한다. 사이드 쓰로우의 다른 모든 측면은 동일하게 유지된다.

투 스텝 사이드 트위스트 쓰로우

프로그레션 4

네 번째 프로그레션에서, 선수는 벽을 향해 두 발짝을 내딛는다. 고객이나 선수는 벽에서 멀리 떨어져 있어야 한다. 투 스텝 쓰로우는 더 공격적이고 격렬하며 실제로 이동중 슈팅하는 동작을 흉내낸다. 투 스텝 쓰로우는 또한 앞발과 엉덩이에 더 큰 부하가 가해진다.

사이드 쓰로우 변형 운동들

다음은 선수들에게 적용할 수 있는 사이드 쓰로우 운동들이다.

프런트 트위스트 쓰로우

프로그레션 4

프런트 트위스트 쓰로우(그림 7.30 참조)는 코어를 위한 또 다른 훌륭한 회전성 운동이다. 처음에는 프런트 트위스트 쓰로우를 한 번에 한쪽씩 수행한다. 다시 말하지만 선수 또는 고객이 엉덩이와 발에서 시작하여 몸통을 통하여 던지도록 가르친다. 던지기는 지면에서 시작하여 손에서 끝난다. 벽을 마주보고 몸은 벽과 평행하게 위치시킨다. 두 무릎을 구부리고 엉덩이를 낮추고 뒤로 보낸 기본적인 방어 자세defensive stance를 취한다. 이 자세는 기본적인 스포츠-일반 자세sports-general stance로 모든 종목 선수들에게 해당하는 심플한 스타팅 포인트이다. 프런트 트위스트 쓰로우는 종종 수직 자세에서 때리는 테니스 선수와 비슷한 자세로 종종 샷을 날리는 아이스하키 선수에게 훌륭하다. 하지만 이 운동을 위의 선수들에게만 제한해 가르치려 하지 마라. 이 드릴은 모든 고객에게 유용할 수 있다.

그림 7.30 메디신 볼 프런트 트위스트 쓰로우

얼터네이팅 프런트 트위스트 쓰로우

프로그레션 5

얼터네이팅 프런트 트위스트 쓰로우에서는, 한쪽에서 10번 던지고 다른 쪽에서 10번 던지는 대신에 좌우 번갈아가면서 20번 던진다. 좌우로 번갈아가는 움직임은 유연하게 이루어지면서도 선수적athletic이어야 한다. 이 운동은 협응력과 선수성athleticism이 조금 더 요구된다.

싱글 레그 프런트 트위스트 쓰로우

프로그레션 6

이 운동은 숙련자들을 위한 운동으로 난이도가 높아질 뿐만 아니라 발목, 무릎, 그리고 고관절에 상당한 고유수용성 자극을 가한다. 더 높은 수준의 균형과 협응력을 필요로 하며 지지하는 다리의 고관절 회전 근육계를 강하게 참여시킨다(그림 7.31 참조). 앞에서 설명한 프런트 트위스트 쓰로우를 한쪽 다리로 지지한 자세에서 실행한다. 몸의 왼편에서 던지려면 오른쪽 다리로 선다. 동작은 왼쪽 다리를 바닥에서 떨어뜨리며 몸을 앞으로 기울이면서 시작한다. 이때 공 위치는 고관절 뒤에서 시작한다. 던지기가 실행되면 엉덩이가 회전하고 팔은 앞으로 나오고 다리가 뒤로 움직인다. 이 동작은 결과적으로 유연하면서 협응적인 움직임을 보이게 될 것이다.

그림 7.31 메디신 볼 싱글 레그 프런트 트위스트 쓰로우

오버헤드 쓰로우

오버헤드 쓰로우는 전면 코어 근육계를 대상으로 하며 또한 회전근개 및 어깨 후면에 훈련을 제공한다. 우리는 하프 닐링, 톨 닐링 또는 런지 자세 버전을 하지 않는다. 그 이유는 경험주의와 실용성에서 찾을 수 있다. 위의 자세들은 가르치거나 동작을 수행하기가 쉽지 않다. 우리는 또한 대부분의 오버헤드 던지기에서 튀지 않는 볼이 아니라 고무 재질의 메디신 볼을 선택한다. 한 팔로 던지는 것은 공을 잡을 때 어깨에 가해지는 부하가 너무 크기 때문에 양팔로 던지는 것을 권한다. 오버헤드 쓰로우는 10개씩 3세트를 하라.

스탠딩 오버헤드 쓰로우

프로그레션 1

스탠딩 오버헤드 쓰로우(그림 7.32 참조)는 모든 오버헤드 쓰로우 동작들의 출발점이다. 이 훈련은 축구에서의 던지기와 유사하지만 발을 어깨너비로 벌리고 비틀거리지 않도록 한다. 팔보다 체간의 힘을 많이 사용하여 공을 던져라. 이것은 모든 던지기 종목의 선수들에게 훌륭한 훈련이다. 공이 한 번에 튕겨 돌아오도록 벽에서 멀리 떨어져 서라. 이때 튕겨져 나오는 공을 잡으려 하지 마라.

그림 7.32 메디신 볼 스탠딩 오버헤드 쓰로우

스태거드 자세에서 스탠딩 오버헤드 쓰로우

프로그레션 2

스탠딩 오버헤드 쓰로우의 다음 프로그레션은 스태거드 자세staggered stance(양발을 앞뒤로 조금 벌린 자세)를 취하는 것이다. 이런 자세를 취함으로써 운동이 스포츠에 더 특화되고 다리 움직임이 보다 더 개입되며, 속도가 증가하고, 코어의 사선 부하diagonal core load를 증가시킨다. 체간을 이용한 던지기 기술이 숙달될 때까지 스태거드 오버헤드 쓰로우로 진행하지 않는다. 오른쪽 발을 앞에 두고 10개씩 3세트를 하고 왼쪽 발을 앞에 두고 10개씩 3세트를 한다.

한 발을 내딛으며 스탠딩 오버헤드 쓰로우

프로그레션 3

이 던지기는 스태거드 자세의 스탠딩 오버헤드 쓰로우와 거의 같지만 던지면서 한 발을 앞으로 내딛는 동작이 추가되어 정적인 움직임이 아니게 된다. 한 번 더 설명하자면, 이 동작에서는 속도가 증가하고, 어깨 후면에 가해지는 스트레스도 증가한다. 스텝을 내딛는 던지기는 모든 오버헤드 쓰로우 또는 타격하는 스포츠에서의 동작들과 더 유사해진다.

체스트 쓰로우

체스트 쓰로우는 사실 코어 운동에 넣기 어렵지만 우리의 메디신 볼 훈련에는 포함된다. 이 운동은 푸싱pushing과 프레싱pressing 동작 근육들의 파워를 발달시킨다. 체스트 쓰로우는 벤치 프레스와 같은 운동에서 발달된 스트렝스를 사용하고, 이를 상대방을 밀어내는 것과 관련된 많은 접촉성 스포츠 기술로 전환하는 것이 핵심이다. 체스트 쓰로우는 기본적으로 상체 플라이오메트릭 운동으로 다룬다. 푸시업과 같은 운동은 어깨와 손목에 무리가 되므로 사용하지 않는다.

톨 닐링 체스트 쓰로우

프로그레션 1

첫 번째 체스트 쓰로우 프로그레션은 톨 닐링 자세에서 시작한다(그림 7.33 참조). 이 운동은 상체의 힘을 강조하기 위해 엄격한 톨 닐링 자세로 할 수도 있지만 우리는 고관절의 움직임을 손으로 연결하는 법을 가르치기 위해 엉덩이를 내렸다가 폭발적으로 동작하게 하는 편이다. 10개씩 3세트로 운동한다.

그림 7.33 **메디신 볼 톨 닐링 체스트 쓰로우**

스탠딩 체스트 쓰로우

프로그레션 2

프로그레션 2는 양발을 나란히 평행한 자세로 서서 움직인다. 여기서 우리는 선수가 고관절을 사용하여 폭발적으로 동작하도록 독려한다. 발은 어깨보다 약간 넓고 고관절과 무릎은 약간 구부린 선수 자세athletic stance로 시작한다. 10회 던지기를 3세트 한다.

스테핑 체스트 쓰로우

프로그레션 3

프로그레션 3은 오른쪽 발을 뒤로 한 스태거드 자세로 시작한다. 왼발을 들어 벽을 향해 한 걸음 내딛으면서 공을 던진다. 오른쪽, 왼쪽 각 5회 반복한다.

싱글 암 로테이셔널 체스트 쓰로우

프로그레션 4

프로그레션 4는 로테이셔널 쓰로우와 체스트 쓰로우를 결합한다. 체스트 쓰로우는 앞에서 사용했던 스태거드 자세로 한 팔만 사용하여 공을 던진다. 일측성 상체 던지기에 몸통 회전 요소를 추가하는 데 중점을 둔다.

좌우 각 10회씩 3세트를 하라.

미식축구 특화 운동

프로그레션 5

미식축구 선수들을 위해 우리는 선수 포지션에 따라 3지점 자세와 낮은 2지점 자세에서 던지기를 시킨다. 디펜시브 라인맨은 3지점 자세, 오른쪽과 왼쪽 두 측면에서 벽을 향해 공을 던지며 고관절과 손의 연결을 사용한다.

오펜시브 라인맨은 앞에 소개한 던지기뿐만 아니라, 패스 보호를 모방한 드롭 스텝drop-step 버전 던지기를 한다.

참고: 일반적으로 우리는 파워 운동들과 하체 플라이오메트릭 운동(세트 단위)과 던지기 운동(세트 단위)을 번갈아 하는 운동들을 그룹화해서 수행한다. 이는 하체 파워, 상체 파워, 그리고 코어 파워를 하는 '파워를 다루는 구간'의 프리워크prework가 되는 것이다. 점프와 던지기를 연결하면 이러한 운동들을 단독으로 수행할 때보다 휴식을 더 취할 수 있다.

코어 훈련은 기능적 훈련에서 가장 크게 변한 영역일 수 있다. 잘 설계된 코어 프로그램은 건강 및 모든 분야의 퍼포먼스에 긍정적인 영향을 줄 수 있다. 항회전성 운동, 항측굴석 운동, 사선 패턴 운동, 그리고 메디신 볼 던지기를 포함하여 코어 프로그램을 디자인하라. 코어 프로그램은 잘 다듬어져야 하며 모든 핵심 분야에 잘 맞도록 설계되어야 한다.

사례 연구: 건강과 속도 회복

레드삭스 투수이자 예일대 졸업생인 크레이그 브레슬로는 야구계에서 가장 똑똑한 남자로 알려져 있다. 크레이그는 2015 메이저리그 시즌을 대비해 '마이크 보일 스트렝스 & 컨디셔닝'에서 훈련했다. 브레슬로의 목표는 어깨에 문제가 있었던 힘든 한 해를 보낸 후에 다시 재기하는 것이었다. 크레이그의 훈련에서 크게 다룬 것은 성공적인 투구에 매우 중요한 전신의 힘을 발달시키는 메디신 볼 운동을 포함하는 것이었다. 그는 모든 세션에서 메디신 볼 훈련을 했으며, 지면에서부터 그의 손으로 이어지는 파워 생산을 얻기 위한 모든 프로그레션 과정을 거쳤다. 그 결과 ERA(평균자책점)는 0.00이 되었고 투구 속도도 증가하게 되었다.

참고문헌

Boyle, K.L, J. Olinick, and C. Lewis. 2010. The value of blowing up a balloon. *North American Journal of Sports Physical Therapy.* 5 (3): 179-188.

Cook, G. 1997. Functional Training for the Torso. *Strength and Conditioning.* 19 (2): 14-19.

Cook, G., and B. Jones. *Kettlebells From the Ground Up* (DVD). Functional Movement Systems.

Porterfield, J., and C. DeRosa. 1998. *Mechanical Low Back Pain.* Philadelphia: Saunders.

Sahrmann, S. 2002. *Diagnosis and Treatment of Movement Impairment Syndromes.* St. Louis: Mosby.

CHAPTER 8

상체 트레이닝

수많은 책과 글에서 상체 스트렝스 운동들에 대해 자세히 다루고 있다. 불행히도, 정반대되는 충고에도 불구하고 선수들은 여전히 근육질 몸매를 드러내는 가슴과 팔 근육을 강조한 '거울에 비친 근육' 발달을 지나치게 중요하게 여기고 있다. 이 장에서는 밀기와 당기기 움직임의 균형과 친업, 로우 운동에 대해 강조하고, 어깨 부상 예방의 다양한 방법의 필요성에 대해 집중할 것이다.

기능적 상체 운동은 주로 밀기와 당기기로 나눌 수 있다. 다른 단일 관절 움직임들은 진정한 의미에서 기능적이 아닐 수 있으며, 단지 고립된 근육 운동이 된다. 단일 관절 운동이 교정 및 안정화 운동에 필요하긴 하지만 기능적 상체 트레이닝의 핵심은 밀기와 당기기의 균형이다.

부상 예방을 위한 당기기 운동

대부분의 스트렝스 훈련 프로그램은 친업과 로우처럼 당기기 움직임에 중점을 두지 않았다. 지난 50년 이상 수많은 글에서 등 상부 발달의 핵심을 풀업과 친업이라고 언급했지만, 대부분의 선수들은 풀업과 친업이 너무 힘들다는 단순한 이유로 이 운동들을 무시하고 있다. 이 선수들은 등 상부 근육을 다루는 운동으로 랫 풀다운을 대신하면서 필요한 건 이것뿐이고, 수평으로 당기는 움직임rowing은 완전히 무시한다. 이렇게 불균형한 프로그램 형태는 종종 밀기 근육들의 과도한 발달, 자세 문제, 어깨 부상으로 이어진다.

훌륭한 상체 프로그램의 본질적인 목표는 모든 주요한 상체 움직임 패턴을 동일하게 강조하는 것이다. 불행히도 몇몇 선수들은 등 근육 조직 발달에 가치를 두고 있다. 그들은 차라리 자신들의 가슴 근육을 키우고 하고 싶어하는데, 이는 근육 잡지를 통해 받은 교육 한계(아마도 트레이너의)에 의한 선호 때문일 것이다.

제대로 구성된 상체 프로그램은 수평 당기기rowing, 수직 당기기chin-up, 오버헤드 프레스overhead pressing, 앙와위 프레스supine pressing의 여러 세트를 균형 있게 포함해야 한다. 간단히 말하자면, 밀기 운동을 할 때 당기기 운동도 있어야 한다. 대부분의 스트렝스 프로그램에서는 이런 경우가 없다. 대부분의 기존 프로그램들은 일반적으로 밀기 운동을 많이 하고 당기기 운동은 매우 적은 비율로 구성하고 있다.

표 8.1 1RM(Repetition Max) 표

100.00%	95.00%	92.50%	90.00%	87.50%	85.00%	82.50%	80.00%	77.50%	75.00%	72.50%	70.00%
1RM	2RM	3RM	4RM	5RM	6RM	7RM	8RM	9RM	10RM	11RM	12RM
120	114	111	108	105	102	99	96	93	90	87	84
125	119	116	113	109	106	103	100	97	94	91	88
130	124	120	117	114	111	107	104	101	98	94	91
135	128	125	122	118	115	111	108	105	101	98	95
140	133	130	126	123	119	116	112	109	105	102	98
145	138	134	131	127	123	120	116	112	109	105	102
150	143	139	135	131	128	124	120	116	113	109	105
155	147	143	140	136	132	128	124	120	116	112	109
160	152	148	144	140	136	132	128	124	120	116	112
165	157	153	149	144	140	136	132	128	124	120	116
170	162	157	153	149	145	140	136	132	128	123	119
175	166	162	158	153	149	144	140	136	131	127	123
180	171	167	162	158	153	149	144	140	135	131	126
185	176	171	167	162	157	153	148	143	139	134	130
190	181	176	171	166	162	157	152	147	143	138	133
195	185	180	176	171	166	161	156	151	146	141	137
200	190	185	180	175	170	165	160	155	150	145	140
205	195	190	185	179	174	169	164	159	154	149	144
210	200	194	189	184	179	173	168	163	158	152	147
215	204	199	194	188	183	177	172	167	161	156	151
220	209	204	198	193	187	182	176	171	165	160	154
225	214	208	203	197	191	186	180	174	169	163	158
230	219	213	207	201	196	190	184	178	173	167	161

푸시와 프레스 움직임에 대한 과도한 강조는 지나치게 발달한 가슴 근육과 발달되지 못한 견갑골 후인근들 때문에 자세 문제를 일으킬 수 있다. 더 중요한 점은, 당기기와 밀기 움직임이 같은 양으로 제공되지 못한 프로그램은 선수들의 과사용으로 인한 어깨 부상, 특히 회전근개 문제를 만들게 된다.

벤치 프레스를 우선시하는 선수들에서 회전근개 문제 발생률은 극도로 높다. 하지만 이것은 벤치 프레스 자체의 문제라기보다는 당기기 운동과의 균형이 부족하기 때문이라는 것이 나의 의견이다.

당기기와 밀기 스트렝스의 비율은 선수의 최대 친업 중량과 최대 벤치 프레스 중량을 비교하여 추산하는 것이 가장 좋은 방법이다. 체중에 대한 고려가 있어야 하지만 자기 체중 이상으로 벤치 프레스가 가능한 선수는 체격의 크기와 상관없이 외부 부하를 추가하여 당기기가 가능해야 한다. 실제로 우리는 친업의 최대 반복수를 통한 1RM을 추정해보았다. 총 숫자는 벤치 프레스와 같거나 커야 한다. 예를 들어 체중 200파운드의 선수가 45파운드 부하를 추가하여 친업 5회를 할 수 있다면, 그 선수의 1RM은 표 8.1에 근거하여 280파운드이다. 차트를 활용하려면 총 중량을 알아야 한다(이 경우는 245파운드). 그 후 5RM의 줄에서 245파운드를 찾는다. 왼쪽으로 따라가서 1RM 줄을 본다. 선수가 280파운드보다 더 큰 무게로 벤치 프레스를 할 수 있다면, 그 선수는 밀기와 당기기 균형의 부족으로 부상 위험이 있는 것으로 간주한다.

100.00%	95.00%	92.50%	90.00%	87.50%	85.00%	82.50%	80.00%	77.50%	75.00%	72.50%	70.00%
1RM	2RM	3RM	4RM	5RM	6RM	7RM	8RM	9RM	10RM	11RM	12RM
235	223	217	212	206	200	194	188	182	176	170	165
240	228	222	216	210	204	198	192	186	180	174	168
245	233	227	221	214	208	202	196	190	184	178	172
250	238	231	225	219	213	206	200	194	188	181	175
255	242	236	230	223	217	210	204	198	191	185	179
260	247	241	234	228	221	215	208	202	195	189	182
265	252	245	239	232	225	219	212	205	199	192	186
270	257	250	243	236	230	223	216	209	203	196	189
275	261	254	248	241	234	227	220	213	206	199	193
280	266	259	252	245	238	231	224	217	210	203	196
285	271	264	257	249	242	235	228	221	214	207	200
290	276	268	261	254	247	239	232	225	218	210	203
295	280	273	266	258	251	243	236	229	221	214	207
300	285	278	270	263	255	248	240	233	225	218	210
305	290	282	275	267	259	252	244	236	229	221	214
310	295	287	279	271	264	256	248	240	233	225	217
315	299	291	284	276	268	260	252	244	236	228	221
320	304	296	288	280	272	264	256	248	240	232	224
325	309	301	293	284	276	268	260	252	244	236	228
330	314	305	297	289	281	272	264	256	248	239	231
335	318	310	302	293	285	276	268	260	251	243	235
340	323	315	306	298	289	281	272	264	255	247	238
345	328	319	311	302	293	285	276	267	259	250	242
350	333	324	315	306	298	289	280	271	263	254	245

잠시 여러분의 밀기-당기기 비율을 재빨리 계산해보라. 체중에 중량을 더한 반복수(RM)를 찾은 후 표의 맨 왼쪽 끝에서 1RM을 찾는다. 그 다음 벤치 프레스로 똑같은 과정을 해본다. 이때 친업은 체중에 중량을 더한 무게이고, 벤치 프레스는 바벨과 플레이트의 무게라는 점을 기억하라.

선수들에게 적절하게 설계된 스트렝스 프로그램은 다양한 친업 운동들을 주당 최소 3세트, 로잉 움직임이 있는 운동도 최소 3세트를 포함해야 한다. 표 8.2를 참조하라.

표 8.2 그룹별 친업 운동(팔꿈치는 완전히 편다)

엘리트 남자 선수(NHL)	45×10
NFL 라인맨(320파운드: 145kg)	체중×7 이상
NFL 스킬 포지션	45×10
대학 남자 선수(Division 1)	45×5~10
엘리트 여자 선수(올림픽 금메달리스트, 152파운드: 69kg)	25×10
대학 여자 선수(Division 1)	체중×10

위의 숫자는 평균이 아니고 최고 선수들의 예이다. 프로그램이 적절하게 설계되고 수행되었다는 가정 하에 선수들이 어느 정도까지 수행할 수 있는지에 대한 지표로 제공한다.

프로그램 설계에서 중요한 원리는 같은 유형의 움직임에 여러 다양한 동작을 사용하는 것이다. 수직 당기기와 수평 당기기의 특정 유형을 3주마다 바꿔주거나 3주마다 반복수에 변화를 줘야 한다. 몇몇 경우에는 둘 다 변화를 줘야 한다.

스트렝스 기준들

나는 기준을 세우는 것을 좋아한다. 댄 존의 스트렝스 표준은 간단하다.

벤치 프레스 = 프런트 스쿼트 = 클린

우리는 더 이상 프런트 스쿼트를 하지 않으므로, 다음과 같이 수정할 수 있다.

벤치 프레스 = 스플릿 스쿼트 = 클린 = 친업

많은 독자들이 이에 대해 기분이 상하겠지만, 여러분이 선수를 훈련시킨다면 위의 내용을 인정해야 할 것이다. 실제로 어떤 선수가 벤치 프레스를 300파운드(136kg) 할 수 있다면, 그는 스플릿 스쿼트를 덤벨로 120파운드(55kg) 8회, 클린을 265파운드(120kg) 5회 할 수 있어야 한다(표 8.1 참조. 위 운동들은 모두 1RM 환산이 300파운드). 그 선수가 할 수 없다면 그 이유는 간단하다. 그 선수가 충분히 열심히 하지 않고 있기 때문이다.

댄 존은 고등학교 풋볼 선수의 기준을 다음과 같이 제시하였다.

클린: 205파운드(93kg)
벤치 프레스: 205파운드(93kg)
스쿼트: 255파운드(116kg)
클린+저크: 165파운드(75kg)

그다지 인상적인 무게들은 아니지만, 웨이트룸에서 바른 점수를 받기 위해 노력한 선수들은 훌륭한 선수로 성장하였다.

다음은 기준을 조금 다르게 변화시킨 것이다.

벤치 프레스 5RM = 행 클린 5RM = 리어 풋 엘리베이티드 스플릿 스쿼트 5RM
= 친업 5RM

친업 5RM은 표 8.1에 나오는 숫자지만, 벤치 프레스 5RM도 이와 같아야 한다.

우리 선수들이 이렇게 할 수 있다면, 그들이 모든 부분에서 열심히 하고 있다는 것을 알 수 있다. 행 클린과 리어 풋 엘리베이티드 스플릿 스쿼트의 5RM이 벤치 프레스 5RM을 넘을 수 있다면 더 낫다. 나는 늘 선수들에게 말한다. "어떤 리프팅 하나가 뒤떨어져야 한다면, 벤치 프레스여야 한다. 벤치 프레스는 가장 중요하지 않다."

이 기준들은 여성에게도 적용된다. 어떤 여자 선수가 벤치 프레스를 135파운드(61kg)

할 수 있는 것은 표준 친업 수치를 훨씬 뛰어넘는 것이지만, 행 클린 135파운드와 55파운드(25kg) 덤벨 한쌍으로 덤벨 스플릿 스쿼트 8회가 가능해야 한다(표 8.1에서 110파운드를 찾아본다. 110×8 = 135 1RM)

수직 당기기 동작들

변화를 주는 것이 지속적인 스트렝스 획득의 핵심이다. 매 3주마다 운동 타입이나 부하가 가해지는 패턴에 변화를 주는 것이 중요하다.

친업

프로그레션 1A

친업은 회외 그립(손바닥이 몸쪽 향한다)과 이두근이 보조해주어 체중을 수직 당기기하는 가장 쉬운 방법이다. 그립 넓이는 12~14인치(30~36cm)로 한다. 모든 수직 당기기 움직임에서의 필수 기술은 팔꿈치를 완전히 펴고 견갑골은 약간 거상시키는 것이다. 선수는 치팅을 하면 안 된다. 키핑 풀업은 확실한 치팅이다. 다른 사람의 말을 듣지 마라. 키핑 풀업은 자기만족을 하고 싶을 때만 좋을 뿐이다.

그림 8.1 보조 친업

훈련 첫 8주까지는 변화를 주는 것에 대해 염려할 필요가 없다. 초심자는 상급자보다 큰 변화가 필요없다.

친업과 변형한 동작들은 스트렝스 프로그램에서 다른 주요 운동들(행 클린, 스플릿 스쿼트, 벤치 프레스)과 합쳐져 최고의 훈련주기를 만들 수 있는 운동이다. 친업 8~10회 3세트, 5회씩 3~5세트, 3회 3~5세트를 실시하라.

친업과 풀업을 보조해주는 머신을 사용할 수 있지만, 훨씬 적은 비용으로 간단히 세팅할 수 있다. 간단히 튼튼한 어시스트 밴드를 풀업 바에 걸어 사용한다(밴드는 온라인 쇼핑몰에서 강도별로 구입할 수 있다).

선수는 한쪽 무릎을 밴드 안에 넣어 시작 자세로 몸을 낮춘다. 밴드의 신축성 에너지는 몸이 올라가도록 보조해준다. 선수는 탄력이 강한 밴드에서 약한 밴드로 강도를 높여갈 수 있으며, 그 후에는 밴드 보조 없이 체중으로만 할 수 있다.

체격이 매우 크거나 체력이 약한 선수는 선 자세로 발에 밴드를 걸면 더 큰 신축성 에너지를 받을 수 있다. 벤치 프레스에 사용하는 J후크에 밴드를 가로질러 걸고 그 위에 서서 할 수도 있다. 나는 밴드 위에 서서 하는 것을 선호하지만(그림 8.1 참조), 이 경우 한 명 이상의 선수를 훈련시키는 세팅은 어려울 수 있다.

8주 친업 프로그레션

이 프로그램은 주 2회로만 운동하는 것으로 설정하였다. 선수가 친업을 보조 없이 1회 할 수 있다면, 표 8.3의 8주 프로그램을 사용할 수 있다. 이 8주 프로그램 후 친업이 1회에서 5회로 발전한 선수를 쉽게 볼 수 있다.

10회 이상 친업을 할 수 있는 선수는 딥 벨트로 추가 중량을 사용해야 한다. 우리는 고반복 친업 테스트에서 벗어나 선수들이 강해지도록 시스템을 발전시켰다. 선수가 맨몸으로 친업 또는 풀업을 10회 할 수 있다면, 그 다음 테스트는 25파운드(11kg) 무게의 딥 벨트를 사용하는 것이다.

딥 벨트를 사용함으로써 다른 주요 리프팅을 하는 동안 수직 당기기 동작에 주기화 훈련을 할 수 있게 한다. 프로그램에서 3회를 하라고 할 때 중량을 증가시켜 3회 반복 세트를 실시한다. 우리 시설에서는 남자 선수들은 90파운드(41kg)를, 여자 선수들은 25~45파운드(11~20kg)를 사용하여 세트당 3회 반복하는 것이 드문 일이 아니다.

탄력이 강한 밴드로 보조 친업을 5회 할 수 있는 선수는 풀다운을 해서는 안 된다. 체중 대비 근력 비율이 낮은 극심한 과체중 선수는 풀다운을 해야 한다. 어린이나 노인 역시 풀다운에서 이득을 얻을 수 있다. 그렇지만, 친업 또는 보조 친업이 가능한 건강한 선수가 풀다운 해야 할 이유는 없다. 풀다운은 친업을 하기 싫어하는 사람들을 위한 간단하고 쉬운 해결책이다.

표 8.3 8주 보조 없는 친업 프로그램

1주	4×1(이 의미는 1회씩 4세트, 마지막 횟수는 3~5초 동안 신장성 수축)
2주	1×2, 3×1
3주	2×2, 2×1
4주	3×2, 1×1
5주	4×2
6주	1×3, 3×2
7주	2×3, 2×2
8주	3×3, 1×2

패러럴 그립 풀업

프로그레션 1B

이 훌륭한 상체 당기기 운동은 친업과 비슷하지만 그립의 위치가 중립neural이기 때문에 전완과 팔꿈치 굴곡근들(상완근과 상완요골근)을 목표로 한다. 평행 그립 풀업은 V 핸들을 이용하거나 평행 핸들이 장착된 풀업 바에서 할 수 있다(그림 8.2 참조). 친업과 같은 방법으로 동작한다. 단지 손 위치만 다르다. 패러럴 그립 풀업은 전완굴곡근의 쓰임이 증가하기 때문에 친업과 난이도 측면에서 비슷하다. 어깨나 손목에 문제가 있는 선수는 친업이나 풀업보다 패러럴 그립 풀업이 더 편할 것이다.

그림 8.2 **평행 그립 풀업**

풀업

프로그레션 2

풀업은 친업이나 패러럴 그립 풀업보다 더 어려운 운동이다. 풀업할 때 손은 회내 그립으로 한다(손바닥이 정면을 향하도록). 상완 근육의 개입이 덜하고 등 근육에 자극이 더 가해져 더욱 힘들어진다. 풀업은 상체 프로그램에서 친업과 패러럴 그립 풀업을 최소 3주 동안 수행한 후 실시하는 3번째 운동이어야 한다. 풀업은 어깨의 외전, 외회전 자세이기 때문에 어깨에 가장 덜 친화적인 운동이다. 따라서 어깨에 문제가 있는 선수는 피해야 한다.

스터넘 친업

프로그레션 3

스터넘 친업은 상급 선수에게도 어려운 변형 동작이다. 스터넘 친업을 할 때, 바 위에 턱이 아니라 흉골이 닿도록 더 강하게 당긴다(그림 8.3 참조). 이때 견갑골 후인근들이 더 큰 각도로 사용되어야 가동범위가 3~4인치(8~10cm) 정도 더 증가한다.

그림 8.3 스터넘 친업

풀다운 변형 동작

리그레션 1

나는 이 책에 랫 풀다운을 절대 포함하지 않겠다고 생각했었다. 언제나 친업과 풀업이 훌륭한 선택이라고 지지해왔다. 그러나 늘 그렇듯, 세상은 변한다. 여러분이 오늘 나에게 상체를 당기기 위한 운동을 어떻게 진행하는지 묻는다면, 처음에는 체중을 이용한 TRX나 링(다음 부문인 수평 당기기의 주요한) 로우를 하라고 말했을 것이고, 그 후엔 특히, 어깨에 문제를 가지고 있다면 여러분이 이미 알고 있듯 풀다운의 변형 동작 중 하나를 덧붙일 것이다.

서스펜션 로우는 강도 높은 수평 당기기 운동으로, 랫 풀다운은 수직 당기기의 더 낮은 강도의 운동으로 생각하라. 이제부터 이 운동들을 (랫을 뗀) '풀다운'이라고 명칭할 것인데, 풀다운 운동은 광배근보다 많은 근육들이 동원되기 때문이다. 이 운동에는 광배근, 하부 중부 승모근, 능형근, 전거근 등을 운동시킨다. 한 가지 더, 이 운동을 래터럴 풀다운이라고 부르지 않길 바란다. 랫Lat은 latisssimus(latissimus dorsi: 광배근)의 줄임말이지, lateral(측면)의 줄임말이 아니다.

내 생각이 바뀐 이유는 무엇일까? 몇몇 사람들은(주로 어린 선수들과 여자 선수들) 친업이나 풀업 같은 수직 당기기가 가능하지 않다. 나는 둥근 구멍에 사각형 나무 조각을 끼워넣는 것처럼 어떤 이들에게는 불가능한 것을 열정이라는 이름으로 강요한 죄를 지었던 것이다. 덧붙이자면, 노인 회원이나 어깨에 문제가 있는 사람들에게 풀업처럼 체중 수직 당기기는 문제를 일으킬 수 있지만, 수평 당기기 운동은 강도가 높아도 일반적으로 문제를 일으키지 않았다. TRX나링 로우와 같은 서스펜션 운동은 풀업보다 훨씬 더 확장성이 좋은 운동이다. 밴드를 사용할 수 있고, 등척성으로 운동할 수 있으며, 원심성 운동을 할 수도 있으나, 모든 사람들이 이것들을 잘한다고 할 수는 없다. 우리는 일부 사람들에게 풀다운을 대안으로 제시할 수도 있다는 생각을 받아들여야 할지도 모른다.

체육관에서 친업이나 풀업 같은 수직 당기기 운동을 하는 사람들을 보면 상부 승모근과 이두근을 과도하게 사용하는 것을 볼 수 있다. 하지만 서스펜션 로우에서는 이런 모습을 거의 볼 수 없다. TRX와 링 로우는 쉽게 강도 조절을 할 수 있는 완전히 확장성이 넓은 운동이며, 풀업과 친업은 잘하기가 훨씬 더 어렵다.

내가 풀다운을 좋아하는 다른 이유는, 펑셔널 트레이너functional trainer의 발명 덕분이다. 펑셔널 트레이너란 보수BOSU 위에 서 있는 트레이너를 의미하는 것이 아니라, 두 팔이 달린 장비를 말하는 것이다.

다음을 생각해보라. 우리는 왜 모든 풀다운 동작을 바에 양손을 고정하여 하고 있는가? 지금껏 모든 사람들이 그렇게 해왔고, 다른 선택이 없었기 때문이다. 몇 년 동안 풀다운 바, V 핸들, 또는 당신이 사용하기로 선택한 장비가 풀다운 운동의 어깨 기능을 결정해 온 것이었다. 어느날 프리모션Free Motion과 카이저Keiser 같은 회사들이 2개의 독립적인 팔과 핸들이 달린 펑셔널 트레이너라는 장비를 개발하였다. 이 과정에서 어깨에 도움이 되는 완전히 새로운 운동이 탄생하게 되었다. 우리는 이미 만들어 고정된 그립 위치 대신에 최상의 손 자세를 선택할 수 있고, 양팔을 동시에 각각 따로 사용할 수 있게 되었다. 펑셔널 트레이너는 당기기 패턴에서 어깨를 위한 덤벨이 되었다.

왜 이것이 중요할까? 얼마나 많은 선수에게 어깨 문제가 있는지 알고 있는가? 셀 수 없이 많다. 맞는가? 어깨 문제의 근본적 이유는 견봉궁acromial arch 아래에서 회전근개가 지속적으로 상처받기 때문이라는 것을 알고 있는가? 밧줄을 바위에 대고 앞뒤로 당기는 것처럼, 이러한 쓸림은 회전근개건의 마찰로 이어진다. 고정된 바에서 당기기를 한다면, 견봉 아래에서 회전근개건 같은 조직들을 매일 쓸리게 하고 있는 것이다.

이제 펑셔널 트레이너의 핸들을 잡아보라. 흥미로운 점은 대부분의 사람들이 일반적인 바 잡는 방법을 흉내내려고 한다는 것이다. 바보 같은 짓이다. 우리의 지도사항은 명확하다. 동작 시작 그립은 엄지가 아래로 가고(어깨가 내회전되도록), 동작 마무리는 엄지가 위로 가도록 하는 것이다(어깨가 외회전되도록). 엄지가 아래로 가는 그립에서 엄지를 위로 보내는 그립으로 마무리 지으려면, 어떤 동작을 풀다운에 추가해야 할까? 바로 어깨 외회전이다! 나는 아주 관절 친화적이고 나선형과 대각선 패턴으로 어깨를 움직이게 했고, 회전근개를 아주 약간 비트는 움직임을 더했다. 이 운동은 내 책에서 엄청난 인기를 끌게 되었다.

나의 친구 미콜 달코트Michol Dalcourt로부터 또 다른 큰 티칭 포인트를 얻었다. 당신의 고객에게 머신 쪽으로 가슴을 내밀라고 말해보라. 어떤가? 우리가 원하던 바처럼 견갑골이 후인되는 것을 확인할 수 있었을 것이다. 옛날처럼 견갑골들을 꼬집으라고 큐를 할 필요가 없다. 달코트는 수년 전 세미나에서 훌륭한 티칭 포인트를 만든 것이다. 가슴을 앞으로 내밀면서 동시에 어깨를 으쓱shrug할 수 없을 것이다. 가슴을 앞으로 내미는 것은 견갑골을 후인하는 것이다. 어깨를 으쓱하는 것은 어깨의 거상이다. 풀다운에서 쉬러깅shruging을 없애고 싶은가? "바를 가슴에 대라"가 아니라, "가슴을 바에 대라"고 지시하라. 사실 가슴을 앞으로 내미는 근육은 없고 단지 어깨를 뒤로 움직이게 하는 근육만 있다. 하지만 2가지 큐(어깨를 뒤로 당겨라 vs 가슴을 앞으로 내밀어라)의 결과는 완전히 다를 수 있다. 시도해보라. 매번 효과가 있을 것이다.

X 풀다운

베이스라인

팔을 교차해서 동작을 시작하기 때문에(그림 8.4 참조) X 풀다운이라고 이름 붙였다. 펑셔널 트레이너의 독립된 핸들은, 견갑골의 내전과 하강, 어깨의 신전, 약간의 외회전을 포함한 움직임을 할 수 있다. 기본적으로는 시상면 운동이지만 관상면과 횡단면적 요소를 추가한 것이다.

주의: 펑셔널 트레이너 장비가 없지만 이 운동의 효과를 가지고 싶다면, 단순하게 케이블 머신에서 한 팔로 한 번씩 풀다운을 하면 된다. 또한 체중 이상의 중량을 다룰 수 있게 된다면 친업을 할 시간이 된 것이다.

이미 언급했듯, 팔을 교차하고 엄지가 아래로 가도록 시작한다.

그림 8.4 X 풀다운

얼터네이팅 X 풀다운

프로그레션 1

견갑대 안정화 요소를 더하고 싶은가? 한쪽 팔을 당겨 내려서 유지하고 있으면 하부 승모근과 능형근이 작동(다음에 소개할 Y-T-W 연속 운동에서 W 동작을 생각해보라)하고, 그 반대쪽 어깨는 후인, 하강, 신전, 수평내전과 외회전이 된다. 가성비에 대해 얘기해보자. X 풀업은 견갑골 안정화 운동과 수직 당기기 운동이 결합된 것이다.

약간의 변형 동작을 원하는가? 교차 동작을 하지 않고 양팔을 교대로 당겨보라. 지금까지 소개한 세 가지 동작은 모든 선수와 고객들에게 적용할 수 있는 어깨 친화적인 운동이다.

하지만 풀업이나 친업이 더 이상 필요하지 않다는 의미는 아니다. 다만 우리는 각각의 사람에 맞는 운동을 적용해야 한다는 것을 의미할 뿐이다. 내가 어린 선수들이 풀업과 친업을 할 수 있게 만들었다면, 당신도 그럴 수 있을 것이다. 만약 목과 경추에 문제가 있는 노인 고객이나 근력이 약한 젊은 고객이 찾아온다면, 서스펜션 로우와 풀다운 컴비네이션 운동을 지도해야 할 것이다.

수평 당기기 동작들

수평 당기기 동작들 또는 로우 동작들은 매우 중요하므로 상체 프로그램에 반드시 포함해야 한다. 로우는 벤치 프레스와 길항적인 움직임이기 때문에 중점을 둬야 한다. 친업과 그 변형 동작들도 중요하긴 하지만 로우 동작은 벤치 프레스로 (종종 과훈련된) 훈련된 근육과 움직임 패턴과 정반대 근육과 패턴 모두를 목표로 한다. 하지만 이 운동의 중요성에도 불구하고, 로우는 스트렝스 프로그램에서 자주 생략되거나 제한적으로 실시된다.

기능적 트레이닝에서 로잉 움직임은 큰 변화를 겪었다. 최신의 선수 트레이닝과 물리치료 분야에서 인체는 대각선 패턴으로 이어져 연결되었다는 사실을 설명하고 있다. 힘은 지면에서부터 다리를 통해 고관절과 천장 관절을 지나 교차되어 반대편 광배근(등허리의 표면을 지나는 근육)과 견갑대로 전달된다. 이 교차-연결 시스템의 핵심 근육들은 골반을 안정화시키는 중둔근, 요방형근과 고관절 안정화 작용을 하는 고관절 회전근군이다.

고관절 회전근군은 특별히 중요한데, 지면에서 발생하는 모든 힘이 유연하며 안정적인 고관절을 통해 적절히 상체로 전달되어야 하기 때문이다. 이러한 작용은 골프 스윙이나 야구의 홈런에서 확인할 수 있다. 이 필수적인 근육군은 실제로 최근까지도 무시되어 왔다. 고관절 회전근들은 하지의 회전근개라 할 수 있지만, 어깨 회전근개가 받았던 관심과 보살핌을 얻지 못했다. 고관절 회전근들은 프로그램 디자인에 특별한 주의를 기울여야 한다. 케이블 머신으로 하는 로우 움직임은 이 훈련이 되지 않은 부분을 강화하는 데 도움을 줄 수 있다.

덤벨 로우

프로그레션 1

덤벨 로우는 로우 동작들 중 가장 간단하고, 초보자가 적절한 등허리 자세를 배우는 데 도움을 줄 수 있으며, 여러 리프팅 기술로 전이될 수 있다. 비교적 단순한 동작임에도 불구하고, 덤벨 로우는 지도하기 가장 어려운 운동 중 하나일지 모른다.

무릎을 발 위에 위치시킨 와이드 스쿼트 자세로 시작한다. 몸을 앞으로 기울여 벤치 위에 한 손을 놓고 지지해 몸통을 안정적으로 만들어, 허리에 스트레스가 가지 않도록 한다. 등허리에는 아주 약간 아치를 만들고, 복부는 강하게 조인다. 견갑골이 먼저 움직이도록 집중하고, 팔꿈치를 사용해 덤벨을 엉덩이 쪽으로 가져온다(그림 8.5 참조). 이 동작은 초보자에게 매우 좋긴 하지

그림 8.5 **덤벨 로우**

만 두 다리로 서 있기 때문에 고관절 회전근 그룹이 작동하지는 않는다. 5~10회씩 3세트 실시하라. 트레이닝 단계에 따라 강도를 설정한다.

캣 카우Cat-Cow

리그레션 1

우리는 덤벨 로우를 지도하는 데 도움이 되는 몇 가지 리그레션 동작을 만들었다. 덤벨 로우를 실패하는 가장 주요한 원인은 등의 아치를 유지하지 못하는 것이다. 캣 카우(그림 8.6)는 척추의 굴곡과 신전 움직임을 지도하게 위해 고안된 요가 동작이다. 우리는 로우를 하는 동안 약간의 아치를 유지하는 것을 인지하는 데 이 동작을 활용한다. 선수는 네발기기 자세로 시작하고 화난 고양이처럼 등을 불룩하게 하고 이와 반대의 큰 아치를 교대로 만든다. 고관절 움직임 없이 척추 움직임을 지도하는 것은 덤벨 로우 시작 자세를 강화할 수 있다. 로우에 필요한 인지 능력을 만드는 데는 2~3회 반복 1~2세트면 충분하다.

그림 8.6 캣 카우

벤치 스트래들 로우Bench Straddle Row

리그레션 2

덤벨 로우의 또 다른 결함은 스쿼트 자세에서 무릎을 넓게 유지할 수 없는 것이다. 다리 사이에 벤치를 넣고 다리를 벌리고 동작하여 무릎을 벌린 자세를 보강할 수 있다. 오른손으로 로우를 한다면, 왼손은 벤치 위에 두고 왼쪽 다리 무릎 안쪽은 벤치에 가볍게 닿도록 한다(그림 8.7 참조). 이 자세에서는 왼쪽 무릎이 안쪽으로 무너지지 않아 더 좋은 자세를 유지할 수 있다. 몇 번의 캣 카우와 스트래들 자세의 결합이 덤벨 로우 기술을 교정하는 데 필요한 전부이다.

그림 8.7 벤치 스트래들 로우

서스펜션 트레이너 인버티드 로우 Suspension Trainer Inverted Row

프로그레션 2

서스펜션 트레이너 인버티드 로우는 평소 정기적으로 하지 않는 최고의 운동일 것이다. 인버티드 로우는 체간 안정화에 대해 가르치고 견갑골 후인근들과 후면 삼각근의 근력 발달시키는, 놀랍도록 단순하면서 가장 도전적인 동작이다. 동작이 단순해 보여도, 이 운동은 강한 선수들조차 겸손하게 만드는 운동이다. 강력한 밀기 근육을 가진 선수들은 스스로 얼마나 적은 횟수의 인버티드 로우를 하게 되는지 불편해하면서도 놀란다.

그림 8.8 서스펜션 트레이너 인버티드 로우

TRX나 링과 같은 서스펜션 장비의 출현으로 파워 랙이나 친업 바 등 어떤 장비들에서도 인버티드 로우를 간단히 할 수 있게 되었다. 길이가 조절되는 스트랩은 어떤 근력 레벨이든지, 어떤 선수든지 쉽게 조절하여 운동할 수 있다. 이 책의 첫 번째 판에서, 인버티드 로우는 겸손해지는 운동이지만 장비 설치 기준으로 봤을 때 항상 훌륭한 프로그램이라기에는 적합하지 않다고 했었다. 하지만 서스펜션 스트랩의 출현으로 모든 것들이 바뀌었다. 우리는 더 이상 바벨로 하는 운동을 하지 않고 TRX나 링으로만 운동을 지도한다. 링이나 TRX는 어떤 근력 레벨이든지 쉽게 적응할 수 있을 뿐만 아니라, 이러한 서스펜션 장비들은 엄지를 아래로 시작해서 위로 하는 동작으로 끝나는 어깨의 내회전에서 외회전으로의 움직임을 가능케 한다. 이러한 움직임은 어깨 건강에 엄청난 혜택을 준다.

인버티드 로우를 할 때 핸들이 대략 허리 높이에 오도록 서스펜션 장비를 설치한다. 운동효과가 가장 잘 나타나도록 몸의 각도를 찾는 것이 핵심이다. 왜냐하면 서스펜션 장비들은 몸을 어느 각도로든 위치할 수 있게 조절 가능하기 때문이다. 난이도를 가장 어렵게 세팅하는 방법은 바닥과 몸이 평행을 이루고, 몸 길이의 3/4 정도 떨어진 벤치 위에 발을 올려놓는 것이다. 발을 벤치에 올리고 손은 핸들을 잡고 몸통은 완전히 편다. 발가락은 위를 향하도록 하고 발을 모은다. 이 자세에서, 가슴이 핸들에 닿도록 당긴다(그림 8.8 참조). 대부분의 선수들은 첫 시도에서 가슴이 핸들에 닿지 못하는 데, 그들의 견갑골 후인근들과 후면 삼각근이 약하기 때문이다. 이 운동은 등 상부뿐만 아니라 몸통 전체에 자극을 준다. 상급 선수들의 경우 몸통 근육에 기능적인 과부하를 증가시키려면 중량조끼를 입고 이 운동을 할 수도 있다.

8~10회 3세트를 실시하고, 발을 벤치에 올리고 할 수 있을 때까지 매주 몸통 각도를 줄이려고 노력한다.

싱글 암, 싱글 레그 로우(정적 고관절)

베이스라인

싱글 암, 싱글 레그 로우는 안정근인 고관절 회전근을 다루는 로잉 프로그레션의 첫 번째 운동이다. 이 운동을 하기 위해서는 허리 높이로 조절 가능한 케이블 머신이 필요하다. 이 운동은 한 발로 서서, 반대쪽 손으로 로우를 실시한다(그림 8.9 참조).

그림 8.9 싱글 암, 싱글 레그 로우

싱글 레그 자세는 로우를 고유수용기, 스트렝스 및 발목, 무릎, 고관절의 안정성을 발달시키는 복합 운동으로 격상시킨다. 싱글 암, 싱글 레그 로우를 하는 초기에 안정화를 강조해야 한다. 가슴 바로 아래 흉곽으로 핸들을 당기는 동안 발목,무릎 및 고관절이 안정화되도록 노력한다. 모든 케이블 로우 동작을 하는 동안 엄지를 아래로 내린 그립에서 시작해 엄지를 위로 올리는 그립으로 끝나는 어깨 회전근개 운동을 추가할 수 있다. 어깨 움직임에 변화를 줌으로써 싱글 암, 싱글 레그 로우 동작에 관여한다.

5~10씩 3세트 실시하는데, 트레이닝 단계에 따라 달라진다.

싱글 암, 싱글 레그 로우(동적 고관절)

프로그레션 1

이 운동의 동적과 정적 버전 사이의 차이점은, 선수가 동적 버전에서는 케이블 머신 쪽으로 (반대쪽) 손을 뻗는 동작을 한다는 점이다. 손을 뻗는 동작은 몸통 회전과 고관절 내회전을 만들고, 로우 동작이 완료될 때 부하는 측면(바깥쪽) 고관절 회전근에 실린다. 이 동작은 발목부터 어깨까지 전신에 동적인 자극을 준다. 고관절 움직임을 증가시키기 위해 어느 정도 '치팅'을 허락할 수 있다. 5~10회 3세트를 실시하는데, 트레이닝 단계에 따라 달라진다.

싱글 암, 더블 레그 로테이셔널 로우

프로그레션 2

싱글 암, 더블 레그 로테이셔널 로우는 EXOS팀의 퍼포먼스 향상 전문가 마크 버스티켄에게서 차용했다. 전신 로우 운동으로 다리 신전, 고관절 내회전 및 몸통 회전이 포함된 극도로 동적인 움직임이다.

이 기능적이고 통합적인 운동은 하프 스쿼트, 하프 로우로 설명하는 것이 가장 좋다. 나는 비교적 새로운 이 운동이 모든 기능적 트레이닝 프로그램에 필수가 될 것이라고 믿고 있다. 싱글 암, 더블 레그 로테이셔널 로우의 가장 훌륭한 부분은 방향 전환의 역학을 모방한 운동이라는 것이다.

이 운동을 지도할 때, 나는 종종 선수들에게 측면 셔플의 스톱-앤-고Stop-and-Go를 마음속으로 그려보라고 말한다. 케이블 머신이나 로어 풀리lower pulley와 어깨 라인의 정렬을 맞춘다. 몸을 가로질러 핸들을 잡고, 핸들을 고관절 쪽으로 당기며 똑바로 일어선다(그림 8.10 참조).

스쿼트를 할 때 사용되는 근육들과 로우를 할 때 사용되는 근육이 결합하여 동시에 다리 펴기, 몸통 회전과 어깨 신전 움직임이 사용된다. 이 운동으로 자극받지 않는 근육들은 밀기 동작에 사용되는 근육뿐이다. 제동력과 방향 전환에 필요한 힘을 상상하며 시도해보라. 그러면 이 운동에 대한 타당성에 대해 완전히 동감하게 될 것이다. 5~10회 3세트를 실시하는데, 트레이닝 단계에 따라 달라진다.

그림 8.10 싱글 암, 더블 레그 로테이셔널 로우

상체 밀기 운동들

이번 섹션에서는 벤치 프레스보다는 기능적 상체 스트렝스에 초점을 맞춘다. 우선, 우리 선수들은 벤치 프레스와 덤벨 프레스 및 여러 다양한 앙와위 프레스 동작들을 훈련하고 있다는 사실을 분명히 밝히고 싶다. 다만 벤치 프레스를 반대하지 않으나, 나의 철학은 상대적으로 중요치 않은 리프팅은 지나치게 강조하지 않는 균형잡힌 트레이닝을 추구한다. 기능적 트레이닝 관점에서는, 앙와위 프레스와 오버헤드 프레스 조합은 주당 2회 30분 이상 하지 않는 것이 중요하다. 프레스 움직임에 시간을 더 추가하는 것은 다른 근육군과 프로그램의 균형을 방해하여 트레이닝 효과를 떨어뜨린다.

표 8.4는 프로그램 디자인과 근력 평가에 도움이 되는 일반적인 가이드라인이다. 이 가이드라인은 코치와 트레이너에게 도움을 줄 것이고, 선수들은 다른 앙와위 프레스 운동들 사이에서 균형을 찾을 것이다. 다른 관계된 리프팅이 향상되면서, 당신의 벤치 프레스 횟수가 향상될 수 있다. 선수들은 종종 한 가지 리프팅 종목만 집중하는데, 실제로는 진전되지 못하고 지연될 것이다. 프레스 근력의 균형을 위해 노력하라. 근력은 다양한 각도(인클라인, 오버헤드)와 더불어 안정성(덤벨 사용)을 갖춰야 발달된다. 한 각도 또는 한 동작으로만 해서

표 8.4 상체 프레스의 타당한 근력 관계

벤치 플레스(예시) 300파운드(136kg) 최대	인클라인 벤치 프레스 240파운드(109kg), 최대 벤치 프레스의 80%	덤벨 벤치 프레스 95×5(덤벨의 중량은 최대 벤치 프레스/2의 64%)	덤벨 인클라인 벤치 프레스 77×5(최대 덤벨 벤치 프레스의 80% 중량)

이 차트는 균형 잡힌 상체 프레스 근력의 발달을 위해 적절한 트레이닝 프로그램 후에 가능할 선수들의 무게의 양을 보여준다.

는 안 된다. 모든 상체 덤벨 운동은 가이드라인을 염두에 두고 처방되었다. 초심자들은 좀 더 무거운 중량을 다루기 위해 필요한 밸런스와 안정성 발달을 위해 중량을 천천히 증가시켜야 한다.

푸시업

베이스라인

푸시업은 상체 프로그램 중 가장 과소평가된 운동이며, 장비가 필요없고, 다양한 변형 동작이 있는 프레스 동작이다. 푸시업은 근력과 체중 비율을 향상시켜야 하는 체격이 큰 선수에게 탁월한 운동이다. 이런 이유로, 풋볼 트레이닝 프로그램에서 훌륭한 운동이다. 푸시업의 다른 훌륭한 강점은 상체 트레이닝에 코어 발달을 결합할 수 있다는 것이다. 수많은 체격이 큰 선수나 일반 선수들이 푸시업의 적절한 자세를 유지하기 어려운 코어를 가지고 있다. 게다가 푸시업은 벤치 프레스가 접근하지 못하는 견갑대 부위에도 어느 정도 작용한다.

핏 엘리베이티드 푸시업Feet-Elevated Push-up

프로그레션 1

핏 엘리베이티드 푸시업(그림 8.11 참조)은 난이도를 높이는 가장 간단한 방법이다. 푸시업이 쉬운 선수는 다른 외적 저항 없이 난이도를 증가시키기 위해 발을 12~24인치(30~60cm) 높일 수 있다. 여기서 선수는 보수 푸시업이나 중량조끼를 입거나 등에 플레이트를 올려놓아 난이도를 높일 수 있다.

그림 8.11 핏 엘리베이티드 푸시업

보수볼 푸시업

프로그레션 3

보수볼 푸시업(그림 8.12 참조)은 발을 올린 버전이나 중량조끼를 입고 할 수 있다. 이 운동은 상체와 체간의 고유수용성 감각을 발달시키고 양손은 다른 운동에 비해 훨씬 더 일반 스포츠 자세에 가까운 위치에 자리한다.

5~10회 3세트 한다. 트레이닝 단계에 따라 달라진다. 지구력을 키우는 단계에서는 이보다 반복수가 늘어난다.

푸시업의 적절한 프로그레션은 그림 8.13에 설명하였다.

그림 8.12 **보수볼 푸시업**

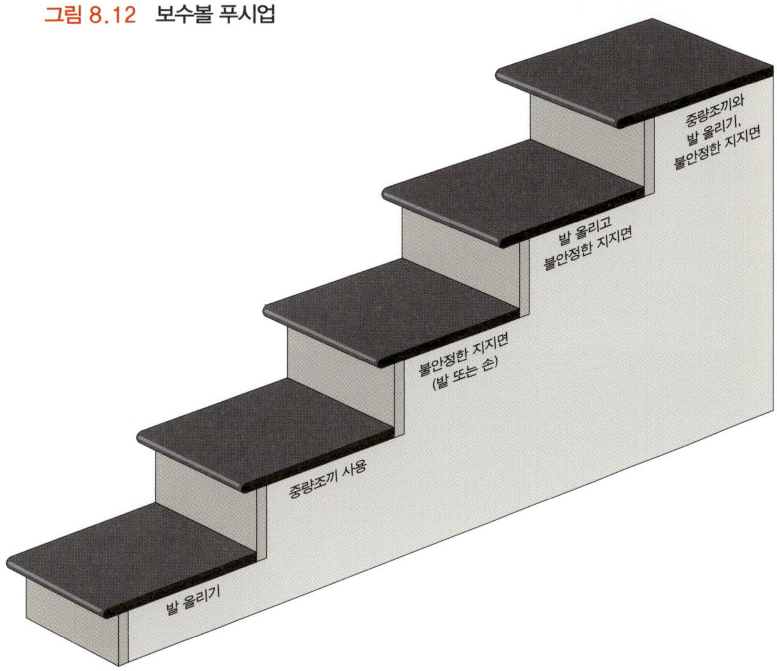

그림 8.13 **푸시업 프로그레션**

스탠딩 케이블 프레스

리그레션 1

싱글 암 스탠딩 케이블 프레스는 조절이 가능한 모든 케이블 머신에서 할 수 있고, 프레스 중 가장 기능적인 방법일 수 있다. 4장 트레이닝 장비 섹션에서 언급한 AT 스포츠 플렉스는 이 운동에서 훌륭한 더블 암 스탠딩 버전을 가능케 한다. 이 운동은 또한 한쪽씩 할 수 있다. 서 있는 자세에서 코어에 부하를 줄 수 있는 것이 스탠딩 케이블 프레스의 추가된 이점이다.

오버헤드 프레스

오버헤드 프레스는 『펑셔널 트레이닝 포 스포츠』 초판에서는 다루지 못한 부분이다. 이 움직임에 대한 개념은 여러모로 당기기 운동과 코어 챕터에서 논의했던 것과 동일하게 적용된다. 우리는 스트레이트 바를 사용하지 않고, 일측성 버전을 선택했으며, 안정성을 향상시키는 자세로 시작한다.

수직 당기기와 수평 당기기 세션에서 언급했듯이, 스트레이트 바는 바의 움직이는 경로와 리프터의 어깨 움직임을 결정한다. 새로운 기능성 장비의 개별적인 핸들이나 서스펜션 장비의 핸들처럼, 덤벨은 어깨의 자유로운 움직임을 가능케 한다. 이러한 점들 때문에 오버헤드 프레스를 할 때 스트레이트 바를 사용하는 것보다 많은 이점이 있다. 오버헤드 운동은 요추를 안정화시키고 리프터가 어깨를 잘 사용하게 하기 위해 하프 닐링 자세로 시작한다.

오버헤드 프레스할 때 대부분이 하는 공통적인 실수는 뒤로 기댄 자세를 만들거나 오버헤드 프레스를 실제로는 인클라인 프레스로 바꾸는 요추 신전이다. 뒤로 기댄 자세는 인클라인 프레스처럼 상부 근육을 활성화시킨다. 하지만 요추에 엄청난 스트레스가 발생한다.

하프 닐링 얼터네이팅 케틀벨 프레스

베이스라인

나는 하프 닐링 스탠스와 케틀벨을 사용하여 오버헤드 훈련을 시작한다. 케틀벨의 특성에 때문에 어깨에 자연스러운 외회전 힘이 발생하고 이는 견갑하근(어깨 안정근의 핵심)이 동원된다는 것을 의미한다. 오버헤드 프레스가 불편하다고 이야기하는 선수나 고객들이 종종 얼터네이팅 케틀벨 프레스를 할 때는 통증이 전혀 느껴지지 않는다고 이야기하곤 한다.

양손에 케틀벨을 들고 앞쪽 삼각근에 엄지손가락이 닿는 어깨높이에서 시작한다. 팔꿈치는 몸통과 약 45도가 되도록 만든다. 케틀벨을 프레스하면서, 어깨를 (엄지손가락이 얼굴을 향하

그림 8.14 **하프 닐링 얼터네이팅 케틀벨 프레스**

도록) 내회전시킨다(그림 8.14 참조). 역순으로 내리는 동작을 한 후 반대편으로 프레스를 실시한다. 5~10회 3세트 실시한다.

보톰 업 케틀벨 프레스

리그레션 1

하프 닐링 얼터네이팅 케틀벨 프레스를 해도 여전히 통증이 있거나 불편하다면, 보톰 업 버전을 시도해본다. 케틀벨 바닥이 위로 가도록 세워 손잡이를 잡은 후 앞의 동작처럼 프레스한다. 보톰 업 자세는 어깨 안정근을 더 많이 동원하고, 또 다시 통증 없는 오버헤드 프레스를 만들어 낼 것이다.

하이 스플릿 얼터네이팅 프레스

프로그레션 1

다리를 올려 벌린 자세high split는 하프 닐링 자세에서 30~45도 세운 인클라인 벤치에 한쪽 발을 올려놓은 선 자세로 이동한 것이다(그림 8.15 참조). 이 자세의 핵심은 요추를 안정화시키기 위해 앞쪽 발에 기대는 것이다. 이는 거의 하프 닐링에 가까운 선 자세 버전이고, 가짜 인클라인 프레스에 비해 어깨를 실제로 사용하게 한다.

스탠딩 얼터네이팅 덤벨 프레스

프로그레션 2

허리 아치를 만들지 않거나 고관절을 앞으로 내밀지 않도록 하는 숄더 프레스를 배웠으면, 표준적인 선 자세 프레스를 할 수 있다(그림 8.16 참조). 여기에서는 덤벨을 사용하고 어깨에서 시작하여 양팔을 번갈아가면서 사용한다.

그림 8.15 **하이 스플릿 얼터네이팅 프레스**

그림 8.16 **스탠딩 얼터네이팅 덤벨 프레스**

견갑흉곽 관절과 관절와상완 관절의 트레이닝

일견 비기능적으로 보이는 몇몇 운동들은 사실 특정 관절에 유용하고 기능을 향상시킬 수 있다. 견갑흉곽 관절(견갑골-흉곽)과 관절와상완 관절(어깨)은 고립 운동으로도 기능 향상의 이득을 볼 수 있고 전체 어깨 관절의 기능에서도 이득을 볼 수 있는 두 부위이다.

어깨 트레이닝에서 일어나는 실수는 양자택일의 문제로 접근해왔기 때문이다. 몇몇 코치는 당신이 기능적 운동을 믿는지 아니면 믿지 않는지를 전제로 행동한다. 이 코치들은 어깨 근육을 다관절 트레이닝으로 보고, 모든 고립 운동 또는 회전근개 운동을 피하는 경향이 있다. 이 전문가들 몇몇은 고립 운동은 비기능적이며 시간낭비라는 사고 과정을 발전시켰다. 나는 어떤 고립 운동은 어깨 관절과 고관절에 유익할 수 있다고 생각한다.

어깨 운동에 대한 최고의 접근법은 부상 예방을 위한 어깨 안정성 향상 운동과 스트렝스를 위한 오버헤드 프레스를 결합하는 것이다. 사전재활 운동prehabilitation exercise의 목표는 견갑골과 관절와상완 관절의 움직임과 안정화이다.

견갑흉곽 관절의 기능과 회전근개의 스트렝스는 부상 감소에 대단히 중요하다. 견갑골 안정화 근육의 강화가 없는 회전근개 근육의 강화는 반쪽짜리 훈련이다. 안정적인 기반은 견갑흉곽 관절에 의해 제공된다.

스탠딩 숄더 서킷

스탠딩 숄더 서킷Stnading Shoulder Circuit은 AT 스포츠 플렉스를 사용하여 견갑흉곽부 훈련에서의 자세와 용이성에서 완전히 새로운 수준을 가져왔다. 글자 Y, T, W는 견갑골 후인 또는 움직임을 수행하는 자세를 묘사한 것이다. 글자의 모양은 몸과 관련한 팔의 위치를 연상시킨다.

Y: 팔의 위치는 어깨높이 위로 45도, 엄지는 외회전이 나오도록 위쪽을 가리킨다.
T: 팔은 체간과 90도가 되도록 벌리고 엄지는 위로 향하게 한다. 이 자세의 핵심은 견갑골은 후인하고 어깨는 90도 각도를 유지하는 것이다. 약한 견갑골 후인근을 가진 많은 선수들은 견갑골 후인근을 대체하여 광배근을 사용하는데, 이러면 팔을 측면으로 약간 내리게 된다. 이는 후인 움직임 대신 내전 움직임을 만드는데 신중히 경계해야 한다. 어깨 각도는 절대로 90도보다 작아지면 안 된다. 이는 곧 광배근을 사용한다는 의미이다.
W: 위팔이 몸통과 45도 각도가 되도록 만들어 견갑골 후인을 강조한다.

이 운동에 깔려 있는 개념은 매우 단순하며, 많은 물리치료사와 선수 트레이널들에게 친숙하지만 핵심은 선수가 이 움직임들에 대해 어떻게 생각하고 움직이는가이다. 선수는 '견갑흉곽 관절을 움직여 팔을 움직여야' 하며 팔을 움직여 견갑흉곽 관절을 움직여선 안 된다. 초기에 주안점은 관절와상완 관절이 아니라 견갑흉곽 관절이다. 이러한 접근법은 어깨 운동부터 견갑골 안정화 운동에까지 변화를 줄 것이다.

스포츠 플렉스 하이 로우[Y-W 콤보]

하이 로우 동작에서 선수는 한 팔을 W 각도로 반대 팔은 Y자로 움직인다(그림 8.17 참조). 나는 선수들에게 플로리다대학의 게이터 찹Gator Chop(플로리다대학의 응원 제스처, 양팔로 악어 입을 표현한 모양)을 떠올리라고 말한다.

한쪽에 8회를 하고, 휴식 없이 바로 반대쪽으로 바꿔 실시한다.

그림 8.17 스포츠 플렉스 하이 로우[Y-W 콤보]

스포츠 플렉스 TSports Flex T

Y-W 콤보를 한 뒤, 이어서 팔을 90도로 올리고 견갑골을 모아 T 모양을 만드는 동작을 8회 한다(그림 8.18 참조).

주당 2회를 추가하고, 각 자세당 최고 12회까지 세트를 구성한다(총 36회 반복). 이 시점까지 진행하면 유지 프로그램에 대해 생각하게 될 것이다.

그림 8.18 스포츠 플렉스 T

스탠딩 익스터널 로테이션

그림 8.19 스탠딩 익스터널 로테이션

이 책의 초판에서는 어떠한 회전근개 운동도 포함하지 않았던 실수가 있었다. 비록 회전근개 고립 운동이 필요한지에 대한 의견이 아직 분분하지만 우리는 '후회보다는 조심하는 게 낫다'는 접근법을 택하였다. 비록 수많은 소위 전문가들이 고립된 회전근개 운동은 필요하지 않다고 하지만, 거의 모든 메이저리그 야구팀들은 여전히 이 운동들을 하고 있다. 이 사실이 바로 이 운동을 해야 하는 강력한 증거이다.

회전근개를 운동시키는 가장 좋은 방법은 관절면들이 이상적으로 딱 맞아 있는 지점, 즉 클로즈드 팩 포지션closed pack position(골두가 관절 소켓에 정렬되어 있는)이라는 관절이 효율적으로 움직일 수 있는 곳에서 운동시키는 것이다. 회전근개의 경우, 이 지점은 90-45 포지션이라고 부른다. 지난 수년간 회전근개 운동들은 서서 하든 누워서 하든 팔을 몸 옆에 붙이고 팔꿈치를 90도로 구부린 채 수행되었다. 하지만 회전근개들은 기능적으로 절대로 이렇게 움직이지 않기 때문에 극도로 비기능적인 자세이다. 외전을 0도로 놓는 대신, 90도로 외전하고 여기서 다시 팔꿈치 끝이 45도를 가리키도록 수평 내전한다(그림 8.19 참조).

회전근개들이야말로 진정한 안정근인 만큼 15~20회 범위 내로 고반복 수행하라.

상체 트레이닝의 클로징 포인트

상체는 그 기능보다 외형을 가꾸는 트레이닝에 매료되기 쉽기 때문에 훈련하기 가장 어려운 부위일 수 있다. 선수들은 벤치 프레스 대신에 푸시업하는 것이나 자신에게는 잘 보이지 않는 등 근육 운동하기를 꺼릴 수 있다.

친업과 푸시업의 변형 동작들을 시도하는 것은 가치가 있다. 선수들은 스스로 인버티드 로우inverted row 또는 푸시업을 할 수 없는 체간 안정성과 스트렝스를 가지고 있었다는 사실을 깨닫게 되고 기능성 상체 트레이닝의 진가를 찾게 될 것이다. 벤치 프레스처럼 신성시되는 운동을 없애려고 싸우지 마라. 그저 프로그램에 더 기능적인 운동들을 추가해 통합하라. 상체 훈련의 효과는 느리게 전이되지만 기능성 트레이닝의 저항을 극복하는 데 도움을 줄 수 있다.

CHAPTER 9

플라이오메트릭 트레이닝

파워를 위한 트레이닝은 선수 트레이닝에 있어 가장 중요한 부분일 것이다. 스트렝스를 키우는 궁극적인 목적은 파워와 스피드 생산을 위한 기반을 만드는 것이다. 파워 증가를 동반하지 않는 스트렝스의 증가란 훨씬 한정적으로만 사용되며, 특히 물리적 충돌이 없는 스포츠에서 더욱 그러하다. 다수의 선수들이 지나치게 많은 시간을 스트렝스 트레이닝에 소비하고, 파워 트레이닝에는 거의 시간을 투자하지 않는 것이 현실이다.

우리가 해야 할 질문은 "파워를 위해 훈련해야 하는가?"가 아니라 "파워를 키우기 위해 어떻게 훈련해야 하는가?"이다. 이상적인 환경에, 건강한 선수라면 파워 트레이닝은 다양한 방식으로 이루어질 수 있다. 플라이오메트릭, 메디신 볼 던지기(7장) 그리고 올림픽 리프팅(10장) 등은 모두 파워산출량을 높이기 위한 효과적인 수단이다. 각각의 방법은 파워풀한 선수를 키워내는 데 필수적일 수 있고, 잘 짜인 프로그램에서 모두 각자의 자리를 가지고 있다. 최고의 프로그램은 다음의 3가지 방법을 이용한다.

방법 1. 가벼운 도구를 사용한 파워 발달 가벼운 도구를 사용한 파워발달법은 기본적으로 메디신 볼 던지기이다. 가벼운 도구(보통 5kg 이하)는 많은 패턴에서 파워를 향상시키는 데 이용된다. 핵심은 도구의 무게를 선수 또는 고객의 스트렝스나 필요에 근거해서 선택할 수 있냐는 것이다.

가벼운 도구를 사용한 파워발달법은 일반적으로 오버헤드 쓰로우, 체스트 쓰로우, 슬램slams 그리고 회전성 패턴으로 분류된다. 오버헤드 쓰로우들에 있어서는 거의 6파운드(3kg)를 초과하지 않는다. 체스트 쓰로우들에서는 8~10파운드(4~5kg)의 탄성 없는 메디신 볼을 쓴다. 회전성 운동들을 위해서도 보통 이와 동일한 무게의 공을 사용한다. 탄성 없는 공은 선수가 던지기 동작의 구심성 단계에 힘을 신도록 강요하게 되므로 훌륭한 도구가 된다.

이러한 방법에서 가벼운 도구는 높은 속도에서 던져진다. 무게는 손으로부터 방출된다. 메디신 볼은 무게가 가볍고 가속화하기 쉽기 때문에 이를 통해 우리는 보다 쉽게 힘-속도 곡선의 속도 끝부분에 접근할 수 있다. 메디신 볼과 같은 가벼운 도구는(MBSC에서는 거의 사용되지 않지만) 하체 파워를 위해서도 적용될 수 있다.

방법 2. 체중을 이용한 파워 발달 체중을 이용한 파워발달법은 기본적으로 하체 플라이오메트릭를 의미하며 이 장의 나머지 부분에 대한 주제라 할 수 있다. 체중을 이용한 파워 트레이닝은 노련하고 유연한 전문 선수부터 이제 막 점프를 배운 젊은 선수까지 폭넓게 적용 가능하다. 코치와 트레이너는 메디신 볼 트레이닝보다 플라이오메트릭 트레이닝에 훨씬 더 주의를 기울여야 한다. 메디신 볼 트레이닝에서는 훈련 중량을 선별하고 조절하는 것이 가능하지만, 플라이오메트릭 트레이닝에서는 체중을 사용하기 때문에 훈련 중량 설정이 불가능하진 않지만 한계가 있다.

불행히도 체중은 중력에 의해 증폭될 수도 있는, 지속적으로 작용하는 힘이다. 체중을 이용한 파워 운동은 고관절과 하체의 파워 생성을 향상시키지만 적절한 프로그레션과 리그레션이 필수적이다.

성인 고객의 체중을 이용한 파워 운동을 고려할 때엔 프로그램에 적절한 워밍업을 구성하는 것을 명심해야 한다. 체중을 이용한 파워 플라이오메트릭 운동은 대단히 신중하게 결정되어야 한다.

셔틀 MVPShuttle MVP와 토탈 짐 점프 트레이너Total Gym Jump Trainer(그림 9.1 참조) 같은 기구들은 성인이나 미식축구의 라인맨이나 농구의 센터나 포워드 같이 건장한 고객의 파워를 향상시키는 데 매우 훌륭하다. 셔틀 MVP와 토탈 짐 점프 트레이너는 체중의 비율을 점진적으로 증가시키는 운동이 가능하게 한다. 필라테스 리포머 또는 토탈 짐 또한 이러한 목적을 위해 이용될 수 있다. 다시 한 번 이야기하지만 이 방법에서의 핵심은 스피드 요소와 중력에 대한 원심성 반응이다.

그림 9.1 토탈 짐 점프 트레이너

방법 3. 고중량 도구를 사용한 파워 발달 고중량 도구를 사용한 파워 훈련에서 선수나 고객은 케틀벨이나 바벨 형태의 고중량 외부 저항을 사용한다. 우리 고객의 절대 다수는 이 세 번째 방법을 이용한다. 연령대가 높은 선수들의 일부 또는 만성적인 요통에 시달리는 선수들 정도가 예외일 것이다. 일반적으로 연령대가 높고, 경쟁이 불필요한 고객들에게는 올림픽 리프팅을 수행하지 않는다. 성인들에게 올림픽 리프팅은 위험을 감수하여야 혜택을 볼 수 있는 잘못된 선택이다. 우리는 건강한 성인 고객에게 외부 저항을 통한 파워발달법을 위해 케틀벨 스윙을 적용한다. 케틀벨은 훨씬 작은 학습 곡선을 그리고 낮은 부하를 제공한다.

요점은 파워 향상이 선수와 비선수 모두에게 필수적이라는 것이다. 선수들은 퍼포먼스를 향상시키기 위해 당연히 파워 훈련이 필요한 반면, 일반 성인들도 노화로 인한 속근 능력 fast-twitch capability 손실을 상쇄하기 위해 파워 운동이 필요하다. 성인들은 스트렝스보다 파워를 빠르게 상실한다는 과학적 결과에 근거해 파워 운동이 꼭 필요하게 된 성인의 경우 또한 고려할 수 있다. 그러나 그 과정은 논리적으로 진행되어야 한다. 종종 언급되는 바와 같이, 좋은 일을 위해선 알맞은 도구를 선택하는 것이 중요하기 때문이다. 코치로서의 우리는 종종 지나친 욕심에 사각형 못을 원형 구멍에 억지로 넣으려 하곤 한다. 스무살짜리 선수에게는 좋은 운동도 그보다 어리거나 과체중인 선수에게는 잠재적인 재앙이 될지도 모른다.

플라이오메트릭 트레이닝의 핵심 요소

코치의 선호도와 전문 영역에 따라 어떤 방식이 적용될 것인지가 결정된다. 올림픽 리프팅을 가르치는 것이 익숙하지 않은 코치들은 올림픽 리프팅을 사용하는 것을 삼가야 한다. 그러나 모든 선수는 점프하고 메디신 볼 던지기를 실시해야만 한다. 이 운동들은 어떤 코치나 선수에 의해서라도 숙달될 수 있는 단순한 운동이기 때문이다.

우리 트레이닝 시설의 건강한 선수들은 모두 이 세 가지 방법을 매일 사용하고 있다. 올림픽 리프팅, 메디신 볼 던지기 그리고 플라이오메트릭는 폭발적인 파워를 키울 수 있는 최선의 방법이고, 주어진 지침을 잘 따른다면 안전하게 수행될 수 있다. 이 장에서는 플라이오메트릭 트레이닝 또는 파워 향상을 위한 체중의 사용법에 대해 논의하고자 한다.

시작에 앞서 한 가지 이야기하자면, 우리는 실제 점프와 착지를 가르칠 때 흔히 '플라이오메트릭'이라는 용어를 사용한다. 엄밀한 의미에서 플라이오메트릭은 단순한 일련의 점프가 아니라 반작용 운동 체계를 의미하는 것이다. 여기 상세히 기술할 프로그램은 실제로 점프 트레이닝의 과정이지만, 평이하고 익숙한 표현을 위해 우리는 점프 트레이닝 프로그램의 전 단계를 포함하는 '플라이오메트릭'이라는 포괄적인 용어를 사용한다.

진정한 플라이오메트릭 드릴은 선수가 지면에서 보내는 시간을 감소시킬 것을 요구한다. 선수는 전환기amortization 단계를 최소화하고 지면에 적극적으로 반응하는 것을 학습한다. 플라이오메트릭 트레이닝이 견고한 과학에 기반을 두고 있다 하더라도 현실의 플라이오메트릭 훈련들은 인체의 현실과 불균형에 직면하는 형편없는 일을 해왔다. 우리는 뛰기 전에 걷고, 걷기 전에 기어야만 한다.

이는 플라이오메트릭에도 동일하게 적용된다. 우리는 지면에서 보내는 시간을 최소화하려고 노력하기 전에 제대로 지면에서 점프하고 제대로 착지하는 법을 배워야만 한다. 중력은 건강한 선수, 젊은 선수 그리고 허약한 선수 모두에게 적용되며 선수에게 점프를 지도

할 때나 폭발적인 파워를 향상시키고자 할 때 고려되어야만 하는 존재다.

플라이오메트릭 트레이닝은 많은 논란을 일으킬 수 있다. 일부 전문가들은 적절한 다리 스트렝스의 기초가 없는 선수들이 플라이오메트릭 프로그램에 입문하는 것에 주의를 주어왔다. 사실 플라이오메트릭 트레이닝에 대한 일부 글들은 플라이오메트릭 프로그램을 시작하기 전에 선수가 체중의 2배에 달하는 무게를 가지고 백 스쿼트를 할 수 있는 능력이 필요하다고 제안해왔다. 현실적으로 이것은 선수들 중 거의 90%나 되는 사람들을 배제시키는 터무니없는 권고이다. 체중의 2배 스트렝스라는 지침은 수십 년 전에 어느 선구자가 높은 수준의 플라이오메트릭 훈련을 하려는 선수들에 한정하여 제안한 것이었지만 어느 시점에선가부터 그 개념이 모든 플라이오메트릭 트레이닝에 잘못 적용되었다.

다른 저자들은 플라이오메트릭 프로그램을 시작하기 전에 8주의 스트렝스 과정을 제안한다. 이러한 제안이 좀 더 합리적일지는 모르나, 대부분의 선수들은 시즌이 끝난 뒤 10~12주 동안만 훈련하기 때문에 이 또한 여전히 유용하지 않다. 8주의 스트렝스 과정은 플라이오메트릭 트레이닝을 할 수 있는 시간이 최대 4주라는 것을 의미하는데 이는 계획적인 프로그램을 시행하기에는 턱없이 부족한 시간이다.

효과적인 플라이오메트릭 프로그램의 핵심 요소는 점진적인 방식으로 훈련하고 시간표가 아닌 운동의 숙련도에 근거하여 진도를 나아가는 것이다. 만약 어떤 선수가 1단계의 점프 기술을 습득하지 못한다면 그 선수는 진도를 나가기 전에 추가적으로 2~3주 정도 더 그 단계에 머물러야 한다. 억지로 진도를 뛰어넘으면 안 된다.

선수를 위한 플라이오메트릭 트레이닝에 대해 많은 글들이 쓰였다. 그러나 여러 범주의 선수들에게 적용 가능한 트레이닝 체계를 고려하는 점진적인 프로그램에 대해 상세히 기술한 책이나 글은 거의 없다. 돈 추Don Chu, 짐 래드클리프Jim Radcliffe 그리고 번 감베타와 같은 사람들에 의해 쓰인 플라이오메트릭에 대한 과거의 글들은 뛰어나지만, 우리가 기능적인 트레이닝과 기능적 해부학에 대해 현재 보유한 지식과 플라이오메트릭 운동 체계의 설계 및 시행 방법에 대한 과정을 연계하기는 아직 충분치 않다. 플라이오메트릭를 이해하기 위해서는 기본적인 용어들, 운동 유형 그리고 운동 변수 등을 살펴보아야 한다.

훈련 용어

플라이오메트릭의 언어는 모든 코치와 선수들이 다른 이들의 프로그램을 보고 그림이나 동영상이 없더라도 그 운동을 이해할 수 있도록 보편적이어야 한다. 용어의 불일치에 대해 내가 주목하기 시작한 것은 NASM의 마이크 클락에 의해서였다. 클락은 2000년 한 강연에서 많은 코치들이 플라이오메트릭 운동을 설명하기 위해 그 움직임을 제대로 묘사하지 못하는 명칭들을 사용한다고 지적했다. 클락은 운동의 유형과 구체적인 동작들을 세부적으로 설명했다.

점프: 두 다리로 도약 후 두 다리로 착지하는 동작
홉: 한쪽 다리로 도약하여 같은 발로 착지하는 동작
바운드: 한쪽 다리로 도약하여 반대쪽 발로 착지하는 동작
스킵: 두 발이 바닥에 접촉한 상태에서 한쪽 다리로 도약하는 동작

이러한 설명들이 단순하고 상식적으로 보인다 하더라도 나는 내가 무심코 운동들을 잘못 분류해왔다는 것을 깨달았다. 우리는 항상 두 다리로 장애물을 점프하는 것을 허들 홉hurdle hops이라고 불러왔다. 나는 이러한 용어적 혼란이 많은 스트렝스, 컨디셔닝 그리고 트랙 코치들에겐 여전히 흔한 일이라고 생각한다.

클락은 "토끼들은 홉하지 않고 점프한다"고 지적했다. 의미론적인 문제거나 그저 사소한 차이라고 생각하는가? 그러한 '사소한 차이들'의 잠재적인 대가를 깨닫게 해준 캘리포니아의 한 코치로부터 연락을 받기 전까지 나 역시 그렇게 생각했다. 문제의 코치는 내게 전화해 말했다. "당신의 학생들은 정말 훌륭한 선수들입니다. 우리 팀의 선수들은 그 누구도 당신의 선수들처럼 30인치 장애물을 홉으로 뛰어넘지 못합니다." 나는 곧 내가 만든 '사소한 차이'가 이 코치로 하여금 우리는 두 다리로 해왔던 운동을 한 다리로 수행하게 만들었다는 것을 깨달았다. 나의 선수들이 장애물을 점프할 때 그는 프로그램에 표시된 바에 따라 그의 선수들이 장애물을 홉하도록 시킨 것이다. 이는 용어에 대한 부주의한 설명이나 부정확한 해석이 선수들을 심각한 부상의 위험에 놓이게 할 수 있다는 하나의 예이다.

운동 분류

용어 해설 다음으로 확인할 영역은 점프, 홉, 바운드의 유형이다. 나는 이것이 가장 대중적이고 상업적으로 활용 가능한 앞십자인대(ACL) 부상 예방 프로그램이라고 생각한다. 가장 대중적인 두 프로그램(Santa Monica PEP program과 Sportsmetrics program)은 바운드나 홉에 대한 강조 없이 거의 오로지 점프에만 초점을 맞추고 있다. ACL 파열은 더블 레그 점프가 아니라 싱글 레그 홉(사실 '홉'이라는 용어는 한 다리로 수행된다는 의미를 내포하기에 이는 불필요하게 중복된 표현이다) 또는 바운드하는 상황에서 가장 빈번히 발생하는 것이 현실이다. 호핑hopping이나 바운딩bounding 상황에서 발생하는 부상을 방지하기 위해 점프를 훈련하는 것은 시간 낭비와도 같다.

올바른 플라이오메트릭 프로그램은 각각의 용어가 분류한 운동을 균형 있게 포함해야 한다. 우리가 스트렝스 트레이닝에서 밀고 당기기의 균형을 이루는 것과 마찬가지로 선수들은 점프, 홉 그리고 바운드를 균형 있게 수행해야 한다는 것이다. 더불어 홉은 전방과 좌우로 모두 이루어져야 한다. 내측과 외측 호핑은 부하가 가해지는 근육과 부상 예방 잠재력 모두에 있어 전혀 다르다는 것에 주목할 필요가 있다. 내측 홉(정중선을 향한 홉)은 보다 어렵고, 고관절을 안정화시키기 위해 강도 높은 스트레스 부하가 일어난다.

점프 볼륨

세션당 점프 횟수 또는 점프 볼륨jump volume은 발이 지면에 접촉하는 횟수에 의해 가장 많이 측정되어 왔다. 다수의 플라이오메트릭 프로그램이 실패하는 주요 원인은 발과 지면의 많은 접촉을 요구하기 때문이다. 우리는 발의 지면 접촉 횟수를 계획적으로 낮추고, 수적인 증가 대신에 점프나 홉의 강도를 점차적으로 증가시키는 방식으로 접근하고자 한다. 지면 접촉 횟수는 대략 일 25회, 주 100회로 유지한다. 이러한 조절을 실패하면 분명 무릎 관절 과사용으로 인한 부상에 이르게 될 것이다.

강도

플라이오메트릭 트레이닝의 강도는 측정하기 어렵고, 강도 요소는 점프 트레이닝 프로그램과 올바른 플라이오메트릭 프로그램 사이의 차이를 이해할 수 있는 부분이다. 이미 언급한 바와 같이, 우리가 현실적으로 플라이오메트릭하다고 간주하는 많은 운동들이 실제로는 단순 점프 운동이다.

플라이오메트릭 운동의 강도 조절은 중력이 어떻게 신체에 작용하는지에 근거한다. 플라이오메트릭 운동의 강도는 중력의 기여도 증가 또는 전환기 단계의 성격을 변화시키려는 시도에 의해 증가한다. 이는 물체 위로 올라가려는 것이 아닌 물체를 뛰어넘는 동작 또는 바운스bounce 한 뒤 리바운드rebound를 하는 탄력적 요소를 투입시키는 것으로 완성된다.

박스 위로의 점프 또는 홉은 강한 구심성 수축을 수반하기 때문에 강도가 가장 낮아지지만, 신체가 '실제로'는 아래로 내려오지 않기 때문에 원심성 부하는 최소화된다. 신체는 특정한 높이까지 가속하지만 박스에서 내려오면서 하나의 촉매이자 잠재적 부하요인으로서의 중력을 실질적으로 무효화시키면서 감속한다.

추의 초기 글은 점프가 제자리에서 이루어지는지 아니면 수평적 거리를 이동하는지에 근거하여 그 강도를 분류했다. 위치와 거리에 기반을 둔 이 체계가 1980년대에는 최신의 방식이었을지 모르지만, 신체물리학에 관해 증가된 우리의 관심으로 인해, 점프, 홉, 그리고 바운드의 효과와 긴장도에 대해 보다 잘 설명되고 있다. 나는 점프를 중력이 감소되는 상황(박스 위로 점프), 또는 중력이 강화되는 상황(장애물을 넘어 점프), 그리고 반탄성적semi-elastic 점프, 그리고 마지막으로 진정한 탄성을 지닌 플라이오메트릭으로 분류하는 것을 선호한다.

플라이오메트릭에 대한 초기 설명은 어떤 점프 동작들이 사실은 플라이오메트릭하지 않다는 것을 인정하지 않았다. 진정한 플라이오메트릭는 지면과 접촉하는 시간을 최소화하려 노력하고 지면에 대한 반작용을 강화하려고 시도한다. 우리 프로그램에서 이 진정한 의미의 플라이오메트릭 운동은 4단계에서 이루어진다. 일반적으로 선수들은 후반 단계에서조차 주당 발의 지면 접촉 횟수가 100회를 초과하지 않는다. 변화하는 것은 점프의 양이 아니라 강도이다.

빈도

플라이오메트릭 운동의 빈도를 논의할 때 다룰 첫 번째 문제 중 하나는 이에 대한 NSCA의 초기 입장이다. NSCA는 플라이오메트릭이 주 2회만 시행되어야 한다는 태도를 취했다. 이는 이후 동일한 관절을 연이어 사용해서는 안 된다는 의미로 수정되었다(주의: NSCA는 뎁스 점프depth jump가 체격이 큰 선수들에게 지나치게 강한 자극을 줄 수 있다는 언급 이외에는 강도나 양에 있어 어떠한 입장도 밝히지 않고 있다).

플라이오메트릭는 주 4회까지 실시 가능하지만 선형적 훈련을 하는 날과 다방면적 훈련을 하는 날을 구분해야 한다는 것이 나의 생각이다. 다방면적multidirectional 플라이오메트릭이 전두면과 횡단면에서 이루어지는 반면, 선형적linear 플라이오메트릭은 순수하게 시상면에서의 점프와 홉을 포함한다.

연령과 경험 수준

NSCA 입장의 또 다른 흥미로운 점은 플라이오메트릭를 위한 적절한 스트렝스의 기초 향상과 관련이 있다. 불행히도, 아무도 적절한 스트렝스의 기초가 무엇인지는 정의내리지 못했다.

나는 상식적으로만 한다면 스트렝스 트레이닝과 플라이오메트릭 트레이닝은 동시에 수행 가능하다고 생각한다. 어린 선수들은 기초적인 스트렝스 트레이닝 없이 또는 일상적으로 요구되는 스트렝스의 수준에도 이르지 못한 채 강도 높은 플라이오메트릭 프로그램을 시작하는 것이 현실이다. 체조나 피겨 스케이팅 모두 매우 어린 나이부터 훈련에 강도 높은 플라이오메트릭 움직임을 포함한다. 핵심은 신체에 가해지는 중력의 영향을 관리하는 것이다.

플라이오메트릭은 조용히!

올바른 플라이오메트릭는 조용하다. 차분하게 착지하는 데 실패하는 것은 선수에게 원심성 스트렝스가 부족하고 운동이 적절치 못했다는 것을 나타낸다. 장애물의 높이를 감소시키는 것이 필수적이라 할 수 있다. 선수들은 그들이 조용히 착지할 수 있는 높이의 상자 위로만 점프하고 같은 위치로 복귀하거나, 다시 도약할 수 있는, 같은 깊이의 스쿼트로 돌아와야만 한다. 같은 방식으로, 선수들은 그들이 적절하게 착지 가능한 물체 위로만 점프해야 한다.

플라이오메트릭의 프로그레션

많은 코치들과 선수들이 플라이오메트릭이라고 분류하는 운동을 도입하기 전에, 이 운동에 적합한 신체를 준비시키는 효과적인 방법은 미리 도약과 착지 기술을 가르치는 것이다. 플라이오메트릭 훈련의 장점은 이를 통해 파워가 향상되는 것으로, 이러한 유형의 프로그래밍의 강점은 파워 발달보다 부상 방지를 우선시한다는 것이다.

점진적인 플라이오메트릭 프로그램의 1~3단계는 사실 코치들이 생각하는 진정한 의미의 플라이오메트릭 운동은 아니다. 이 단계들에서는 사실 안정적으로 착지하는 능력과 점프 동작의 탄성적 요소를 소개하여 점프 기술을 배우게 된다. 4단계에 이르러야 진정한 플라이오메트릭 훈련이 시작된다.

각 단계의 플라이오메트릭 기술들은 선형 기술linear drill 또는 측면성 기술lateral drill로 분류된다. 많은 플라이오메트릭 프로그램들이 의도치 않은 원인에 의해 실패를 하는데, 이는 훈련 프로그램이 육상경기장이나 육상시설에서 이루어지기 때문이다. 이러한 시설들은 주로 시상면적인 구조물로 이루어져 있어서 훈련들이 오직 위 또는 앞 방향으로 점프나 홉을 수행하게 된다. 하지만 대부분의 팀스포츠에서는 관상면적 움직임이 중요하기에 이에 대한 고려가 필요하다.

진정으로 기능적이려면 선수는 앞쪽뿐만 아니라 좌우로도 점프, 홉, 그리고 바운드를 할 수 있어야 한다. 제대로 기능성을 갖추려면, 선수는 전면뿐만 아니라 좌우로도 또한 점프, 홉, 또는 바운드를 할 수 있어야만 한다. 육상 훈련 시설의 영향과 그 시상면적인 속성은 스피드와 플라이오메트릭 훈련에 큰 영향을 미친다.

플라이오메트릭 훈련 장비에 대한 짧은 조언을 하자면 다음과 같다. 플라이오메트릭 1단계 훈련을 위해 박스들을 구매한다면 돈을 조금 더 써서 폼박스foam box를 구매하라. 새로운 폼박스는 부드러운 착지를 가능하게 할 뿐만 아니라 상자에서 벗어났을 때 발생하는 부상을 방지한다.

1단계: 점프, 홉, 그리고 바운드 안정적으로 착지하기

점진적인 플라이오메트릭 프로그램의 첫 번째 단계는 점프를 하는 방법과 이보다 더 중요한 착지하는 방법을 배우는 것이다. 선수들은 팔과 고관절을 사용하여 힘을 더하고 부드럽게 착지하는 법을 배워야만 한다. 더 부드럽게 착지할수록 더 좋다. 선수들은 관절이 아닌 근육으로 힘을 흡수하는 법을 익혀야만 한다.

1단계의 목적은 원심성 스트렝스를 향상시키는 것이다. 원심성 스트렝스는 달리는 자동차의 브레이크와 같다고 생각하라. 이 첫 번째 단계는 플라이오메트릭 트레이닝에 있어 가장 중요하지만 불행히도 가장 쉽게 간과되고 제대로 인정받지 못하는 부분이다. 1단계를 생략하거나 단축시키려는 시도는 부상의 주요 원인이 된다. 일부 엘리트 선수들조차도 얼마나 엉망으로 착지하는지 알게 되면 놀랄 것이다.

선수가 달성하려는 목표가 무엇이든지 항상 시작은 1단계부터 이루어져야 한다. 선수가 프로 선수든 중학생이든 1단계는 최소 3주 동안 지속되어야 하는데, 코치나 선수들은 이 단계에서 그들에게 필요한 만큼 시간을 보내야 한다. 1단계의 목표는 안정성과 착지에 필요한 원심성 스트렝스를 키우는 것이다. 이 단계는 또 다른 관점에서 인대 트레이닝으로 볼 수 있다.

아래 운동은 주 1~2회 정도 시행되어야 한다.

박스 점프

이 동작은 선형적 운동에 속하고 모든 점프 기술에서 가장 기초가 되는 동작이다. 선수의 능력에 알맞은 상자의 높이를 선택하라. 많은 선수들이 자존심 때문에 지나치게 높은 상자를 사용한다. 선수가 자신의 점프 능력을 제대로 인지하지 못한다면, 코치는 선수를 위해 적절한 높이의 상자를 제시하는 것을 두려워해서는 안 된다. 초보자를 위한 상자 높이의 범위는 선수의 기술적 수준에 따라 4~24인치(10~60cm)로 볼 수 있다. 5회씩 3~5세트, 총 25회를 실시하는데, 이를 플라이오메트릭 용어로 '25회 풋 콘택트25 foot contact'라고 부른다.

상자의 높이가 알맞은지를 평가하는 기준은 단순하다.

1. 선수가 조용히 착지 가능한가? 그렇지 않다면, 상자는 너무 높다.
2. 선수가 도약했던 동일한 위치로 착지하는가? 착지할 때의 무릎이 도약할 때보다 상당히 깊이 구부러진다면, 상자가 너무 높은 것이다.

착지와 도약 자세를 비교하는 것은 오레곤의 스트렝스 코치이자 플라이오메트릭 전문가인 짐 래드클리프가 그의 강의와 저서에서 제안한 훌륭한 방법이다. 이 단순하고 명료한 개념은 코치들이 선수가 박스 점프를 제대로 수행하는지를 판단하는 데 도움을 준다. 착지 자세는 절대 하프 스쿼트 자세보다 깊어서는 안 된다. 그림 9.2를 참고하라.

그림 9.2 **박스 점프**

바보 상자

만약 36인치 또는 42인치(90 또는 105cm) 크기의 플라이오 상자를 보유하고 있다면 버리는 것이 낫다. 사실 아주 대단한 선수들을 트레이닝하는 것이 아니라면, 30인치(75cm) 상자 역시 필요없다.

나는 과시하길 좋아하는 젊은이들이나 이렇게 커다란 플라이오 상자를 사용하기 때문에 이런 크기의 상자에 바보 상자Idiot Box라는 별명을 붙였다. 그리고 그러한 젊은이들을 '피부기부자(항상 피부까지 부상을 입으므로)'라고 부른다. 하지만 나와 내가 지도했던 선수들도 이렇게 어리석은 운동을 했던 적이 있었다. 몇 명의 피부기부자들을 지도한 뒤로 나는 상자의 높이가 아니라 무게중심의 움직임이 중요하다는 것을 깨달았다. 나는 더 이상 36인치 높이의 상자는 가지고 있지 않고 18인치(45cm), 24인치(60cm) 상자를 여러 개, 그리고 30인치 상자는 몇 개 정도만 가지고 있다.

싱글 레그 박스 홉

이론적으로는 싱글 레그 박스 홉이 장애물을 뛰어넘는 싱글 레그 홉보다 부하 스트레스가 덜하다고는 하지만 우리는 일부 선수들을 위해 싱글 레그 박스 홉 또는 래터널 박스 홉 대신 낮은 장애물을 뛰어넘는 싱글 레그 홉(이론상 2단계 운동)을 실시한다. 어리거나 약한 선수들은 낮은 상자로 홉하고 착지하는 것이 익숙하지 않아 하기 때문에, 6인치(15cm) 미니 허들 또는 바닥에 그어놓은 선 같은 것이 덜 위협적으로 작용할 수 있다. 우리는 ACL 파열이 있었던 선수들에게 홉 프로그레션을 진행시키기 위해 단순히 필드에 선을 하나 그려놓기도 한다. 가장 낮은 상자를 이용하는 싱글 레그 박스 홉에서도 아주 빈번히 착지를 놓치고 부상을 초래하는 불안감을 야기시킬 수 있다. 이 방법을 통해 우리는 '자신감 있게 홉'을 할 수 있을 때까지 중력에 대해서는 크게 걱정하지 않는다.

박스 점프와 동일한 기술을 사용하되 4인치(10cm) 정도의 낮은 높이부터 시작한다. 한쪽 다리당 5회씩 3세트, 총 15회의 홉을 실시한다. 그림 9.3을 참고하라.

그림 9.3 **싱글 레그 박스 홉**

싱글 레그 래터럴 박스 홉

측면성 동작으로 분류된 이 운동은 일주일에 하루만 실시한다. 싱글 레그 래터럴 박스 홉을 하기 위해서는 4인치(10cm) 상자의 옆에서 박스 위로 홉한다(그림 9.4 참조). 핵심은 한쪽 다리로 안정적이고 조용하게 착지하는 것이다. 한쪽 다리당 (신체의 정중선을 향해) 내측으로 뛰기 3회와 (신체의 정중선에서 멀어지면서) 외측으로 뛰기 3회를 실시하라. 각각의 경우에 안정화시키는 힘이 현저히 다르게 작용한다. 다리당 6회씩 3세트(내측 3회, 측면 3회)의 홉을 실시하라. 이 동작의 경우에도 어리거나 건장한 선수들이 좀 더 자신감을 발전시킬 수 있도록 6인치(15cm) 미니 허들이나 선 하나와 같은 아주 낮은 장애물을 뛰어넘는 형식으로 실시될 수도 있다.

그림 9.4 싱글 레그 래터럴 박스 홉

래터럴 바운드 앤 스틱

그림 9.5 래터럴 바운드 앤 스틱

『펑셔널 트레이닝 포 스포츠』 초판에서 우리는 래터럴 바운드에 전설적인 스피드 스케이터 에릭 하이든Eric Heiden의 이름에서 유래한 '하이든'이라는 명칭을 붙였다. 래터럴 바운드 앤 스틱lateral bound and stick은 스케이터스skaters 또는 스케이트 홉skate hop 등을 비롯한 수많은 이름들로 알려진 기본적인 측면성 운동이다. 선수는 우측에서 좌측으로 또는 좌측에서 우측으로 움직이고 반대편으로 다시 뛰어오르기 전에 1초간 착지 상태를 유지한다. 스틱이라는 용어는 선수가 착지의 충격을 견디고 자세를 유지한다는 의미를 강조하는 것이다. 안정적인 착지를 지킬 수 있는 능력은 1단계의 모든 운동에서 중요하다. 선수들은 종종 "제가 높이 가도록 노력해야 하나요? 멀리 가도록 노력해야 하나요?"라고 묻는다. 내 대답은 "둘 다"이다. 올바른 래터럴 바운드는 높이와 거리 모두가 조합된 움직임이다(그림 9.5 참조).

각각의 다리에 총 30회의 발과 지면과의 접촉을 위해 좌우 5회씩 3세트의 바운드를 실시한다.

2단계: 장애물을 뛰어넘는 점프, 홉, 그리고 바운드

2단계에서는 중력이 좀 더 강조된다. 1단계에서처럼 상자 위에나 아주 낮은 장애물 너머로 점프 또는 홉 하는 대신, 선수는 이제 보통 특수 제작되는 미니 허들과 같은 비교적 도전적인 장애물 너머로 도약한다. 이러한 점프, 홉 그리고 바운드 동작들은 이제 수직적이면서도 수평적인 요소 모두를 포함한다. 장애물 너머로 뛰어넘는 동작은 근육과 인대에 있어 원심성 부하를 크게 증가시킨다.

2단계는 1단계와 마찬가지로 부드럽게 착지한다는 점은 동일하지만 중력에 의한 추가적인 힘 때문에 원심성 스트렝스의 필요가 높아진다. 많이 반복하여 점프하는 것보다는 착지할 때 증가되는 원심성 부하를 통해 발달이 이루어진다.

사용되는 장애물은 보통 6~30인치(15~75cm) 사이 높이의 허들인데, 이는 점프의 유형과 선수의 기술 수준에 따라 좌우된다. 전설적인 시카고 불스의 스트렝스 및 컨디셔닝 코치인 알 베르메일Al Vermeil은 이렇게 말하곤 했다. "선수가 클수록 장애물은 작아진다." 이 말은 직관에 어긋날지는 몰라도, 아주 기발한 생각이다. 6피트 6인치(198cm)의 농구나 미식축구 선수들은 6인치의 미니 허들 너머로 싱글 레그 홉을 하기 위해 대단히 고군분투할 것이다.

허들 점프 앤 스틱

허들 점프 앤 스틱은 일련의 허들 너머로 점프하는 것이다. 허들은 선수의 기술 수준에 따라 높이가 12~30인치(30~75cm) 범위에 있다. 퍼폼 베터Perform Better와 같은 회사들은 12인치, 18인치(45cm) 그리고 24인치(60cm) 크기의 플라스틱 틀로 된 허들을 판매한다. 일반적으로 허들의 높이는 적절한 박스 점프에 사용되는 박스 높이에 상응한다. 허들 점프의 핵심 역시 조용하고 안정적인 착지(그림 9.6)로 마무리하는 것이다.

허들 점프는 박스 점프로부터 연결되는 자연스럽고 합리적인 진행 단계이다. 신체가 바닥으로 내려올 때 중력에 의한 가속도를 경험하는 것이 박스 점프와 가장 차이가 나는 점이다. 구심성 동작은 박스 점프와 거의 동일하지만 장애물의 높이와 무게중심에 부합하는 움직임에 의해 원심성 부하가 대폭 증가된다. 허들 5개씩 3세트, 총 15회의 점프를 수행한다.

그림 9.6 **허들 점프 앤 스틱**

싱글 레그 허들 홉 앤 스틱

싱글 레그 허들 홉 앤 스틱에서 선수는 동일한 다리로 출발하고 착지한다(그림 9.7 참조). 착지 안정성이나 착지에 대한 자신감에 문제가 있다면 허들 대신 선을 그어놓고 그 위로 넘어간다. 하지만 1단계에서 2단계로 발전했다는 것은 허들의 갯수나 허들의 높이가 높아진 것임을 명심하라.

각각의 다리에 총 30회의 발과 지면과의 접촉을 위해 좌우 5회씩 3세트 실시한다.

그림 9.7 **싱글 레그 허들 홉 앤 스틱**

싱글 레그 래터럴 허들 홉 앤 스틱

래터럴 박스 홉에서 설명한 기술을 응용한다. 18~24인치(45~60cm) 간격으로 놓인 3개의 6인치 미니 허들 위로 실시하는 것만이 다른 점이다. 이 동작은 다운 앤 백down and back 드릴이다. 선수는 각각의 착지를 유지하면서 대략 18인치 간격으로 설치된 3개의 허들을 외측으로

그림 9.8 **싱글 레그 래터럴 허들 홉 앤 스틱**

홉하여 넘고, 매번 1초 동안 착지 상태를 유지한 뒤(그림 9.8 참조) 동일한 3개의 허들을 내측으로 넘어 원래 자리로 돌아온다. 착지 안정성이나 착지에 대한 자신감이 문제라면 드릴에서는 선을 넘는 것으로도 실시 가능하다. 각각의 다리에 6회씩 3세트(내측 3회, 외측 3회), 총 36회의 홉을 실시한다.

45도 바운드 앤 스틱

45도 바운드 앤 스틱은 측면 바운드 동작을 발전시킨 것으로 장애물을 추가하는 것이 아닌 측면적 요소를 더하는 것이다. 바로 옆쪽으로 점프하는 것이 아니라 45도 전방으로 뛴다(그림 9.9 참조). 좌우 각각의 다리에 5회씩 3세트, 총 30회 실시한다.

그림 9.9 **45도 바운드 앤 스틱**

주의사항

또 다른 유형의 플라이오메트릭 운동은 횡단면에서의 감속성 점프가 있다. 이 동작은 어느 한 방향으로 도약한 뒤 착지 전 90도 또는 180도를 회전하는 것이다. 선수들은 횡단면 점프와 홉을 실시할 때 대단히 조심해야만 한다. 하지만 불행히도, 일부 저자들은 우리가 피하고자 애쓰는 부상에 이르는 지름길과도 같은 이 횡단면 운동을 권장해왔다.

3단계: 2단계 운동에 추가로 바운스 동작 넣기

3단계에 들어오면 많은 코치와 선수들이 이 정도면 플라이오메트릭 운동이라고 인정하는 운동들과 유사해지기 시작한다. 3단계에서는 단순히 착지 상태를 유지하여 원심성 스트렝스를 향상시키는 것이 아니라 원심성 수축에서 구심성 수축으로 변환하는 과정을 강조한다. 이러한 변환 작용이 플라이오메트릭 트레이닝의 본질임에도 불구하고 플라이오메트릭과 관련된 대부부의 부상은 원심성 착지 기술을 향상시키려는 과정의 실패에서 나타난다.

1, 2 단계는 부상 예방과 이후 운동 단계에서 중요한 신장 단축 주기stretch-shortening-cycle 활동에 대한 밑작업을 수행했다. 3단계는 드릴에 바운스bounce(살짝 뛰뛰기) 동작을 포함함으로써 신장 단축 주기를 도입하게 된다. 핵심은 근육에(더 중요한 것은 결합조직에) 가해지는 부하의 양과 종류를 점진적으로 증가시키는 것이다.

이 단계에서 실시되는 운동에서는 2단계에서 수행된 것과 동일하되 뛰어오르기 전에 작은 바운스 움직임을 추가한다. 프로그램에서 신장 단축 작용을 급격하게 도입하지는 않는다. 증가하는 것은 훈련 볼륨이 아니라 강도이다.

바운스 동작을 추가한 허들 점프

허들 점프 앤 스틱과 동일한 기술이 적용되지만 착지를 유지하는 것 대신에 다음 도약 전에 바운스 동작을 추가한다.

바운스 동작을 추가한 싱글 레그 홉

싱글 레그 허들 홉 앤 스틱와 동일한 기술이 사용되지만 다음 도약 전의 안정적 착지를 바운스 동작으로 대체한다. 선수가 이 드릴을 힘겨워한다면 2단계로 돌아가 착지 유지 단계를 해야 한다.

바운스 동작을 추가한 싱글 레그 래터럴 홉

싱글 레그 래터럴 허들 홉 앤 스틱과 동일한 기술을 사용하지만 다음 도약 전의 안정적 착지를 바운스로 대체한다. 선수가 이 드릴을 힘겨워한다면 2단계로 돌아가 착지를 유지해야 한다.

바운스 동작을 추가한 45도 바운드

2단계의 45도 바운드와 동일한 기술을 적용하지만 다음 도약 전에 바운스가 추가된다.

4단계: 폭발적이고, 통제하며, 연속적인 움직임 동작

4단계는 거의 모든 코치들과 선수들이 진짜 플라이오메트릭이라고 생각하는 영역으로 들어간다. 이 단계에서는 지면에 대한 반작용과 지면 접촉 시간의 최소화에 역점을 둔다. "왜 이렇게까지 오랜 단계를 거쳐야 하는가?" 하고 질문한다면, 나의 훈련 접근 방식이 안전성과 숙련도를 최우선으로 강조하기 때문이라고 답할 것이다. 하지만 지나치게 보수적으로 접근하는 방식에서의 가장 큰 실수는 초기 단계들을 필요 이상으로 길게 잡는 것임을 유의해야 한다.

4단계에서 선수들은 이제 지면에서 보내는 시간을 최소화하고 탄력적이고 폭발적이면서도 조용하게 원심성 수축에서 구심성 수축으로 변환하기 위해 매진한다. 뛰어난 선수들이 플라이오메트릭를 실시할 때, 바로 눈에 띄는 것이 하나 있다. 당신은 그들의 움직임에서 상당히 폭발적인 모습을 볼 수는 있지만 매우 조용하게 움직이는 것 역시 확인할 수 있을 것이다. 이들의 신경계와 근육계는 관절에 거의 부담을 주지 않고 대부분의 일을 수행한다. 이것이 점진적인 플라이오메트릭 프로그램의 목표이다.

허들 점프(지속적으로)

선수는 지속적인 장애물 너머로 더블 레그 점프를 계속 실시한다.

싱글 레그 허들 홉(지속적으로)

선형적 점프linear jump와 마찬가지로, 여기에서는 싱글 레그 홉이 제한적인 지면 접촉 시간을 강조하며 지속적으로 이루어진다.

래터럴 허들 홉(지속적으로)

동일한 사고 과정에 따라 다운 앤 백(제자리로 돌아오는) 래터럴 홉 동작 또한 이제 지속적인 방식으로 시행된다.

45도 래터럴 바운드(지속적으로)

45도 래터럴 바운드는 우측에서 좌측으로 또는 좌측에서 우측으로 움직이는 적극적인 측면 뛰기이다. 선수는 측면성 파워를 발생시키기 위해 적극적인 외전 동작을 실시한다.

그림 9.10 45도 래터럴 바운드

파워 스킵

이 선형적 기술은 높이, 멀리 뛰기 위해 적극적인 고관절 신전 움직임을 더한 웜업 스킵skip 동작이다(그림 9.11 참조).

그림 9.11 **파워 스킵**

플라이오메트릭과 전방십자인대 부상 예방

전방십대인대(ACL) 손상은 스포츠 세계에서는 전염병과 같은 수준으로 여겨진다. 일부 추정에 의하면 연간 ACL 손상 건수는 100,000건에 이른다. 2001년에 열린 물리치료사 마이크 클락의 강의에 따르면, 이러한 ACL 손상 중 30,000건 이상이 축구, 농구 그리고 필드하키와 같은 스포츠에 참여한 젊은 여성에게서 발생한다고 한다. 이 충격적인 수치만으로도 여자 선수들을 위해 설계된 대부분의 프로그램에서 ACL 부상 예방에 대해 이야기하는 것은 당연하게 보인다.

많은 물리치료와 운동 훈련 단체에서는 ACL 부상 예방을 위해 설계된 프로그램을 홍보, 판매하고 있다. 그 중 일부는 괜찮은 수준이지만 일부는 지나치게 단순화되어 있다. 올바른 ACL 부상 예방 프로그램은 다음 2가지에 중점을 두어야 한다.

1. 싱글 레그 스트렝스
2. 착지와 감속 기술

대부분의 ACL 부상은 너무 약한 선수가 점프에서의 착지나 방향 변경을 시도할 때 발생한다. 많은 연구는 고관절 구조, 무릎 구조, 그리고 생리 상태의 변화와 같은 여성의 생리학적 특징들에 주목한다. 코치들, 선수들, 치료사들, 그리고 트레이너들은 선수의 골격 구조를 바꿀 수도 없고, 생리주기에 맞춰 그들의 경기 일정들을 원활히 조정하기 힘든 상황이다.

여자 선수들이 남자 선수들보다 ACL 부상에 더 자주 걸리는 이유에 대해 생각은 해볼 수 있으나, 우리의 시간과 에너지를 바꿀 수 없는 요소보단 바꿀 수 있는 요소들에 집중해야 한다. 코치들과 트레이너들은 ACL 손상에 대한 젊은 여성들의 생리학적 소인에 대해 초조해질 수 있지만, 현실을 바꾸지는 못할 것이다. 소녀들과 젊은 여성들은 더 높은 수준의, 그리고 더 많은 수의 스포츠에 계속해서 참여할 것이다. 우리가 조절 가능한 것은 싱글 레그 스트렝스, 구심성, 원심성 근수축 능력, 그리고 착지 기술의 향상이다. 스트렝스 훈련과 적절하게 설계되고 진행되는 플라이오메트릭 프로그램의 조합이야말로 세계 최고의 ACL 부상 예방 프로그램이라 할 수 있다.

MBSC에서는 ACL 부상 예방책은 따로 있는게 아니라 좋은 트레이닝이 이러한 부상을 예방하는 방법이라고 말한다. ACL 부상 예방 프로그램이란 훈련 아이디어를 포장해서 여자 선수나 코치에게 팔기 위한 또 다른 방식에 불과하다. 놀랍게도 스트렝스 앤 파워 발달 프로그램이라고 말하기보단 ACL 부상 예방 프로그램이라고 말할 때 여자 선수 또는 코치들이 더 잘 호응한다.

어떻게 이름 붙이던 간에, 플라이오메트릭 프로그램은 홉, 점프, 그리고 바운드 동작을 포함하고, 적절하게 계획되며, 적절하게 지도되어야 제대로 설계되었다고 할 수 있다. 제대로 지도되지 못하고 진행되지 못하는 플라이오메트릭 운동은 또한 젊은 여자 선수들에게 특별히 문제가 되는 슬개대퇴 관절의 문제를 초래할 수 있다.

그러므로 ACL 부상 예방 프로그램이라 할 수 있는 플라이오메트릭 프로그램은 항상 앞서 설명한 1단계부터 시작되어야 한다. 이 책을 통해 제시되는 기술들은 ACL 부상 예방 프로그램의 구성 요소들이다. 싱글 레그 스트렝스 운동, 적절한 플라이오메트릭 프로그램, 그리고 방향 전환을 강조하는 컨디셔닝 프로그램은 모두 ACL 부상 예방에 많은 도움이 된다.

스트렝스의 향상은 젊은 여자 선수들에게 아무리 강조해도 지나치지 않는다. 여자 선수들은 이 책 6장에서 소개한(스플릿 스쿼트에서 싱글 레그 스쿼트로 가는) 프로그레션에 따라 각 단계를 숙달해야만 진행하는 방식을 따라야 한다. 대부분의 젊은 여자 선수들은 제대로 된 싱글 레그 스쿼트를 진행하기 위해 몇 주 또는 심지어 몇 달의 시간이 필요하지만 이 동작을 수행하는 능력은 ACL 부상 예방을 위한 최고의 기술일 수 있다.

어린 선수들은 스트렝스 훈련을 통해 구심성 싱글 레그 스트렝스를 발달시키는 동안, 이와 동시에 적절하게 진행된 플라이오메트릭 트레이닝을 통해 원심성 스트렝스와 착지 기술을 향상시켜야 한다. 플라이오메트릭 트레이닝이 제대로 지도되어야 하고 모든 진행 과정은 각 단계가 얼마나 숙달되었는지에 근거하여 앞 단계로 나아갈 수 있다는 점이 중요하다. 이번 장에서 기술한 4단계의 점진적인 플라이오메트릭 프로그램은 ACL 부상 예방과 재활 프로그램에 있어 기초적인 구성 요소이다. 초기의 9주 동안은 점프, 홉, 바운드 기술 습득, 그리고 보다 중요한 착지의 스트레스 부하에 대한 적응을 점진적으로 익히게 된다.

앞서 언급한 바와 같이, 많은 플라이오메트릭 전문가들은 선수가 높은 수준의 스트렝스를 가질 때까지 플라이오메트릭 프로그램을 시작하지 말라고 경고하지만, 그들의 지침을 따른다면 어린 선수들은 결코 잘 설계된 점프 프로그램에서 오는 혜택을 취할 수 없고, 플라이오메트릭 1단계 훈련에서 제공하는 필수적인 착지 기술 훈련을 놓치게 된다. 플라이오메트릭을 시작하는 데 스트렝스의 기초가 필요하지 않는다는 것이 아니라, 초보 선수는 훈련을 처음 시작하는 1일에 초보 레벨의 플라이오메트릭부터 시작하면 된다는 것이다. '스트렝스 기초가 먼저'라는 덫에 걸리면, ACL 손상 방지를 구현할 수 있는 방안들을 지체시킬 뿐이다.

ACL 부상 방지를 위해 고관절 우세 패턴과 무릎 관절 우세 패턴 스트렝스 사이의 균형을 이루는 게 중요하며, 모든 선형 및 측면성 점프, 홉, 그리고 바운드 드릴을 포함해 단계에 따라 훈련을 진행해야 한다. 착지 기술을 먼저 습득하는 것이 필수적이다. 만약 훈련할 수 있는 날이 이틀뿐이라면, 선형 및 측면성 플라이오메트릭 운동을 매일 하도록 한다.

점진적인 플라이오메트릭 프로그램은 파워 출력을 증대시키는 하나의 방법이다. 이 장에서 기술된 순서를 따른다면 당신은 부상 가능성을 감소시키면서 안전하게 스피드와 수평 점프 능력, 수직 점프 능력 등을 향상시킬 수 있다. 운동 순서를 따르고 단계를 건너뛰지 않는 것이 핵심이다. 발전을 위한 지름길은 없다. 쉽게 부상당하는 방법에만 지름길이 존재할 뿐이다.

플라이오메트릭 트레이닝은 파워를 향상시키기 위해 제안된 3가지 방법들 중 하나에 불과하다. 플라이오메트릭, 메디신 볼 던지기(7장) 그리고 올림픽 리프트(10장) 등은 모두 파워산출량을 높이기 위해 성공적인 조합을 이룰 수 있다.

더 많이 하는 것이 더 좋은 것은 아님을 기억하라. 여기서 권장하는 발과 지면의 접촉 횟수 또는 주당 트레이닝 일수를 초과하지 마라. 설명한 것과 같이 프로그램을 따라와준다면 플라이오메트릭은 주 4회까지 안전하게 시행될 수 있다. 각각에 상응하는 준비 운동(5장에서 설명한)이 선행된다면, 이 프로그램에 따라 2일의 선형성 운동 그리고 2일의 측면성 운동을 실시했을 때 운동과다로 인한 부상을 초래하지는 않을 것이다. 안전하게 스피드, 수평 점프, 수직 점프 또는 전반적인 파워 등을 향상시키고자 하거나 단순히 부상을 방지하고자 하는 경우에도 이 장에서 보여준 플라이오메트릭 진행을 통해 혜택을 얻을 수 있다.

CHAPTER 10

올림픽 리프팅

운동선수들과 코치들은 언제나 파워를 발달시키기 위한 안전하면서도 가장 좋은 방법들을 찾고 있다. 파워가 증가되었다는 것은 곧 더 빠르고, 더 폭발적인 힘을 가진 운동선수를 의미한다. 올림픽 리프팅과 그것들의 다양한 변형과 같은, 폭발적인 리프팅이 그들의 파워를 빠르게 향상시켜줄 가장 좋은 방법이라는 증거들이 계속해서 나오고 있다.

단점이 있다면, 올림픽 리프팅이 상당한 양의 교육과 꾸준한 감독을 요구한다는 것이다. 많은 코치들이, 그 효과에 대한 증거들 때문에 그들의 프로그램에 올림픽 리프팅을 추가해왔지만, 불행히 이들 중 일부는 선수들에게 적절한 테크닉을 가르쳐줄 수도 없고, 가르쳐주려고 하지도 않는다. 최근에 코치들은 파워 향상을 위해서라기보다는, 높은 반복수의 도전으로 올림픽 리프팅을 사용하기 시작했다. 올림픽 리프팅이 높은 인기를 구가하고, 상당히 많이 알려지고 있음에도 불구하고, 우리는 종종 십자드라이버로 못을 박으려는 사람들을 본다.

잘못 교육되고 수행되거나, 혹은 적절한 지시 없는 올림픽 리프팅은 자주 부상으로 이어진다. 그리고 그것이 어깨 부상인 경우에는, 비난의 화살이 운동 그 자체로 향한다. 열쇠는 올림픽 리프팅을 도구로 생각하는 것, 즉 득이 될 수도 해가 될 수도 있는 강력한 도구로 생각하는 것이다. 나는 곧잘 전기톱에 관한 비유를 즐겨 쓰는데, 전기톱은 당신이 나무를 자르는 데 도움을 줄 수도 있지만, 무경험자가 사용해서는 안 될 물건이다.

가장 기본적인 전제부터 시작해보자. 올림픽 리프팅을 수행하거나 가르치는 것이 불편한 사람들은 이 방법을 사용하지 말아야 한다. 메디신 볼 운동이나, 케틀벨 스윙, 그리고 플라이오메트릭 운동을 통해 고속 파워High-velocity power를 발달시켜라.

안전하고 효과적인 훈련 프로그램을 개발하기 위한 열쇠는, 이론 면에서 좋은 것과 실천에 있어서 좋은 것 사이의 균형을 맞추는 법을 배우는 것이다. 어떤 폭발적인 운동을 프로그램에 추가하기 전에, 코치들은 그 움직임을 가르치는 방법을 알아야 하고, 선수들은 좋은 테크닉으로 그것을 수행하는 방법을 배워야 한다. 무게가 아닌, 테크닉을 중시하라. 또한 당신이 강력한 도구(전기톱과 같은)를 손에 쥐고 있다는 점을 기억하라.

그럼에도 불구하고, 올림픽 리프팅은 훌륭한 기능적 훈련이다. 이 운동은 서 있는 상태에서 수행되며, 폭발적이면서도 협응적으로 몸의 거의 모든 근육을 사용한다. 테크닉이 숙련된 후에는, 많은 양의 운동을 짧은 시간 내에 수행할 수 있다. 단점은 지속적으로 가르치고 코칭해야 할 필요가 있다는 것, 그리고 중량보다는 테크닉에 신경쓸 필요가 있다는 것이다.

우리 시설의 거의 모든 어린 선수들은, 허리 부상 전력이 없다면, 어떤 스포츠의 선수든지 올림픽 리프팅을 배운다. 성인들은 일반적으로 올림픽 리프팅을 시키지 않는다. 성인들의 자세와 신체적 제약 요소가 올림픽 리프팅과 잘 맞지 않기 때문이다. 야구 선수, 테니스 선수, 수영 선수들은 회전근개에 과도한 부담을 주지 않기 위해서 스내치와 같은 머리 위로의 폭발적인 움직임을 제한한다. 우리 선수들은 올바른 지시 아래, 바가 무릎 위에 있는 자세(행 포지션Hang position)에서 적절한 반복수로 올림픽 리프팅을 수행할 때, 0%에 가까운 부상률을 보인다. 올림픽 리프팅을 고반복 지구력 운동으로는 절대로 사용하지 말고, 언제나 중저 반복의 파워 훈련으로만 사용하라.

왜 우리는 올림픽 리프팅을 하는가

올림픽 리프팅은 경기력을 향상시켜주고, 원심성 파워를 발달시켜주며, 무엇보다도 재밌다.

선수 능력

비록 올림픽 리프팅이 전신 파워에 있어서 훌륭한 효과가 있음이 증명되어왔음에도 불구하고, 파워 출력power output을 증가시키는 것이 우리가 올림픽 리프팅을 하는 가장 중요한 이유 중 네 번째일 것이다. 첫 번째는 협응력과 선수 능력athleticism에 있어서의 효과 때문이다. 훈련장에서 훌륭하게 수행되는 올림픽 리프팅은, 가장 아름다운 것이다.

30여 년의 경험이, 가장 훌륭한 선수들이 곧 가장 훌륭한 올림픽 리프터임을 말해준다. 어떤 코치들은 이것이 닭과 계란 이야기라고 생각할지도 모르겠다. 더 나은 운동선수가 더 나은 올림픽 리프터인가? 아니면 올림픽 리프팅을 하는 것이 당신을 더 좋은 운동선수로 만들어주는가? 확신하지는 못하지만 내가 보고 듣고 읽은 바에 따라서 나는 올림픽 리프팅이 경기력을 향상시킨다고 믿는다. 나는 올림픽 리프팅의 경기력을 향상 효과와 관련하여 텀블링과 비교해왔다. 나는 선수가 점프(리프팅에 있어서의 구심성 부분)를 하고, 움직이는 물체를 받기 위해서 그 물체를 유도하는(잡기, 혹은 원심성 부분) 모습이 좋다.

원심성 스트렝스

두 번째 이유는 올림픽 리프팅이 원심성 근력을 발달시켜준다는 것이다. 무게를 당기는 것이 그 중 하나이다. 사실 같은 무게를 잡는 것과 감속시키는 것은 다른 것이다. 운동선수가 강력한 구심성 수축을 하고, 움직이는 물체를 잡고 감속시키도록 가르치는 것은 웨이트룸에서 할 수 있는 가장 어렵지만 효과적인 기술일 것이다. 이것은 또한 최고의 부상 방지 운동이다. 힘을 만들어내는 것뿐만 아니라 힘을 흡수하고 부담을 줄이는 것을 배우는 것은, 접촉 스포츠에 있어서 중요하다.

나는 우연히 올림픽 리프팅의 잡는 자세를 통해 발달되는 원심성 스트렝스에 굉장한 부상 방지 효과가 있다는 생각을 하게 되었다. 스포츠에서 부상은 타격할 때가 아니라, 종종 타격을 흡수할 때 일어난다. 다른 운동에는 없지만 올림픽 리프팅에는 있는, 이 빠른 원심성 요소는 견갑대 근처의 근육들에 특히 도움이 된다. 내가 하키를 하고 축구를 하던 시기에는 어깨탈골과 뇌진탕이 드물었다. 나는 올림픽 리프팅이 거기서 상당한 역할을 했다고 생각한다.

재미

물론 재미도 있다. 올림픽 리프팅은 재밌다. 몇몇 운동선수들은 무거운 무게를 들어 올리기 위한 그라인딩이 활동에서 재미를 느낀다. 그러나 많은 사람들은 많은 세트의 데드리프트나 스쿼트를 재밌는 것이라고 생각하지 않을 것이다. 운동선수들은 올림픽 리프팅을 (그라이딩보다) 훨씬 더 즐기는 것으로 보인다. 사실 나는 언제나 올림픽 리프팅이 웨이트룸의 좋은 균형장치라고 믿는다. 축구와 같은 스포츠에서 더 작고 더 폭발적인 운동선수들이 벤치프레스와 스쿼트에 있어서는 더 큰 동료들과 경쟁할 수 없지만, 올림픽 리프팅에서는 훈련받은 운동선수들이 체중이 더 많이 나가고 덩치도 더 큰 동료들보다 더 무겁게 들 수 있기도 하다. 이것은 보람차면서도 재밌다.

올림픽 리프팅 배우기

올림픽 리프팅을 배우는 가장 쉬운 방법은, 행 포지션을 배우는 것이다. 이 자세에서 바벨은 바닥에서 리프팅되는 것이 아니라, 언제나 무릎 위에 있다(그림 10.1 참조). 행 포지션은 올림픽 리프팅에 종종 수반되는 요추 부담을 상당히 제거해주고, 어떤 체급의 운동선수들이더라도 비슷하고 관절 친화적인 자세에서 (올림픽 리프팅을) 배울 수 있도록 해준다. 어떤 운동선수라도 행 포지션에서는 좋은 테크닉을 배울 수 있다. 하지만 반대로 많은 선수들이 바닥에서 시작하는 올림픽 리프팅을 배우는 것을 어려워할 것이다.

모든 운동선수들이 훌륭한 올림픽 리프터를 만드는 신체적 특성들을 가지고 있지는 않다(좋은 생화학적 체계, 중배엽의 몸, 좋은 고관절 유연성). 사실 좋은 농구 선수나 조정 선수rower를 만드는 바로 그런 특성들이, 오히려 실력 없는 웨이트 리프터가 되는 조건들이다.

그림 10.1 행 포지션

나는 바닥에서 하는 클린clean을 썩 좋아하진 않는다. 사실 나는 약 30년 동안 그 어떤 운동선수에게도 그것을 시키지 않았다. 내 생각에, 올림픽 리프팅은 파워를 위한 것이다. 스트렝스를 향상시키는 것이 목적이라면, 데드리프트의 무게를 더하라. 만약에 파워를 향상시키는 것이 목표라면, 나는 행 포지션에서 수행되는 올림픽 리프팅을 선택할 것이다.

어떤 프로그램에 있어서든, 핵심은 올바른 과제를 위해 올바른 도구를 선택하는 것이다. 바닥에서의 첫 풀pull은 단순히 행 클린을 수행하기 위한 데드리프트일 뿐이다. 올림픽 리프팅을 바닥에서 시작하는 운동선수는, 사실 잘못된 도구를 선택하고 있는 것이다.

어떤 훈련 프로그램에서든 목표는, 경쟁력 있는 올림픽 리프터가 되는 것이 아니라 특정 종목에서 경쟁력 있는 선수가 되는 것이다(당신이 역도 선수가 아닌 한!). 올림픽 리프팅은 언제나 결과를 위한 수단이 되어야지, 결과 자체가 되어서는 안 된다. EXOS 코치 데니스 로건Denis Logan이 '웨이트 리프팅을 잘하는 위대한 선수들'을 만들고 싶다고 말했을 때, 그는 이 점을 가장 잘 말한 것이다. 이것이 무엇을 의미하는가? 이것은 올림픽 리프팅을 그것 자체로써, 즉 좋은 운동선수를 만들기 위한 하나의 도구로써 봄을 의미한다.

올림픽 리프팅과 그 변형 운동들은 주로 파워와 선수 능력을 발달시킨다. 비록 올림픽 리프팅이 상당한 근육을 발달시키기는 하지만 이것이 주된 목적이 되어서는 안 될 것이다. 단순히 무거운 것을 리프팅하는 것이 아니라, 그것을 빠르고, 강력하고, 운동선수답게 리프팅하는 것이 목적이다. 올림픽 리프팅은 신경계를 훈련시키기는 것이 첫 번째 목표이며, 이차적으로는 근육계를 발달시키기 위한 것이다.

올림픽 리프팅을 수행하기 위한 가이드라인

다음은 올림픽 리프팅을 배우는 데 있어서의 몇 가지 가이드라인들이다.

- 안전을 가장 먼저 생각하라. 주위를 신경써라. 가능하다면 웨이트 리프팅 플랫폼을 사용하라. 플랫폼은 범죄 현장의 경고 테이프처럼 '물러서라'를 뜻한다.
- 적절한 테크닉을 연습하라. 이것은 간단하다. 올바른 모습으로 보이지 않는다면, 그것은 아마도 옳지 않을 것이다. 올림픽 리프팅의 목적은 단순히 리프팅 바를 A에서 B로 옮기는 것이 아니다. 그 목적은 리프팅 바를 빠르고, 테크닉적으로 올바른 방식으로 A 지점에서 B로 옮기는 것이다. 당신 이 부분에서 타협한다면, 올림픽 리프터로서 혹은 올림픽 리프팅을 가르치는 코치로서 실패한 것이다.
- 무게보다는 움직임의 속도를 강조하라. 올림픽 리프팅을 배우는 데 있어 대부분의 기술적 실수들은 한 가지 이유, 즉 너무 무거운 무게 때문이다. 자아와 상식 사이의 싸움일 뿐이다. 당신의 가장 좋은 해결책은 종종 가장 간단하고 가장 명확한 것, 즉 무게를 줄이는 것이다.

상식과 몇몇 기초적인 자세들을 인지할 능력을 가진 사람이라면 누구든, 클린과 스내치를 배울 수 있다.

올바르게 올림픽 리프팅을 가르치는 방법이 단 하나만 존재하는 것은 아니다. 전문가들은 많은 부분에 있어서 동의하지 않을 것이다. 그러나 축구에서 하키까지의 스포츠들에서 선수들을 가르치는 데 상당한 성공을 거둔 우리가 사용해온 간단한 방법이 있다. 당신의 목표는 올림픽 리프터를 양성하는 것이 아니라, 더 나은 선수를 만들기 위한 도구로써 올림픽 리프팅을 사용하는 것이다. 올림픽 웨이트 리프터를 위해 만들어진 프로그램을 복사하거나 디자인하는 데 집착하지 마라. 올림픽 리프팅과 그 변형들을 운동선수들의 훈련의 일부분으로 사용함으로써 선수들의 파워를 발달시키기 위한 프로그램을 만들어라.

주요 올림픽 리프팅 마스터하기

주요 올림픽 리프팅을 배우는 것은 네 단계 과정으로 이루어져 있다.

단계 1 : 핸즈 프리 프런트 스쿼트

그림 10.2 핸즈 프리 프런트 스쿼트

클린을 배우기 전에 프런트 스쿼트에 능숙해지는 것이 중요하다. MBSC에서, 우리가 올림픽 바를 가지고 하는 프런트 스쿼트를 가르치는 것은 이 동작이 유일하다. 바벨은 쿼터 프런트 스쿼트에서 '캐치'하기 때문에 프런트 스쿼트는 행 클린 운동의 캐치 동작을 이해하는 데 영향을 미친다.

팔을 앞으로 편 상태에서, 삼각근에 바를 두고 시작하라. 손을 바 위에 두지는 않는다. 이 단계는 선수들로 하여금 바를 적절하게 받치고, 손목이나 손이 아닌 어깨로 바를 드는 것을 가르치기 위한 것이다. 행 클린과 관련된 통증의 대부분은 바를 적절하게 잡지 못했기 때문이다. 이 단계를 건너뛰지 마라. 중요한 것이다.

단계 2: 클린 그립 프런트 스쿼트

크로스오버 그립을 사용하지 마라(그림 10.3 참조). 선수들이 적절하게 클린을 하기 위해선 적절한 프런트 스쿼트를 할 수 있어야 한다. 지금 하는 동작은 스트렝스 훈련이 아니라, 행 클린에서 캐치하는 법을 가르치기 위한 동작이란 점을 생각하라.

스쿼트를 적절하게 하는 데 있어서 문제가 있는 운동선수들은 고관절과 발목 가동성이 부족할 것이다. 스쿼트를 위한 적절한 스트레칭 방법은 깊은 스쿼트 자세에서 팔꿈치를 무

그림 10.3 크로스 오버 그립을 사용하지 마라.

그림 10.4 클린 그립 프런트 스쿼트

릎 안쪽에 위치시키고, 등허리의 아치를 유지한 상태에서 무릎을 발끝 밖으로 미는 것이다(그림 10.4 참조).

단계 3: 클린과 스내치의 시작 자세

이것은 기본적인 풀 자세다. 어깨너비로 발을 벌리고 서서, 무릎을 살짝 구부리고, 가슴은 바 살짝 뒤에 둬라. 또 손목을 밑으로 살짝 구부리고, 팔은 쭉 뻗고, 팔꿈치는 바깥을 향하게 하여 편다. 이것은 『펑셔널 트레이닝 포 스포츠』 초판에서 가르쳤던 것과는 다르다. 이것은 올림픽 리프팅 코치 글렌 펜들레이Glenn Pendlay 덕분이다. 바벨을 허벅지 아래로 내림으로써 가슴을 바 위쪽에 위치시키는 대신에, 펜들레이는 단순히 무릎을 살짝 구부림으로써 가슴을 바 약간 뒤에 두기를 추천한다. 이러한 변화는 운동선수가 간단한 초심자의 점프를 하고 그 후에 (바를) 잡는 것을 쉽게 만들어준다. 앞으로 구부려서 가슴을 바 위에 두는 것 대신에, 선수는 간단히 무릎을 구부리는 것이다. 이 자세에서 가슴은 바 위에 있거나 살짝 뒤에 있을 것이다. 무릎을 구부리는 것은 약간의 고관절 굴곡을 일으키는데, 이 때문에 선수들은 더 쉽게 성공할 기회를 얻는다. 펜들레이 테크닉(나는 이렇게 부르는 것을 좋아하는데)은 우리가 20여 년 넘게 가르치는 동안, 첫 번째로 생긴 변화였다. 자랑스러운 점은, 우리가 스스로의 방식에 매몰되어 발전할 기회를 잃어버리지 않았다는 점이다.

그림 10.5 클린 앤 스내치 시작 자세

단계 4: 오버헤드 서포트 포지션

이 자세는 스내치 마지막 자세, 푸시 저크나 푸시 프레스의 마지막 자세, 그리고 오버헤드 스쿼트에 쓰인다. 팔을 쭉 뻗은 상태에서 바를 머리 위로 드는 것을 연습하라. 손목은 단단히 잠겨야 하고, 머리는 살짝 앞에 있어야 하며, 바는 머리의 뒤쪽 있어야 한다. 그리고 다리는 살짝 구부려야 한다(그림 10.6 참조).

행 포지션(바를 무릎 위에 두는 것)에서 모든 올림픽 리프팅을 수행해야 한다. 이것은 모

그림 10.6 오버헤드 서포트 포지션

든 체급의 선수들에 의해 사용될 수 있는 간단하고 안전한 자세이다. 덩치가 크거나 키가 크고 유연하지 않은 운동선수는 바닥에서 클린을 하는 데 어려움을 겪는다. 무조건 바닥에 클린을 해야 한다는 소위 전문가라는 작자들을 믿지 마라. 운동선수들에게는 올림픽 리프팅이 스포츠 그 자체가 아니라, 파워를 위한 하나의 도구일 뿐이라는 것을 기억하라.

행 클린 앤 클로즈 그립 스내치 마스터하기

단계 1: 적절하게 바를 들고 내려놓는 방법을 검토하라.

바를 들거나 내려놓을 때, 등허리는 언제나 아치 상태를 유지하고 단단해야 한다. 간단해 보일지 모르나, 많은 부상들은 올바르지 않게 바를 들고 내려놓을 때 발생한다.

단계 2: 핸즈 프리 프런트 스쿼트를 검토하라. 바를 삼각근 위에서 통제하는 법을 배워라.

이 자세는 가장 먼저 교육되어야 한다. 손목, 어깨, 그리고 팔꿈치의 유연성을 만들기 위해서 클린 그립 프런트 스쿼트까지 단계를 밟아나가라.

단계 3: 시작 자세를 검토하라.

- 손목을 아래로 구부려라.
- 팔을 쭉 뻗어라.
- 등을 아치로 만들어라.
- 어깨는 바 살짝 뒤에 두어라.

단계 4: 무릎을 구부려라.

언급했다시피, 이것은 중요한 변화점이다.

단계 5a: 행 클린을 수행하라.

바를 어깨보다 살짝 넓게 잡고, 점프하고, 어깨를 으쓱하여, 프런트 스쿼트 자세로 바를 받아라(그림 10.7 참조). 그립은 이완되어 있어야 하고, 팔꿈치는 앞으로 곧게, 혹은 45도 옆을 향해야 한다.

그림 10.7 **행 클린**

단계 5b: 클로즈 그립 스내치를 수행하라.

클로즈 그립 스내치는 클린과 동일한 그립을 사용한다. 스내치를 위해서 일반적으로 교육하는 와이드 그립은 지양되는데, 와이드 그립을 하는 유일한 목적은 더 많은 무게를 리프팅하는 것뿐이기 때문이다. 어깨너비의 그립에서 오버헤드 서포트 포지션을 검토하라. 바를 머리 위에 두고, 무릎을 구부리고, 허리 아치를 유지하라(그림 10.8 참조). 스내치를 하는 동안, 바를 천장까지 던져버리는 모습을 마음속에 그려봐라. 나는 종종 선수들에게 그렇게 말한다. 교육할 때 쓰는 내 최고의 힌트는 "바를 천장까지 던지려고 하되, 그것이 날아가지 못하게 붙잡아라"이다. 당신은 하나의 힌트가 스내치를 얼마나 빨리 가르칠 수 있는지를 보고 놀랄 것이다.

메모: 스내치는 클린을 가르치고 배우는 것보다 쉽다. 코치와 선수들은 처음에는 겁을 내겠지만, 스내치를 빠르게 배울 것이다. 종종 상체 유연성이 행 클린을 배우는 데 있어서 장애물이 될 수 있는데, 행 스내치에서는 별 문제가 되지 않는다.

단계6: 바를 블록에 올바르게 내려놓아라.

등을 평평하고 단단하게 유지하라.

그림 10.8 클로즈 그립 스내치

티칭 큐 리뷰

시작 자세를 위한 큐:

시선은 앞을 보라.

가슴을 펴라.

등허리의 아치를 유지하라.

팔을 쭉 뻗고 팔꿈치를 이완시켜라.

손목을 아래로 구부려라(이것은 바를 몸 가까이 두기 위한 열쇠이다).

무릎을 구부려라(시작 자세에서 어깨가 바 바로 위에 있거나 살짝 뒤에 있어야 한다).

풀 동작을 위한 단서:

점프하고 어깨를 으쓱하라.

점프하고 앉아라.

점프하고 팔꿈치를 올려라(풀을 위해서).

캐치를 위한 단서(클린에만 적용된다):

바 아래에 앉아라.

팔꿈치를 올린 상태를 유지하라. 주의: 30명의 선수 중 29명은 팔꿈치를 위로 올릴 수 없다고 말했지만, 실제로는 30명 중 1명 정도만 팔꿈치를 올릴 수 없었다.

엉덩이는 뒤로 뺀 자세를 유지한다.

리프팅 스트랩 사용하기

숙련된 리프터가 바를 쥐고 있는 것을 힘들어하고 리프팅 자체보다는 그립에 신경 쓰는 것이 보일 때, 우리는 리프팅 스트랩을 사용하게끔 한다. 중요한 것은, 악력 부족이 하체 파워를 제한하면 안 된다는 뜻이다. 우리는 훅 그립hook grip을 가르치지 않는다. 우리는 그들에게 집중하라고 말하지 않는다. 우리는 그들에게 악력을 기르기 위한 추가적인 훈련이 필요하다고 말하지도 않는다. 우리는 그들에게 스트랩을 사용하도록 가르친다.

우리의 주된 목적은 파워 발달이다. 스트랩은 의심할 여지없이 거기에 도움이 된다. 적절하게 스트랩을 사용하는 방법과 선수들로 하여금 그것들을 사용하게끔 가르치는 방법을 배워라. 그들은 처음에는 퇴보할지 모르나, 나중에는 당신에게 감사할 것이다.

올림픽 리프팅을 대체할 만한 수단

올림픽 리프팅을 하고 싶지도 않고 할 수도 없음에도 불구하고, 여전히 하체 파워를 얻길 원한다면 어떻게 해야 할까? 점프 스쿼트, 케틀벨 스윙, 심지어는 한 다리 혹은 한 팔 행 클린이나 행 스내치가 답이 될지도 모른다.

주의: 우리의 성인 고객들 중 극히 일부만이 올림픽 리프팅을 수행한다. 크로스핏의 인기 때문에 많은 성인들이 올림픽 리프팅을 배우고 싶어하지만, 나는 그들이 올림픽 리프팅을 잘하기 위해 지나치게 많은 자세 변화를 겪는다고 생각한다. 성인들에게는 (올림픽 리프팅보다는) 점프하고, 스윙하고, 던지는 것이 파워를 위해서는 보다 낫다. 부상 예방의 관점에서 보더라도, 일반 성인에게 올림픽 리프팅을 가르치는 것은 실수다.

싱글 암 덤벨 스내치

싱글 암 덤벨 스내치는 등 하부에 더 적은 부담을 주면서 올림픽 리프팅의 효과를 얻고자 하는 운동선수들에게 좋은 대체 수단이다. 이 운동은 어깨 부하가 상당하기 때문에 운동선수들에게 적합하다. 대부분의 선수들은 자신의 바벨 스내치 무게의 50% 이상을 덤벨 스내치로 할 수 있다. 엉덩이와 다리는 여전히 힘을 만들어내지만, 그 힘을 한 팔을 통해 한 개의 덤벨로 전이시키는 것이다.

그림 10.9 싱글 암 덤벨 스내치

단계 1: 덤벨 스내치의 시작 자세를 배워라. 이것은 여전히 기초적인 풀 자세이다. 어깨 너비보다 살짝 넓게 서서, 무릎을 살짝 구부리고, 무릎 사이에 덤벨을 둬라. 가슴을 덤벨 위에 두고, 손목을 아래로 살짝 구부리고, 팔꿈치를 바깥쪽으로 향하게 하라.

단계 2: 싱글 암 덤벨 스내치를 수행하라.

덤벨을 무릎 사이에 둔 시작 자세에서, 점프하고, 으쓱하고, 덤벨을 오버헤드 서포트 포지션으로 잡아라(그림 10.9 참조). 나는 "덤벨을 천장에 던져버린다고 생각하라"와 "마치 그것을 날아가게 두려는 것처럼 당겨라"는 힌트가 도움이 된다는 것을 발견했다.

싱글 레그 클린 앤 스내치

많은 코치들은 이것을 미친 생각이라고 생각하고, 일부는 완전한 신성모독으로 여긴다. 그러나 허리나 다른 부상을 가지고 있는 가지고 있는 선수들에게 싱글 레그 클린 앤 스내치는 의사가 지시할 만한 것이 될 수 있겠다.

행 클린과 행 스내치에서 당신이 일반적으로 사용하는 무게의 50%로 시작하라. 싱글 레그 올림픽 리프팅은 선수가 하체 부상에서 복귀할 때 교차 전이cross transfer를 활용할 수 있는 좋은 방법이 될 수 있으며, 허리 부상에서 복귀한 선수가 프로그램에 참여하도록 하는 훌륭한 방법이기도 하다. 미친 소리처럼 들리지만, 한번 해보라.

단계 1: 싱글 레그 클린 혹은 스내치의 시작 자세를 배워라.

상체에 있어서는 모든 점이 동일하다. 주요한 차이는 한 다리로 선다는 점이다.

단계 2: 싱글 레그 클린 혹은 스내치를 수행하라.

양다리를 사용한 동작에서처럼 시작 자세에서 뛰고, 으쓱하고, 잡아라(그림 10.10 참조). 이 운동은 매우 재미있으며, 부상으로부터 복귀하는 운동선수를 사로잡을 수 있다.

그림 10.10 **싱글 레그 클린 또는 싱글 레그 스내치**

점프 스쿼트

점프 스쿼트는 수년간 유럽 육상 경기 선수들에게 인기가 있었고, 올림픽 리프팅의 좋은 대체 수단이다. 점프 스쿼트는 선수들이 올림픽 리프팅에서 추구하는 상당한 수준의 고관절 파워를 제공하고, 테크닉에 대한 의구심을 가졌거나 올림픽 리프팅을 꺼릴 정도로 어깨와 등 문제를 가지고 있는 선수들에게 완벽한 운동이기도 하다.

점프 스쿼트를 수행하기 위해서, 풀 스쿼트보다 살짝 높은 자세에서 점프하라. 초심자들은 착지해서 점프 사이에 균형을 잡을 수 있지만, 더 숙련된 운동선수들은 바닥에서 플라이오메트릭 반응을 잘 이용할 수 있을 것이다.

점프 스쿼트에서는 중량 선택이 중요하다. 오래된 가이드라인에서는 선수의 백 스쿼트 1RM의 25% 중량을 사용하도록 추천했다. 중량에 있어서 이러한 방법은, 운동선수의 체중을 고려하지 못하기 때문에, 결함이 많다. 다음의 예시는 이 점(수행자의 체중)을 설명한다.

만약에 선수 A의 백 스쿼트 1RM이 500파운드(227kg)이고 선수 B의 1RM 역시 500파운드라면, 두 선수는 백 스쿼트 1RM의 25%라는 가이드라인을 따라 125파운드(57kg)의 무게를 달고 점프 스쿼트를 수행할 것이다. 그러면 이제 선수 A의 체중이 200파운드고 B의 체중이 350파운드라고 가정해보자. 명확하게, A는 B보다 훨씬 더 뛰어난 체중 대비 스트렝스를 가진 것이다. A가 125파운드의 무게를 사용하는 것은 합리적이지만, 체중이 350파운드나 되는 B는 125파운드의 무게를 달고 테크닉적으로 올바른 점프 스쿼트를 수행하는 데 어려움을 겪을 것이다. 사실 B는 그의 체중 대비 스트렝스가 낮기 때문에 단순히 맨몸으로 점프 스쿼트를 하는 것도 어려워할지 모른다. 1RM 비율을 사용하는 대신, 다음의 공식을 제안한다.

[(스쿼트+체중)×0.4] - 체중 = 점프 스쿼트 무게
선수 A: [(500+200)×0.4] - 200 = 80
선수 B: [(500+350)×0.4] - 350 = -10

이 공식에 따르면 선수 B의 식은 음수를 도출해낸다. 이것은 350파운드의 선수는 맨몸으로 점프 스쿼트를 하기만 해도 충분함을 보여주며, 오히려 그가 간단한 1RM 퍼센티지 가이드라인(1RM의 25%)을 따를 경우 적어도 125파운드 정도의 과부하를 얻을 것임을 보여준다. 선수 A에게는 80파운드면 충분하다.

체중과 바 위의 무게를 더한, 선수가 스쿼트할 수 있는 전체 무게를 고려하라. 그리고 이 숫자를 점프 스쿼트를 위한 무게를 계산하는 데 사용하라. 이 가이드라인은 파워를 증진시키고자 하는 약한 운동선수들뿐만 아니라, 체격이 큰 선수들 모두에게 사용될 수 있다.

케틀벨 스윙

케틀벨의 인기는 최근 10년간 폭발적으로 급증해왔다. 이 책의 초판이 2004년에 출판되었을 때는, 케틀벨에 대한 언급이 없었다. 이제 케틀벨은 주류 운동이 되었으며, 올림픽 리프팅을 하고 싶지 않거나 하면 안 되는 사람들이 파워 발달을 위해 기대할 수 있는 운동 중 하나가 되었다. 비록 쓰여진 부분이 올바른 스윙을 하는 방법에 관한 것이지만, 이것은 가르치

고 수행하기에 상대적으로 쉬운 운동이다.

그러나 주의해야 할 점 2개 정도는 언급해둘 가치가 있겠다. 모든 운동선수들은 데드리프트나 스윙을 하기 전에 토 터치toe touch를 할 수 있어야 한다. 그리고 선수들은 스윙을 수행하기 전에, 케틀벨 데드리프트를 완벽하게 할 수 있어야 한다.

케틀벨 스윙 마스터하기

단계 1: 스윙 시작 자세 배우기

이것은 여전히 기초적인 풀 자세이다. 어깨너비보다 살짝 넓게 서서, 고관절을 굴곡시키고, 등을 아치로 유지하고, 무릎을 살짝 구부리고, 케틀벨을 약 30cm 정도 앞에 두어라. 가슴을 케틀벨 위에 두고, 손목을 살짝 아래로 구부리고, 팔을 쭉 뻗고, 팔꿈치는 바깥을 향하게 하라.

그림 10.11 **케틀벨 스윙**

단계 2: 케틀벨 스윙 수행하기

케틀벨이 앞에 나와 있는 시작 자세에서, 미식축구의 하이크 패스를 생각해보라. 좋은 스윙은 하이크 패스 동작으로 시작하며, 케틀벨도 가랑이에 가깝게 높이 떠 있다. 댄 존은 "지퍼를 때려라"고 즐겨 표현한다. 전완의 바깥쪽은 허벅지 안쪽에 닿아야 하며, 케틀벨이 엉덩이를 거의 때려야 한다. 여기서는 고관절 신전을 생각하라. 팔을 길게 뻗고 등 하부를 단단하게 만든 상태에서, 엉덩이를 폭발적으로 움직여라. 팔을 케틀벨과의 연결부라고 생각하라. 케틀벨은 어깨높이 위로 올라가서는 안 되며, 상체의 힘을 쓰지 않고 공격적인 고관절 움직임을 통해서만 그 높이를 유지해야 한다.

흔한 실수

- 스쿼트 자세로 스윙을 하는 것: 스윙은 무릎이 거의 구부러지지 않는 상태에서 하는 고관절 굴곡 중심의 운동이다. 잘못된 스윙을 하는 사람은 스쿼트 자세로 스윙을 한다.
- 팔을 사용하는 것: 스윙은 상체 운동이 아니다. 엉덩이의 폭발적인 움직임으로 케틀벨을 움직여라.
- 등허리를 구부리는 것: 이것은 가장 큰 실수이며, 아마도 가장 위험한 실수일 것이다.

올바르고 적극적인 감독 아래에서 폭발적인 리프팅은 재밌고, 안전하고, 도전적일 수 있다. 리프팅 무게에 신경을 쓰기보다는, 좋은 테크닉을 위해 노력하라. 조심스럽게 당신의 후보자들(올림픽 리프팅을 대체할 수 있는 운동들, 즉 케틀벨 스윙, 점프 스쿼트, 비대칭 클린 및 스내치 등)을 고르고, 일반 성인들의 경우에는 올림픽 리프팅을 피하도록 하라. 이러한 과정은 당신은 가능하리라 생각하지 않았던 선수 능력과 파워의 발전을 이끌어낼 것이다.

당신이 올림픽 리프팅, 점프 스쿼트, 케틀벨 스윙 중 어느 것을 통해서 엉덩이와 다리의 파워 발달시키기를 선택했든지 상관없이, 다리와 둔근 파워를 훈련시키기 위해 추가적인 무게를 사용하는 것은 스피드나 점프 능력을 기르기 위한 가장 빠른 방법이 될 것이다. 위의 운동들의 장점은 선수가 근육의 크기를 키우지 않고도 파워를 기를 수 있다는 것이다. 근체계가 아닌 신경계가 강조됨으로써, 이러한 훈련들은 피겨 스케이팅 선수, 레슬러, 그리고 기계체조 선수와 같은 운동선수들을 위한 훌륭한 훈련 방법이 될 수 있다. 많은 선수들과 코치들은 폭발적인 리프팅이 오로지 미식축구 선수들을 위한 것이라고 잘못 생각해왔다. 이것은 진실과는 거리가 멀다. 올림픽 리프팅과 그 변형들은 모든 스포츠의, 모든 체급의 선수들에게 적합하며, 특히 체급의 상승 없이 전신 스트렝스를 추구하는 선수들에게 도움이 된다.

락킹The rock의 역할

행 스내치와 행 클린 둘 모두에 있어서 명확한 것은, 좋은 운동선수가 리프팅의 폭발적인 단계를 시작할 때, 어떤 좋은 일이 자연스럽게 일어난다는 사실이다.

우리 선수들은 20여 년 이상 고관절 회전 움직임의 혜택을 받아왔다. 우리가 처음부터 이러한 무게중심 이동을 가르친 것은 아니다. 중량이 무거워짐에 따라 자연스럽게 일어난 일이었다. 실력 있는 리프터들은 바닥에서 무거운 중량을 행 클린하는 것이 어려운 일임을 깨닫게 되었고, 자연스럽게 락킹rocking(몸 흔들기)을 하거나 무게중심을 옮기기 시작했다. 나는 리프팅을 점점 변화시켰으며, 1980년대와 1990년대에는 300파운드(136kg) 이상을 행 클린할 수 있는 30명이 넘는 미식축구 선수들이 있었다. I-AA의 미식축구 선수들에게는 나쁠 것이라고는 없었다.

하지만 몇 년 후, 나는 락킹을 하는 것이 좋지 않고, 그것을 그만해야 한다는 비판을 듣는 멍청한 실수를 저질렀다. 나는 내 선수들에게 리프팅의 폭발적인 부분 전에 완전히 정지하도록 가르쳤다. 나는 락킹을 금지시켰다. 결과는 간단하고 명확했다. 중량의 수치가 점점 떨어졌다. 내 선수 중 한 명은 내게 와서 이렇게 말했다. "잘나셨어요. 기어코 우리 전부를 더 약하게 만들었네요." 그의 행 클린 최고 기록은 370파운드에서 340파운드까지 떨어졌다(이 선수의 수직 점프는 4년 동안 20에서 32인치로 12인치 증가했음에 주목하라). 나는 갈등했다. 나는 선수들을 위해 최고의 것을 해주길 원했을 뿐이다. 그 누구도 락킹을 하면서 부상을 입지 않았고, 모두가 더 무거운 무게를 들 수 있었다. 나는 그 상황에 대한 분석을 시작했고, 락킹이 스포츠와 올림픽 리프팅의 자연스러운 일부분이었다고 결론짓게 되었다.

나는 1970년대 후반에 읽었던 칼 밀러Carl Miller의 『올림픽 리프팅 훈련 매뉴얼』에서, 그가 '두 번의 무릎 구부림'이라고 불렀던 것을 기억한다. 나는 처음에 그것이 불가능하다고 생각했다. 그러나 훌륭한 올림픽 웨이트 리프터의 영상을 본 후에, 그것이 가능할 뿐만 아니라 모든 훌륭한 리프터들이 락킹을 한다는 사실을 발견했다. 몇 개의 영상을 슬로우 모션으로 보면 알게 될 것이다. 바를 무릎까지 들기 위해, 엉덩이와 무릎이 펴진다. 바가 무릎 위로 올라온 뒤에, 무릎은 엉덩이를 제위치로 두기 위해 구부러진다. 리프팅의 점프 부분에서 무릎은 다시 펴진다. 이것은 펴짐-구부러짐-펴짐의 순환 과정을 거친다. 이것은 락킹, 스쿠핑scooping, 혹은 무릎 두 번 구부리기라고 불려왔다. 뭐라고 불리든, 그것은 실재하는 일이다.

당신이 올림픽 리프팅에서 보는 락킹 역시 같은 동작이다. 무게가 뒤꿈치로 이동하면 무릎은 펴진다. 무게가 앞으로 이동하면 무릎은 구부러진다. 엉덩이가 폭발하듯 움직이고, 둔근과 무릎이 펴진다. 우리가 하는 일은 모든 선수들이 최고의 폭발적인 파워를 만들어내기 위해 하고 있는, 바로 그것이다. NFL 선수의 수직 점프를 보라. 무엇을 볼 수 있는가? 락킹, 사전-신장, 무게중심 이동을 볼 수 있을 것이다. 당신이 그것을 뭐라고 부르든, 강력한 파워를 만들어내기 위한 최고의 방법이다.

우리는 일반적으로 135파운드(61kg)의 클린을 하는 여자 선수들을 가지고 있고, 우리 하키팀 선수 중 다수는 250파운드(113kg)에서 320파운드(145kg)의 행 클린을 한다. 건강한 운동선수, 좋은 클린 횟수, 좋은 속도 향상, 훌륭한 수직 점프. 그래서, 내가 틀렸는가? 나는 그렇게 생각하지 않는다. 리 코크릴Lee Cockreel이 『크리에이팅 매직Creating Magic』에서 말했던 것처럼, 우리가 언제나 사용했던 방법이 틀렸다면 어떻게 되었겠는가?

CHAPTER 11

경기력 향상 프로그램

특정 스포츠에 특화된 프로그램이라는 개념은 오늘날 운동 이론에서 가장 잘못된 개념 중 하나이다. 각각의 스포츠를 위한 각각의 프로그램이 있다는 생각은 근본적으로 잘못된 것이다. 팀 스포츠 대다수와 심지어 다수의 개인 종목 스포츠 역시 유사한, 일반적인 목표를 가지고 있다. 모든 종목이 스트렝스를 기반으로, 스피드와 파워에 의존한다. 스피드, 스트렝스, 그리고 파워의 발달은 스포츠들 사이에서 차이가 있지도 않고, 있어서도 안 될 것이다.

훌륭한 스트렝스와 컨디셔닝 코치들 중 대다수는, 다양한 종목의 선수들을 비슷한 프로그램을 사용하여 훈련시킨다. 너무 강하거나, 너무 빠르거나, 혹은 측면 운동을 너무 잘하는 선수들을 훈련시켜야 할 경우는 거의 없다. 이렇게 생각해보자. 빠른 야구 선수는 빠른 축구 선수 혹은 미식축구 선수와 무엇이 다를까? 코치로서, 당신은 야구를 위한 스피드를 축구나 미식축구를 위한 스피드와는 다른 방식을 써서 발전시킬 것인가?

일부 코치들은 평가 방법이 다르다고 주장할지 모르나, 그것이 요지가 아니다. 훈련 방식은 그렇게 다르지 않을 것이다. 정말로 중요한 것은 10야드를 가속하거나 감속하는 선수의 능력이지, 특정 스포츠의 특정 테스트를 수행할 능력이 아닌 것이다. 스트렝스에 있어서도 마찬가지다. 만약에 야구 선수가 더 강해지길 원한다면, 그 과정은 축구 선수를 더 강하게 만드는 과정과 달라야 할까? 나는 그렇게 생각하지 않는다. 야구, 테니스, 수영과 같은 스포츠에서는, 어깨에 많은 스트레스를 받는다는 점을 고려해서 프로그램이 편성되어야 할 것이고, 오버헤드 리프팅의 양을 줄여야 하겠지만, 대부분의 다른 요소는 동일할 것이다. 스트렝스는 스트렝스이다.

하나의 스포츠에는 통하지만 다른 스포츠에는 통하지 않는, 강해지기 위한 방법 따위는 없다. 스피드 프로그램에서도 마찬가지다. 중요한 것은 비슷한 점들이지, 차이점들이 아니다. 이것이 기능성 운동의 장점이다. 사용 가능한 스트렝스와 스피드는 합리적인 방식을 통해서만 발달한다.

특정 종목에 보다 특화되어 있다는 것은, 스트렝스 발달에 쓸 시간의 양에 차이가 있다는 것이지, 사용되는 방법 자체가 다르다는 것이 아니다. 프로그램은 시즌 중간의 2일 프로그램에서, 고등학생 선수를 위한 3일 프로그램과 우리가 여름에 따르거나, 혹은 비시즌에 전문가들과 함께 수행하는 4일 프로그램까지 다양하다. 시간이 얼마나 있는지를 말하면, 어떤 프로그램을 선택해야 할지 말해주겠다. 4일 프로그램이 가장 이상적이지만, 스케줄이 방해가 될 때가 있다.

모든 프로그램은 준비 시기와 함께 시작하며, 세트 레시피를 따른다. 4장의 시작에서 요리사와 쉐프 사이의 비유를 확장시켜, 나는 운동 계획을 메뉴가 아닌 레시피라고 생각한다. 당신이 항목을 더하거나 뺀다면, 결과물에 영향을 끼칠 수밖에 없다. 다음의 레시피가 이 책의 단원 순서와 비슷한 것은 우연이 아니다.

1단계: 폼 롤러 마사지
2단계: 정적 스트레칭
3단계: 가동성, 운동성, 역동적 준비 운동
4단계: 파워 운동, 메디신 볼 던지기, 플라이오메트릭 운동, 스피드 운동
5단계: 웨이트룸에서의 파워와 스트렝스 운동
6단계: 컨디셔닝

이 단원의 프로그램 예들은 준비 운동에서 단계별 접근법을 취하고 있으며, 웨이트룸 안에서 수행될 스트렝스와 파워 훈련 역시 마찬가지이다. 이러한 접근법은 지금까지 다뤄온 모든 자료들과 일관되며, 목적을 위한 훈련과 그 목적을 성취하게 해줄 프로그램을 사용하는 데 있어서의 근본 철학과 일관된다.

파워와 스트렝스 프로그램 계획하기

이상적으로, 모든 스트렝스 훈련 프로그램은 폭발적으로 힘을 쓰는 운동이나 올림픽 리프팅을 통한 파워 발달과 함께 시작한다. 다르게 말하면, 빠르게 하는 운동을 먼저 수행한다. 세트 사이의 휴식시간은 코어 훈련, 가동성 운동들, 혹은 가장 시간을 잘 활용할 수 있는 것들을 위해 할당된다.

폭발적으로 힘을 쓰는 운동을 끝낸 후에, 선수는 전형적으로 한쌍의 스트렝스 훈련을 수행하는 데, 보통 그 날의 주요 리프트를 수행한다. 다시 한쌍의 스트렝스 운동은 시간을 잘 활용하기 위해서, 그 사이에 가동성 운동이나 코어 운동이 추가된다. 우리는 한쌍의 스트렝스 운동과 가동성 혹은 코어 운동을 트라이 셋tri-set이라고 부를 수 있을 것이다.

우리에게 있어서, 프로그램을 계획하는 것은 밀도density의 문제이다. 밀도는 기본적으로 우리가 한 시간마다 할 수 있는 운동의 양을 말한다. 우리 프로그램에서, 다른 사람이 휴식시간으로 여기는 시간은 능동적 스트레칭, 가동성 운동, 혹은 코어 운동을 위해 사용된다.

남은 운동은 다른 트라이세트나 혹은 미니 서킷 스타일로 수행된다. 이것은 이미 묘사된 바대로 수행되거나 혹은 운동 1에서 운동 4까지 차례대로 수행됨을 의미한다. 이 트라이세트 혹은 미니 서킷 프로그램은 우리가 보조 운동으로 살펴본 것들을 포함한다. 그것들은 2~3세트나 서킷으로 수행되며, 세트 사이의 휴식은 1분 미만으로 한다. 2일 프로그램은 예외다. 두 개의 트라이세트 모두 그날의 중심 리프팅을 포함하고 있기 때문이다.

이미 언급한 바대로, 스포츠 특화 프로그램들 사이의 주된 차이점은 스트렝스 훈련 프로그램 자체에 있는 것이 아니라, 특정 스포츠를 위한 에너지 체계의 발전에 있다. 머리 위로의 동작이 많은 선수나 스포츠만이 예외이다. 야구, 수영, 테니스, 그리고 배구가 스트렝스 프로그램에 있어서 차이를 보일 수 있는 머리 위로의 동작이 많은 스포츠의 예이다.

컨디셔닝 프로그램은 스트렝스 프로그램보다 종목 특화적이다. 스트렝스 프로그램은 다양한 범위의 스포츠에 적용 가능하나, 컨디셔닝 프로그램은 개인 종목 스포츠나 팀 종목 스포츠에 따라 보다 구체적일 수 있다.

프로그램 구성 요소들

잘 설계된 기능적 스트렝스 프로그램에는 9개의 구성 요소들이 필수적이다. 전부 앞서 단원들에서 세부적으로 다뤄졌던 것들인데, 이 구성 요소들은 훈련 가능한 일수(日數)에 따라 이용되고 결합되었다. 훈련 가능한 날이 4일에서 3일, 다시 2일로 줄어듦에 따라, 우선순위 결정이 점점 어려워진다. 2일 프로그램에서는 일이 굉장히 간단해진다. 폭발적인 운동, 밀기, 무릎 중심의 운동, 당기기, 그리고 고관절 중심의 운동. 4일 프로그램에서 어떤 구성 요소들은 일주일에 두 차례 실시하기도 한다. 2일 프로그램에서는 각각의 요소들이 한 번씩만 수행된다.

1. 폭발적인 파워 발달: 대부분의 경우 올림픽 리프팅을 수행하지만 플라이오메트릭 운동, 스윙, 그리고 점프 스쿼트 등으로 대체될 수 있다(9장과 10장 참고).
2. 대칭적 고관절 중심의 운동: 일반적으로 트랩바 데드리프트(6장 참고)를 수행하지만 케틀벨 스모 데드리프트와 가블릿 스쿼트가 수행될 수도 있다.
3. 한 다리로 수행되는 무릎 중심의 운동: 한 다리 스쿼트, 스플릿 스쿼트, 그리고 그 변형들(6장 참고)
4. 비대칭적인 고관절 운동: 한 다리 데드리프트와 그 변형들(6장 참고)
5. 코어 운동: 항신전, 항회전, 항측굴 운동(7장 참고)
6. 수평 밀기 운동: 벤치 프레스, 인클라인 프레스(8장 참고)
7. 수직 밀기 운동: 덤벨 혹은 케틀벨 오버헤드 프레스(8장 참고)
8. 수평 당기기 운동: 로우와 그 변형들(8장 참고)
9. 수직 당기기 운동: 친 업과 그 변형들(8장 참고)

적절하게 기능적 훈련 프로그램을 설계하는 방법의 핵심은, 이러한 범주들을 어느 것도 과대평가나 과소평가 없이 결합하는 것이다.

2일 프로그램은 3일 프로그램이나 4일 프로그램과 똑같은 사고 과정을 따르며, 일반적으로 행 클린이나 행 스내치, 혹은 덤벨 스내치와 같은 올림픽 리프팅으로 시작한다. 인클라인 프레스는 누워서 하는 프레스와 오버헤드 프레스 사이의 절충안으로 사용될 수 있다.

스트렝스 프로그램의 단계

우리는 높은 볼륨으로 수행하는 운동과 무거운 중량으로 수행하는 적은 볼륨의 운동을 번갈아서 수행하는 3주 과정의 폴리퀸 주기화 모델을 성공적으로 사용해왔다. 3주가 적절한 것은, 12주간의 비시즌기 동안 3주간의 단계를 4번 수행할 수 있기 때문이다.

단계 1은 기본 단계이다. 폴리퀸은 이것을 축적기$_{\text{accumulation phase}}$라고 불렀는데, 이는 선수가 이 기간 동안 더 많은 볼륨을 축적함을 의미한다. 이 시기를 해부학적 적응기 혹은 근비대기로 여길 수도 있을 것이다. 우리는 선수들을 상대적으로 낮은 볼륨에 적응시키기 위해 1주차에 8~10회 반복의 두 세트로 시작하고, 2주차와 3주차에는 3세트로 늘린다. 올림픽 리프팅은 5회만 반복 수행된다.

단계 2는 강화기intensification phase라고 불리는데, 스트렝스 발달에 초점이 맞춰진다. 다르게 말하자면, 볼륨을 줄어들지만 강도는 올라가는 것이다(즉 무게는 증가하지만 반복수는 줄어든다). 우리는 3세트를 벤치 프레스, 친업, 올림픽 리프팅을 위해 쓸 수 있을 것이고, 5세트를 리어 풋 엘리베이티드 스플릿 스쿼트나 싱글 레그 스트레이트 레그 데드리프트와 같은 하체 스트렝스 운동을 위해 쓸 수 있을 것이다. 이 단계에서 운동의 볼륨은 24회에서 15회까지 점차 줄어든다. 강도는 70%에서 80% 초까지 증가한다.

단계 3은 두 번째 축적기지만, 방법은 다를 것이다. 우리는 콤플렉스 트레이닝(하나의 스트렝스 운동을 하나의 파워 운동과 짝을 짓는 것)을 사용하거나, 원심성을 보다 강조할 수도 있고(적은 횟수로 반복하되 시간과 볼륨을 늘리는 식으로), 혹은 다양한 범위 내에서 운동할 수 있도록 3세트 프로그램을 조정할 수도 있다. 어떤 경우든, 단계 3을 하는 동안에는 운동의 전체 볼륨이 증가해야 하며, 총 볼륨은 24회의 반복수를 지향해야 할 것이다.

대부분의 스포츠 종목에서, 단계 4는 곧 다가올 시즌에 선수들을 준비시키기 위해 좀 더 많은 반복수에 집중하는 스트렝스 지구력 단계이다. 하지만 축구처럼 강력한 스포츠 종목의 선수들에게는 또 다른 낮은 반복수의 스트렝스 훈련 단계가 될 수도 있다. 이전 단계에서 사용되지 않았다면, 콤플렉스 트레이닝이 사용될 수도 있을 것이다.

우리는 이 모델을 오랫동안 매우 성공적으로 사용해왔으며, 계속해서 교정해나가고 있다.

스트렝스 프로그램 샘플

모든 프로그램 이전에 동적 준비 운동 단계가 선행되어야 함을 기억하라. 운동 전의 연부조직 작업, 스트레칭, 웜업, 그리고 스트렝스 운동을 전부 수행할 수 있도록 각각의 트레이닝 세션에 60~90분을 할애하라.

상기한 모든 운동들은 실제로 사용했던 스프레드 시트를 복사한 것이다. 엑셀 프로그램에서 운동선수의 최대 중량을 기입하면, 사용 중량을 계산하는 데 사용할 수 있다. 최대 중량은 벤치 프레스, 스플릿 스쿼트, 클린의 중량을 계산하기 위한 핵심 요소이다. 이 운동들의 최대 중량은 그것들이 실제 운동에서 쓰일 스프레드 시트의 결과값으로 무게를 도출해낸다는 점에서 그 의의를 지닌다.

4일 프로그램

4일 프로그램(표 11.1~11.5 참조)은, 코치들이 쉽게 스트렝스, 스피드 발달, 그리고 컨디셔닝에 필요한 모든 요소를 결합시킬 수 있기 때문에, 대부분의 스포츠 종목에서 비시즌기를 위해 선호되는 프로그램이다. 모든 중요한 변수들을 다루기 위해서, 이 중 몇몇 요소들은 필요불가결하다. 또한 4일 프로그램에서는 2일 프로그램이나 3일 프로그램과는 달리, 추가적인 코어 운동이나 사전재활prehabilitation 운동들을 할 수 있기도 하다.

표 11.1 4일 훈련 프로그램 샘플

Day 1	Day 2	Day 3	Day 4
Explosive/Olympic Antiextension core	Pair Horizontal Push Upper Mobility	Explosive/Olympic Antiextension Core	Pair Incline Push Upper Mobility
Pair Hip dominant Vertical pull	Pair Vertical Push Upper Mobility/ Stability	Pair Knee dominant Vertical pull	Pair Horizontal Push Hip Mobility
Tri set Knee dominant Horizontal Pull Antirotation Core	Tri set Core-Misc Antirotation Core Loaded Carry	Tri set Hip dominant Horizontal Pull Antirotation Core	Tri set Core-Misc Antirotation Core Loaded Carry

표 11.2 여름 리프팅 단계 1 훈련

Day 1	Week 1 reps	Week 2 reps	Week 3 reps	Day 2	Week 1 reps	Week 2 reps	Week 3 reps
Hang clean progression	5	5	5	Bench press	8	8	8
Wk1 hang clean from pos. 1	5	5	5		8	8	8
Wk2 hang clean from pos. 1	5	5	5		—	8	8
Front plank progression	2×20 sec	2×25 sec	2×30 sec	*Spiderman pos. lat stretch*	2×5 breaths	2×5 breaths	2×5 breaths
Trap bar deadlift	8	8	8	Half-kneeling alt overhead press	8	8	8
	8	8	8		8	8	8
	—	8	8		—	8	8
Chin-up	8	8	8	*Supine floor slide*	8	8	8
	8	8	8		8	8	8
	—	8	8		—	—	—
Bottoms-up split squat or one-leg squat	8 each side	8 each side	8 each side	Push-up progression	8	8	8
	8 each side	8 each side	8 each side		8	8	8
	—	8 each side	8 each side		8	8	8
Dumbbell row	8	8	8	TK push-pull	8	8	8
	8	8	8		8	8	8
	—	8	8		—	8	8
In-line chop	2x8	2x8	2x8	Suitcase carry	25 yards each side 2×	25 yards each side 3×	25 yards each side 3×

표 11.2 여름 리프팅 단계 1 훈련(이어서)

Day 3	**Week 1 reps**	**Week 2 reps**	**Week 3 reps**	**Day 4**	**Week 1 reps**	**Week 2 reps**	**Week 3 reps**
Hang clean progression	5	5	5	Dumbbell incline bench	8	8	8
Wk1 hang clean from pos. 1	5	5	5		8	8	8
Wk2 hang clean from pos. 1	5	5	5		—	8	8
Front plank progression	2×20 sec	2×25 sec	2×30 sec	*Spiderman pos. lat stretch*	2×5 breaths	2×5 breaths	2×5 breaths
Rear-foot-elevated split squat	8 each side	8 each side	8 each side	Push-up progression	8	8	8
	8 each side	8 each side	8 each side		8	8	8
	—	8 each side	8 each side		8	8	8
Ring row	8	8	8	*Squat holds*	6	6	6
	8	8	8		6	6	6
	—	8	8		—	—	—
Dumbbell single-leg deadlift	8 each side	8 each side	8 each side	Quarter get-up	3 each side	4 each side	4 each side
	8 each side	8 each side	8 each side		3 each side	4 each side	4 each side
	—	8 each side	8 each side		—	4 each side	4 each side
X-pull-down	8	8	8	TK antirotation press out	8	8	8
	8	8	8		8	8	8
	—	8	8		—	8	8
In-line lift	2×8	2×8	2×8	Farmer carry	25 yards each way 2×	25 yards each way 2×	25 yards each way 2×
Conditioning	**Week 1**	**Week 2**	**Week 3**	**Conditioning**	**Week 1**	**Week 2**	**Week 3**
Sled march weights:				Sled crossover weights:			
				1 mile time:			

표 11.3 여름 리프팅 단계 2 훈련

Day 1	**Week 1 reps**	**Week 2 reps**	**Week 3 reps**	**Day 2**	**Week 1 reps**	**Week 2 reps**	**Week 3 reps**
Hang clean *Progress to pos. 2 if ready*	3	3	3	Bench press	5	5	5
	3	3	3		5	5	5
	3	3	3		5+	5	5
	—	—	—		—	5+	5+
Hard-style front plank	2×20 sec	2×25 sec	2×25 sec	*Spiderman pos. lat stretch*	2×5 breaths	2×5 breaths	2×5 breaths
Trap bar deadlift	5	5	5	Standing overhead press	5	5	5
	5	5	5		5	5	5
	5+	5	5		5	5	5
	—	5+	5+		—	—	—

Day 1	Week 1 reps	Week 2 reps	Week 3 reps	Day 2	Week 1 reps	Week 2 reps	Week 3 reps
Chin-up	5	5	5	*Supine floor slides*	10	10	10
	5	5	5		10	10	10
	5	5	5		—	—	—
One-leg squat	6	6	6	Push-up progression	10	10	10
	6	6	6		10	10	10
	6	6	6		10+	10+	10+
Dumbbell row	10	10	10	Half-kneeling push-pull	8	8	8
	10	10	10		8	8	8
	10	10	10		8	8	8
In-line iso hold chop	2×8	2×8	2×8	Suitcase carry	25 yards each way 3×	25 yards each way 3×	25 yards each way 3×
Day 3	**Week 1 reps**	**Week 2 reps**	**Week 3 reps**	**Day 4**	**Week 1 reps**	**Week 2 reps**	**Week 3 reps**
Hang clean (65-75%) *progress to pos. 2 if ready*	5	5	5	Dumbbell incline bench	5	5	5
	5	5	5		5	5	5
	5	5	5		5	5	5
	—	—	—		—	5+	5+
Hard-style front plank	2×20 sec	2×25 sec	2×25 sec	*Spiderman pos. lat stretch*	2×5 breaths	2×5 breaths	2×5 breaths
Rear-foot-elevated split squat	5	5	5	Push-up progression	10	10	10
	5	5	5		10	10	10
	5+	5	5		10+	10+	10+
	—	5+	5+		—	—	—
Ring row	10	10	10	*Toe touch squat with medicine ball*	6	6	6
	10	10	10		6	6	6
	10	10	10		—	—	—
Dumbbell single-leg deadlift	5	5	5	Get-up	3 each side	4 each side	4 each side
	5	5	5	*1st roll to elbow*	3 each side	4 each side	4 each side
	5	5	5	*To high bridge*	3 each side	4 each side	4 each side
X-pull-down	10	10	10	Half-kneeling antirotation hold	3×20 sec	3×25 sec	3×25 sec
	10	10	10				
	10	10	10				
In-line isometric hold lift	2×8	2×8	2×8	Farmer carry	25 yards each side 2×	25 yards each side 2×	25 yards each side 2×
Conditioning	**Week 1**	**Week 2**	**Week 3**	**Conditioning**	**Week 1**	**Week 2**	**Week 3**
Sled march weights:				Sled crossover weights:			
150 times:				1-mile time:			

표 11.4 여름 리프팅 단계 3 훈련

Day 1	Week 1 reps	Week 2 reps	Week 3 reps	Day 2	Week 1 reps	Week 2 reps	Week 3 reps
Hang clean	3	3	3	Bench press *complex with medicine ball bench*	5	5	5
	3	3	3		3	3	3
	3	3	3		3+	3+	1+
	3	3	3		—	—	—
Stability ball roll-out	3×6	3×8	3×8	*Spiderman pos. lat stretch*	2×5 breaths	2×5 breaths	2×5 breaths
Trap bar deadlift *complex with continuous hurdle jump*	5	5	5	Standing overhead press	5	5	5
	5	5	5		5	5	5
	5	5	5+		5	5	5
Chin-up *complex with medicine ball slam 3×10*	3	3	3	*Supine floor slide*	10	10	10
	3	3	3		10	10	10
	3+	3+	3+		—	—	—
One-leg squat	5	5	5	Push-up progression	10	10	10
	5	5	5		10	10	10
	5	5	5		10+	10+	10+
Dumbbell row	5	5	5	Dynamic push-pull	8	8	8
	5	5	5		8	8	8
	5	5	5		8	8	8
Dynamic chop	3×10	3×10	3×10	Suitcase carry	25 yards each way 3×	25 yards each way 3×	25 yards each way 3×
Day 3	**Week 1 reps**	**Week 2 reps**	**Week 3 reps**	**Day 4**	**Week 1 reps**	**Week 2 reps**	**Week 3 reps**
Hang clean (65-75%)	5	5	5	Dumbbell incline bench *complex with medicine ball bench*	5	5	5
	5	5	5		3	3	3
	5	5	5		3+	3+	3+
Stability ball roll-out	3×20 sec	3×25 sec	3×25 sec	*Spiderman pos. lat stretch*	2×5 breaths	2×5 breaths	2×5 breaths
Rear-foot-elevated split squat *complex with continuous hurdle hops*	5	5	5	Push-up progression	10	10	10
	3	3	3		10	10	10
	3+	3+	3+		10+	10+	10+
Ring row *complex with medicine ball slam 3×10*	10	10	10	*Toe touch squat with medicine ball*	8	8	8
	10	10	10		8	8	8
	10	10	10		—	—	—

Day 3	Week 1 reps	Week 2 reps	Week 3 reps	Day 4	Week 1 reps	Week 2 reps	Week 3 reps
Dumbbell single-leg deadlift	6	6	6	Get-up	2+2	2+2	2+2
	6	6	6	*1st roll to elbow*	2+2	2+2	2+2
	6	6	6	*To high bridge full get-up*	2+2	2+2	2+2
Dumbbell row	5	5	5	Standing antirotation hold	3×25 sec	3×25 sec	3×25 sec
	5	5	5				
	5	5	5				
Dynamic lift	3×10	3×10	3×10	Farmer carry	25 yards each way 3×	25 yards each way 3×	25 yards each way 3×
Conditioning	**Week 1**	**Week 2**	**Week 3**	**Conditioning**	**Week 1**	**Week 2**	**Week 3**
Sled march weights:				Sled crossover weights:			
300 times:				1-mile time:			
150 times:							

표 11.5 여름 리프팅 단계 4 훈련

Day 1	Week 1 reps	Week 2 reps	Week 3 reps	Day 2	Week 1 reps	Week 2 reps	Week 3 reps
Hang clean	3	3	3	Bench press *complex with medicine ball bench*	5	5	5
	3	3	3		3	3	3
	3	3	3		3+	3+	1+
	3	3	3		—	—	—
Stability ball roll-out	3×6	3×8	3×8	*Spiderman pos. lat stretch*	2×5 breaths	2×5 breaths	2×5 breaths
Trap bar deadlift *complex with continuous hurdle jumps*	5	5	5	Standing overhead press	5	5	5
	5	5	5		5	5	5
	5	5	5+		5	5	5
Chin-up *complex with medicine ball slam 3×10*	3	3	3	*Supine floor slide*	10	10	10
	3	3	3		10	10	10
	3+	3+	3+		—	—	—
One-leg squat	5	5	5	Push-up progression	10	10	10
	5	5	5		10	10	10
	5	5	5		10+	10+	10+
Dumbbell row	5	5	5	Dynamic push-pull	8	8	8
	5	5	5		8	8	8
	5	5	5		8	8	8
Dynamic chop	3×10	3×10	3×10	Suitcase carry	25 yards each way 3×	25 yards each way 3×	25 yards each way 3×

표 11.5 여름 리프팅 단계 4 훈련(이어서)

Day 3	Week 1 reps	Week 2 reps	Week 3 reps	Day 4	Week 1 reps	Week 2 reps	Week 3 reps
Hang clean (65-75%)	5	5	5	Dumbbell incline bench *complex with medicine ball bench*	5	5	5
	5	5	5		3	3	3
	5	5	5		3+	3+	3+
Stability ball roll-out	3×20 sec	3×25 sec	3×25 sec	*Spiderman pos. lat stretch*	2×5 breaths	2×5 breaths	2×5 breaths
Rear-foot-elevated split squat *complex with continuous hurdle hops*	5	5	5	Push-up progression	10	10	10
	3	3	3		10	10	10
	3+	3+	3+		10+	10+	10+
Ring row *complex with medicine ball slam 3×10*	10	10	10	*Toe touch squat with medicine ball*	8	8	8
	10	10	10		8	8	8
	10	10	10		—	—	—
Dumbbell single-leg deadlift	6	6	6	Get-up	2+2	2+2	2+2
	6	6	6	*1st roll to elbow*	2+2	2+2	2+2
	6	6	6	*To high bridge full get-up*	2+2	2+2	2+2
Dumbbell row	5	5	5	Standing antiro-tation hold	3×25 sec	3×25 sec	3×25 sec
	5	5	5				
	5	5	5				
Dynamic lift	3×10	3×10	3×10	Farmer carry	25 yards each way 3×	25 yards each way 3×	25 yards each way 3×
Conditioning	**Week 1**	**Week 2**	**Week 3**	**Conditioning**	**Week 1**	**Week 2**	**Week 3**
Sled march weights:				Sled crossover weights:			
300 times				1-mile time:			
150 times							

3일 프로그램

3일 프로그램(표 11.6~11.8 참조)은, 4일 프로그램보다 설계하기 어려운데, 그것은 25% 가량 훈련 시간이 적기 때문이다. 비시즌기 훈련을 위해서는 최소 3일의 시간이 필요하다. 절대적 스트렝스를 다른 종목보다 덜 필요로 하거나, 그들의 종목에 특화된 훈련을 위해서 이미 많은 시간을 할애하고 있어 3일 프로그램을 병행할 수 없는 피겨 스케이팅, 기계체조, 혹은 수영과 같은 종목의 선수들은 예외이다. 대부분의 팀 스포츠에서, 3일은 비시즌 트레이닝을 위해 요구되는 최소한의 일수일 것이다.

3일 프로그램에서 당신은 여전히 핵심 요소들 사이의 균형을 맞출 수 있다. 비록 필수적인 요소 몇 가지가 남아 있기는 하지만 당신은 2일 프로그램보다 덜 타협해도 된다. 3일 프로그램에서 운동선수는 매일 폭발적인 운동으로 시작하고, 중심 운동 후에는 트라이세트 운동을 하게 된다.

표 11.6 3일 훈련 프로그램 샘플

Day 1	Day 2	Day 3
Explosive/Olympic Antirotation core Antiextension core	Explosive/Olympic Antirotation core Antiextension core	Explosive/Olympic Antirotation core Hip mobility
Pair Hip dominant Vertical pull	Pair Horizontal press Knee dominant, single	Pair Horizontal press Knee dominant
Tri-set Knee dominant Overhead press Loaded carry	Tri-set Hip dominant, single Horizontal pull (row) Loaded carry	Tri-set Hip dominant Horizontal pull Antirotation core

표 11.7 가을 리프팅 단계 1 훈련: 새로운 선수

Day 1	Week 1 reps	Week 2 reps	Week 3 reps	Day 2	Week 1 reps	Week 2 reps	Week 3 reps
Clean *(Focus on speed and follow teaching progression)*	5	5	5	Kettlebell swing *(Teach Kettlebell deadlift first)*	10	10	10
	5	5	5		10	10	10
	5	5	5		10	10	10
Incline chop	2×8 each side	2×10 each side	2×12 each side	*Incline lift*	2×8 each side	2×10 each side	2×12 each side
Front plank	2×25 sec	2×30 sec	2×35 sec	*Front plank*	2×25 sec	2×30 sec	2×35 sec
Trap bar deadlift or kettlebell deadlift	8	8	8	Eccentric bench press 3 sec eccentric/1 sec pause *Baseball: dumbbell bench 3×8*	8	8	8
	8	8	8		8	8	8
	8	8	8		8	8	8
Chin-up (slow eccentric) *Regression: TRX row*	Max	Max	Max	Eccentric rear-foot-elevated split squat	8 each side	8 each side	8 each side
	Max – 1	Max	Max		8 each side	8 each side	8 each side
	Max – 1	Max – 1	Max – 1		8 each side	8 each side	8 each side
Push-up progression *Regression: standing cable press*	8	8	10	Suspension row	8	8	8
	8	8	10		8	8	8
	8	8	10		8	8	8
Goblet squat	5	5	5	Goblet squat	8	8	8
	5	5	5		8	8	8
	5	5	5		8	8	8
TK antirotation press	3×8 each side	3×10 each side	3×12 each side	Seated external and internal rotation *(ball or light dumbbell)*	2×8	2×10	2×12
Supine band pull-apart: 2×8, 10, 12							

표 11.7 가을 리프팅 단계 1 훈련: 새로운 선수(이어서)

Day 3	Week 1 reps	Week 2 reps	Week 3 reps	GOALS
Clean	5	5	5	1:
	5	5	5	
	5	5	5	
Farmer carry	2×turf	3×turf	3×turf	
Front plank	2×25 sec	2×30 sec	2×35 sec	
Half-kneeling alternating dumbbell press	8 each side	8 each side	8 each side	2:
	8 each side	8 each side	8 each side	
	—	8 each side	8 each side	
Dumbbell single-leg deadlift or reaching	8 each side	8 each side	8 each side	INJURIES TO NOTE:
	8 each side	8 each side	8 each side	
	—	8 each side	8 each side	
Dead stop dumbbell row *Regression: cat–cow*	8 each side	8 each side	8 each side	
	8 each side	8 each side	8 each side	
	—	8 each side	8 each side	COMMENTS:
Half get-up	3 each side	4 each side	5 each side	
	3 each side	4 each side	5 each side	
	—	4 each side	5 each side	
Eccentric slide-board leg curl with half roller *Regression: hip lift*	8	8	8	
	8	8	8	

표 11.8 가을 리프팅 단계 1 훈련: 시즌에서 돌아온 선수

Day 1	Week 1 reps	Week 2 reps	Week 3 reps
Clean *(Focus on speed; follow teaching progression)*	5	5	5
	5	5	5
	5	5	5
Incline chop	2×8 each side	2×10 each side	2×12 each side
Front Plank	2×25 sec	2×30 sec	2×35 sec
Trap bar or kettlebell deadlift	8	8	8
	8	8	8
	8	8	8
Chin-up (Slow eccentric) *Regression: TRX row*	Max	Max	Max
	Max – 1	Max	Max
	Max – 1	Max – 1	Max – 1
Push-up progression *Regression: standing cable press*	8	8	10
	8	8	10
	8	8	10
Single-leg squat	8	8	8
	8	8	8
	8	8	8
TK antirotation press	3×8 each side	3×10 each side	3×12 each side
Supine band pull apart: 2×8, 10, 12			

Day 2	Week 1 reps	Week 2 reps	Week 3 reps
Kettlebell swing *(Teach kettlebell deadlift first)*	10	10	10
	10	10	10
	10	10	10
Incline lift	2×8 each side	2×10 each side	2×12 each side
Front plank	2×25 sec	2×30 sec	2×35 sec
Eccentric bench press 3 sec eccentric/1 sec pause; *baseball: dumbbell bench 3×8*	8	8	8
	8	8	8
	8	8	8
Eccentric rear-foot-elevated split squat	8 each side	8 each side	8 each side
	8 each side	8 each side	8 each side
	8 each side	8 each side	8 each side
TRX Row	8	8	8
	8	8	8
	8	8	8
Goblet squat	8	8	8
	8	8	8
	8	8	8
Seated external and internal rotation *(ball or light dumbbell)*	2×8	2×10	2×12

Day 3	Week 1 reps	Week 2 reps	Week 3 reps
Clean	5	5	5
	5	5	5
	5	5	5
Farmer carry	2×turf	3×turf	3×turf
Front plank	2×25 sec	2×30 sec	2×35 sec
Half-kneeing alternating dumbbell press	8 each side	8 each side	8 each side
	8 each side	8 each side	8 each side
	—	8 each side	8 each side

GOALS

1:

2:

표 11.8 가을 리프팅 단계 1 훈련: 시즌에서 돌아온 선수(이어서)

Day 3	Week 1 reps	Week 2 reps	Week 3 reps	INJURIES TO NOTE:
Dumbbell single-leg deadlift or reaching	8 each side	8 each side	8 each side	
	8 each side	8 each side	8 each side	
	—	8 each side	8 each side	
Dead stop dumbbell row *Regression: cat–cow*	8 each side	8 each side	8 each side	
	8 each side	8 each side	8 each side	
	—	8 each side	8 each side	COMMENTS:
Half get-up	3 each side	4 each side	5 each side	
	3 each side	4 each side	5 each side	
	—	4 each side	5 each side	
	—	8 each side	8 each side	
Eccentric slide-board leg curl with half roller *Regression: Hip lift*	×8	×8	×8	
	×8	×8	×8	

2일 프로그램

2일 프로그램(그림 11.9 참조)은 설계하기 가장 어려운 프로그램이다. 이 프로그램은 일반적으로 시즌 중이나, 높은 스트렝스를 요구하지 않는 스포츠 선수들에 의해서 행해진다. 나는 시즌 동안 운동을 할 때만 2일 프로그램을 추천한다. 모든 운동 전에 역동적인 웜업이 필요함을 숙지하라. 운동 전의 연부조직 작업, 스트레칭, 웜업을 하고 스트렝스 운동을 전부 수행할 수 있도록 각각의 트레이닝 세션에 60분에서 90분을 할애하라.

2일 프로그램의 어려움은 오직 2회의 시기 안에 모든 필수 영역을 훈련해야 한다는 점에 있다. 당신은 타협해야만 할 것이다.

표 11.9 2일 훈련 프로그램 샘플

Day 1	Day 2
Explosive/Olympic Core	Explosive/Olympic Core
Pair 1 Bilateral hip dominant Horizontal press (supine)	Pair 1 Unilateral knee dominant Horizontal press (incline)
Pair 2 Vertical pull Unilateral knee dominant	Pair 2 Horizontal pull (row) Unilateral hip dominant

컨디셔닝 발달 프로그램

스포츠를 위한 컨디셔닝 프로그램은 지속적으로 발전하고 변화하고 있다. 코치들과 트레이너들은 운동생리학과 적절한 에너지 체계에 자극을 줄 프로그램 디자인의 이해에 있어 대단한 진전을 이루어왔다. 비록 많은 프로그램들이 개인 종목보다는 팀 스포츠에 보다 적절한 운동-휴식 비율을 사용하기는 하지만 방향 전환을 스포츠 컨디셔닝의 중요한 요소로 생각하는 프로그램은 충분하지 않다.

종합적인 수행 능력 개선을 위한 컨디셔닝 프로그램은 이 책에서 기능성 운동에 대해 당신이 배워온 모든 요인들을 고려해야만 한다. 프로그램은 몇 가지 간단한 개념을 숙지한 상태에서 설계되어야 할 것이다.

- 최소한의 운동량으로 최대의 효과를 얻어야 함을 고려해서, 이용 가능하다면 체중으로 시작하라.
- 할당된 시간 안에 끝낼 수 있는 프로그램을 설계하라. 세트를 수행하는 시간이 얼마나 오래 걸릴지, 그리고 세트 사이에 휴식을 얼마나 취해야 할지를 생각하라. 한 시간 운동에 16~20개의 세트가 적절할 것이다.
- 모든 핵심 구성 요소를 이용하는 운동 프로그램을 설계하거나, 이용 가능한 시간 안에서 가능한 한 많은 핵심 구성 요소를 이용하라.
- 스트렝스 스포츠(보디빌딩, 파워리프팅, 올림픽 리프팅)를 모방하는 운동을 설계할 것이 아니라, 선수로 하여금 자기 스포츠를 위해 준비할 수 있는 운동을 설계하라. 스트렝스 스포츠를 따라하는 것이 아마도 프로그램 설계에 있어서 가장 큰 실수일 것이다.

좋은 컨디셔닝 프로그램 설계는 상당한 시간과 사고를 요구한다. 쓸모없는 운동들로 귀중한 트레이닝 시간을 낭비하지 마라. 언제나 본전을 뽑아라. 대부분의 단일 관절 운동은 움직임 패턴대로 운동하지 않고, 대신에 단일한 면의 단일한 관절을 운동할 뿐이다. 런지나 스플릿 스쿼트와 같은 운동들은 싱글 레그 스트렝스와 균형 감각 및 유연성을 발달시키기 위해 사용될 수 있다. 이 세 가지 요소는 좋은 운동을 선택하기 위한 핵심이다.

현재 실행되고 있는 컨디셔닝 영역은 근육 특화적이거나 운동 특화적으로, 변화가 필요하다. 이 단원에서 묘사된 모든 프로그램들은 컨디셔닝 과정의 핵심 구성 요소로 방향 전환을 이용한다. 가속과 감속에 의해 일어나는 힘을 버텨낼 능력은 비시즌기 컨디셔닝의 진정한 핵심이다. 이 구성 요소의 부족은 종종 운동선수들이 그들 스스로를 "이 종목과 맞지 않아"라고 말하는 이유가 된다.

대부분의 운동선수들은 달리기를 통해, 혹은 보다 심각한 경우 일련의 시간 동안 일련의 거리를 가속하고 감속함으로써 생기는 추가적인 스트레스를 고려하지 못하고 자전거를 탐으로써 훈련해왔다. 선수들은 말 그대로 앞서 언급했던 컨디셔닝 프로그램에 따랐음에도 불구하고 트레이닝 캠프에서 부상을 입었다. 이것은 보통 다음과 같은 컨디셔닝 프로그램의 핵심 요소를 무시한 프로그램 때문이다.

1. 가속 **2.** 감속 **3.** 방향의 전환

컨디셔닝을 위한 기반 발달시키기

컨디셔닝을 위한 기반을 발전시키기 위한 우리의 철학은 유산소aerobic라는 용어를 배제한다. 2장에서 주장했던 것처럼, 유산소라는 개념은 가장 간단하게 쓰일 경우 문제가 없지만, 지속적인 상태에서의 운동을 통한 유산소 기반의 추구는 생산적인 것과는 거리가 멀다. 어떠한 컨디셔닝 프로그램에서든 핵심 요소는 '선수를 그가 종사하는 스포츠에 준비되게 만드는 것'이다.

전력질주(스프린트)가 중심이 되는 스포츠(대부분의 팀 스포츠가 여기에 속하는데)에 종사하는 선수들에게 길고 안정적인 운동을 통해서 컨디셔닝 기반의 수준을 발달시키도록 요구하는 것은 세포 수준에서 부정적인 생리학적 변화를 일으키며, 연부조직의 질과 길이, 그리고 관절 가동범위에 부정적인 영향을 끼친다. 게다가 안정된 상태에서의 컨디셔닝은 근육과 관절을 잠재적인 과사용 부상에 노출시킨다. 적절하게 준비하기 위하여, 운동선수들은 가속하고 감속하는 훈련을 할 필요가 있으며, 근육과 관절은 최고의 속도에서 사용되는 패턴과 유사한 운동 패턴대로 움직일 필요가 있다.

여기까지 왔으니, 조깅 없이 어떻게 컨디셔닝을 발전시킬 것인가, 하는 것은 뻔한 질문일 것이다. 내가 생각하는 답안은 옛날 방식으로 운동하는 것이다. 30~40분가량의 조깅이나 자전거 타기를 몇 차례 하는 것으로 컨디셔닝 프로그램을 시작하는 것보다는, 적은 양의 넓은 범위의 템포 달리기로부터 시작하여, 점차적으로 운동의 양과 그에 따른 시간 증가를 하는 것이다. 우리의 컨디셔닝 운동은 처음에는 10분 남짓 걸리겠지만, 20분 정도의 역동적인 웜업이 선행될 것이다. 최종적인 결과는 적절한 운동 패턴과 동적인 유연성 및 30분의 상승한 심박수일 것이다. 이 결과를 유산소 기반을 닦기 위한 거리를 정해놓고 30분간 조깅하던 것의 결과와 비교해보라.

넓은 범위의 템포 달리기는 단거리 달리기도 아니고 조깅도 아님을 아는 것이 중요하다. 이것은 걷기가 중간 중간 끼어 있는 달리기이다. 운동선수들은, 운동장 크기에 따라서 30~100야드 혹은 미터를 달리고, 달리는 중간마다 30~40야드 혹은 미터를 걷는다. 선수들은 약 6에서 8분 정도의 달리기를 수행한 다음에, 달리기와 걷기를 섞어서 수행함으로써 심박수를 상승시킨다. 일반적으로 운동선수들은 조깅을 하거나, 종종 유연성 부족과 관련 있는 짧은 달리기 패턴으로 되돌아가서는 안 된다.

템포 런tempo run은 한 주에 한 번 수행된다. 템포 런에서 운동선수들은 가속, 감속, 그리고 방향 전환을 강조하는 셔틀 런으로 진전한다. 셔틀 런 역시 한 주에 한 번 수행된다. 처음에는 150m 셔틀 런이 25 혹은 50미터 코스에서 수행된다. 이러한 거리 설정은 가속하거나 감속할 때 방향 전환을 하게 만든다.

셔틀 런을 하는 첫 주에 달리는 총 거리는, 템포 런에서 셔틀 런으로 전환함에 따라 증가하는 근육의 스트레스를 상쇄하기 위해 (약 1,000미터의 템포 런에서 750미터의 셔틀 런까지) 감소한다. 셔틀 런을 하는 거리는 매주 10퍼센트 혹은 20퍼센트(약 150미터) 증가한다.

25미터 코스를 사용하는 것이 방향과 속도의 변화가 두 배 가까이 늘어나기 때문에 근육에 더 많은 스트레스를 초래함에 주목하는 것이 중요하다. 그러나 많은 설비들이 50미터 인터벌에 요구되는 60미터 가량의 직선 공간을 가지고 있지 못하다.

템포 런에서 셔틀 런으로 진행하는 프로그램을 사용하는 것은 운동선수들에게 다음과 같은 것을 가능케 한다.

1. 적절한 근육 길이를 유지하면서 (컨디셔닝) 기반을 닦게 해주며
2. 안전하고 효과적인 정지와 출발을 할 수 있는 컨디셔닝 수준을 성취하게 해주는데, 이는 많은 스포츠에 포함된 요소들이다.

스포츠를 위한 컨디셔닝 프로그램 설계하기

일반적으로 컨디셔닝 프로그램은 다음과 같은 특성들 때문에 특정 스포츠에 특화되어야 한다.

- 시간: 2장에서 스포츠의 필요성을 분석하는 것에 대해 논의했다. 컨디셔닝 프로그램은 운동선수를 임의적인 컨디셔닝 테스트에 통과시키기 위해서가 아니라, 그가 종사하는 스포츠 자체에 준비시키기 위해 설계되어야 한다.
- 움직임: 컨디셔닝 프로그램은 방향의 전환을 포함한다. 부상은 대부분 가속과 감속에서 일어나는 데, 운동선수들은 그들의 몸이 완성되지 않아서가 아니라 그들이 준비되지 않았기 때문에 부상을 입는다. 1분의 트랙에서 직선 달리기와 1분의 셔틀 런은 둘 다 강력하고 높은 신진대사를 요구하지만 완전히 다른 운동이다.
- 움직임 패턴: 컨디셔닝은 단기간의 스프린트 패턴을 반드시 포함해야 한다(예를 들어 달리기 패턴은 전력질주와 유사할 것이다). 고관절 굴곡근과 대퇴이두(시즌 전에 가장 자주 부상이 생기는 근육들)를 적절하게 관리하기 위해서, 선수는 적극적으로 근육을 늘리고, 엉덩이를 회복시켜야 한다. 6분 만에 1마일을 주파하는 것이, 8초 만에 약 40미터를 전력질주하는 속도의 달리기라는 점을 고려하라. 스스로를 준비되었다고 생각하는 많은 선수들이 부상을 입는 것은 당연하다.
- 움직임 강조점: 프로그램은 측면 운동을 하는 날에 편성되어 있으며, 컨디셔닝 역시 측면 운동에 역점을 두고 있다. 어떤 스포츠인지와는 무관하게, 주 2회 컨디셔닝이 슬라이드 보드 위에서 수행됨을 의미한다. 슬라이드 보드는 반복적인 관상면 가속 및 감속을 제공한다. 슬라이드 보드는 달리기의 유일한 보완 운동이다.

선형 및 측면성 훈련

슬라이드 보드 운동이 측면 운동을 하는 날에 수행되는 반면, 템포 런과 셔틀 런은 선형 운동을 하는 날에 이용된다. 슬라이드 보드는 모든 스포츠의 요구를 만족시키는 훌륭한 컨디셔닝 도구이다.

슬라이드 보드는 1980년대 유명한 스피드 스케이트 선수 에릭 하이든Eric Heiden에 의해 인기를 얻었다. 스피드 스케이터들은 스케이트에 특화된 컨디셔닝 능력과 아이스링크를 이용할 수 없을 때 이 운동의 역학적인 부분을 수십 년간 이용해왔다. 그러나 다른 종목의 운동선수들과 코치들도 그들의 비시즌기와 시즌 직전의 훈련의 일부분으로 슬라이드 보드의 가치를 서서히 인식해왔다. 슬라이드 보드 디자인의 지속적인 발전 덕분에, 모든 수준의 선수들이 사용될 수 있을 정도로 튼튼한 보드가 만들어지게 되었다. 현재 7~10피트(2~3m)까지 조절할 수 있는 보드가 시중에 나와 있다.

프란시스의 하이 로우 컨셉

프로그램을 조절하는 또 다른 핵심 요소에는 얼마나 열심히 일하는지가 포함된다.

최근 몇 년 동안 너무 많은 방향 전환 달리기를 포함한 훈련들을 선수들에게 힘들게 몰아붙이는 것에 대한 반발이 있었다. 예를 들어 매일 시간제한 셔틀 런 훈련을 하는 것이다. 전설적인 스프린트 코치인 찰리 프란시스는 몇 년 전부터 수천 명의 코치들이 채택했던 심플한 하이 로우high-low 접근법을 옹호했다. 프란시스가 효과적으로 말한 것은 컨디셔닝 훈련을 90퍼센트 이상 또는 80퍼센트 이하의 노력으로 하는 것이었다. 컨디셔닝 훈련에 너무 많은 노력을 하는 것은 해로울 수 있다. 그 결과 우리는 강도 높은 컨디셔닝은 일주일에 한번, 그리고 70% 노력 범위의 컨디셔닝 훈련은 일주일에 2~3번 하는 방향으로 계획한다. 강도가 '낮은' 날에는 템포 런, 슬라이드 보드 운동, 또는 자전거를 타는 것 등으로 구성한다.

슬라이드 보드는 가장 본전을 뽑을 수 있는 컨디셔닝 도구이다. 그 어떤 장비도 다음과 같은 것들을 할 수 없기 때문이다.

- 선수를 (거의 모든) 스포츠에 특화된 자세로 만들어준다.
- 부상 방지를 위해, 외전근과 내전근 모두에 긍정적인 자극을 준다.
- 하나의 장비에 셋에서 넷을 그룹지어 운동시킬 수 있다.
- 1,000달러 미만의 금액으로, 서너 명의 선수들에게 인터벌 형식의 기능적 컨디셔닝 운동을 제공할 수 있다.

어떤 스포츠에 종사하든 상관없이(그들이 조정 선수만 아니라면) 모든 운동선수들은 측면 컨디셔닝을 주당 네 번 중 두 번 꼴로 해야 한다. 슬라이드 보드는 실제 달리기를 제외하고는 이용 가능한 것들 중 최고의, 가장 가성비가 좋은 컨디셔닝 도구일 것이다.

슬라이드 보드는 하키에서 가장 중요한 트레이닝 도구일 것이다. 슬라이드 보드가 출시되기 전에, 하키 선수들은 비시즌에는 고정 자전거나 달리기용 트랙으로 쫓겨나야 했다. 비록 달리기와 자전거 타기 둘 다 유산소 능력과 무산소성 지구력을 증진시켜주긴 했지만, 스케이트 자세와는 전혀 관련이 없었던 것이다. 그러나 슬라이드 보드는 작업 능력work-capacity 훈련을 위한 하키에 특화된 수단을 제공한다. 더 나아가, 이 훈련은 선수들이 스케이트 기술을 발전시키는 것을 가능케 했다. 선수들은 보드를 거울 앞에 두고 훈련중 그들의 무릎이 굴곡하고 신장하고, 발목이 신장하는 것을 봄으로써 쉽게 자기교정을 할 수 있었다. 비시즌 동안의 슬라이드 보드를 통한 훈련은 하키 선수들에게 작업 능력과 시즌 경기를 위한 스케이트 기술을 발전시키도록 도움을 주었다.

슬라이드 보드는 또한 운동선수들의 시즌 직전 서혜부 부상을 급격히 감소시키기도 했다. 슬라이드 보드에서의 움직임은 외향근, 내전근, 그리고 힙 플렉서 근육을 쓰는데, 이것은 자전거나 시중에서 살 수 있는 어떤 클라이머climber에서도 쓰지 않는 근육이다. 더 나아가 슬라이드 보드는 초고속의 스케이팅과 어떤 방향 변화에서든 사용되는 직접적인 측면 패턴 역시 훈련시켜준다. 플라이오메트릭 및 전력질주 프로그램과 결합된다면, 슬라이드 보드는 속도를 발전시키기 위한 중심 도구가 될 것이다.

슬라이드 보드를 중량조끼와 함께 사용하는 것은 하키나 미식축구와 같은 또 다른 스포츠에 특화된 훈련을 제공한다. 오직 미식축구와 아이스하키만이 컨디셔닝 과정의 변형으로써 추가적인 장비 증량을 포함한다. 여름 컨디셔닝 프로그램의 마지막 절반 동안, 우리 시설의 미식축구와 하키 선수들은 그들이 사용하는 스포츠 장비의 무게에 익숙해지기 위해 10파운드(5kg) 무게의 벨트를 차고 훈련했다. 몇몇 코치는 그 장비의 영향을 과소평가하지만 선수가 1마일 달리기를 테스트한 뒤, 3~4일 10파운드 중량조끼나 벨트를 입고 훈련한 후에 다시 테스트할 경우 결과가 얼마나 달라질지 고려해보라. 장비의 무게는 일부 스포츠에서 중요한 요소이며, 그 스포츠들을 위해 디자인된 컨디셔닝 프로그램에서 고려되어야 한다. 하키나 미식축구와 같은 스포츠를 위한 컨디셔닝 프로그램을 수행할 때 몸에 무게를 추가하지 않는 것은 바보 같은 짓이다.

시즌 중의 컨디셔닝 프로그램에서 고려해야 할 점

많은 운동선수들이 1년 내내 스포츠에 참여하는데, 이러한 점은 비시즌기 컨디셔닝 프로그램에 반드시 고려되어야 한다. 농구, 축구, 하키 선수들은 다른 많은 종목 선수들이 그런 것처럼, 1년 내내 경기장에 선다. 이는 이 선수들이 추가적인 컨디셔닝을 위해서 엘립티컬 머신elliptical machine이나, 고정자전거와 같은 체중 부하가 없는 컨디셔닝을 해야 함을 의미한다. 컨디셔닝 프로그램을 설계할 때, 당신이 이미 부담을 받고 있는 체계에 부담을 더하고 있는 것은 아닌지 생각하라.

운동선수에게 가속하고, 감속하고, 방향을 바꾸게 만드는 프로그램은 시즌 초기의 서혜부나 햄스트링 부상을 감소시켜주고, 실제 경기가 요구하는 바에 선수들을 보다 잘 준비시킨다. 그러나 만약에 운동선수가 스포츠 경기를 통해 매일 이러한 운동을 하고 있다면, 스포츠 경기와 같은 움직임이나 그로부터 기인하는 스트레스 요인을 반복하기보다는, 이를 보완해주는 대안적인 활동을 고려해야 할 것이다.

종목 특화적인 컨디셔닝 프로그램에서 고려해야 할 점

스트렝스와 컨디셔닝 코치와 스포츠 코치들은 어떤 육체적 능력이 선수들을 그들의 스포츠에서 뛰어나게 만들어주는지를 고려해야 할 필요가 있다. 그것을 숙지한다면, 이것은 그냥 나의 추천일 뿐이다.

미식축구

미식축구는 1년 내내 경기를 뛰지 않고, 그 때문에 좋은 비시즌기 인터벌 달리기 프로그램을 요구하는 몇 안 되는 운동 중 하나이다. 미식축구 선수는 자전거를 타거나 서킷 운동을 하기보다는, 달려야 한다. 미식축구 연습이 부담되긴 하지만 시즌 직전 연습이 시작하기 전에 달리기를 하는 것이, 선수들이 도전에 맞서도록 보다 잘 준비시켜줄 것이다. 나는 NFL의 부상률 증가가, 더 적은 조직화된 팀 활동과 그에 따른 비시즌기 컨디셔닝 및 달리기 훈련의 감소와 직접적인 관련이 있다고 생각한다.

야구

야구는 이 종목이 필요로 하는 스피드는 있지만 큰 신체 단련을 요구하지 않기 때문에, 독특한 종목이다. 이번 시즌을 위해서, 선수들은 스피드를 위해서는 짧은 전력질주를, 그리고 컨디셔닝을 위해서는 전력질주 인터벌을 수행해야만 한다. 야구 선수는 봄에 훈련하는 시기에 빠르게 발전해야 하며, 그러므로 충실하게 전력질주 인터벌 컨디셔닝 프로그램을 비시즌기에 고수하는 것은 필수적이다.

프로 선수 수준이 매우 뚜렷하게 구별되는 세 개의 그룹으로 구성되어 있기 때문에, 야구는 굉장히 독특한 스포츠라고 할 수 있겠다. 매일 경기를 뛰는 선수가 있는가 하면, 5일에 한 번 공을 던지는 선발투수가 있고, 굉장히 적은 양을 던지지만 보다 빈번하게 던지는 구원투수가 있다. 선수들의 포지션은 외야와 내야로 더 나누어질 수 있으며, 이 두 집단에게는 서로 다른 속도와 컨디셔닝 능력이 요구된다. 이것은 선수들이 다양한 포지션으로 경기를 뛰는, 고등학교 혹은 그 아래 수준 레벨의 야구에는 적용되지 않는다. 어떤 경우에서든, 야구 선수는 게임이 요구하는 바에 걸맞는 스피드 발달과 시즌 내내 건강한 상태를 유지하기 위한 컨디셔닝 발달을 위해 노력해야 한다.

투수들은 장거리 달리기가 100번 이상의 공을 던지기 위해 필수적인 지구력을 길러줄 것이라는 잘못된 믿음 때문에 장거리 달리기를 훈련해왔다. 하지만 경기 분석에 따르면, 매 이닝마다 10~12번 정도 공을 던질 뿐이었으며, 그 후에는 15분 가량의 휴식이 뒤따랐다. 투수는 경기가 3~4시간 지속되어야 100번의 공을 던지기 때문에, 장거리 달리기는 전혀 효과가 없을 것이다. 즉 인터벌 트레이닝이 어떤 포지션의 야구 선수에게 있어서든 최고의 준비 방법이라는 것이다.

농구

대부분의 농구 선수들은 비시즌기일 때도 즉흥 경기에 출전한다. 그렇기에 비시즌기 훈련은 경기장에서 필요한 컨디셔닝 훈련을 증가시키면서도, 무릎과 발목에 너무 많이, 그리고 자주 부담이 가지는 않도록 해야 한다. 그러므로 나는 선수들의 컨디션을 유지시키면서, 발끝 관절의 충격을 줄임과 동시에 컨디셔닝의 측면 요소도 추가시킨, 자전거 운동과 슬라이드 보드 운동을 추천한다.

아이스하키

아이스하키는 축구처럼 시즌기와 비시즌기가 뚜렷한 스포츠에서, 농구처럼 비시즌기가 거의 없는 스포츠로 변해왔다. 비록 경기가 끝나더라도, 점점 더 많은 선수가 파워 스케이팅과 비시즌기 경기를 위해, 여름 동안 스케이트를 타는 것이다. 나는 하키 선수들이 '쭈그려 앉아 생기는 문제'에서 벗어나 고관절 내측 근육을 길게 만들기 위해, 비시즌기에도 경기를 뛰는 것이 좋다. 그러나 나는 선수들을 비시즌기에도 같은 양의 시간을 달리고 스케이트 타게 만들지 않는다. 내가 좋아하는 것보다 더 많이, 그들은 자전거를 탄다.

하키 선수들은 자전거를 탈 때 굴곡 자세를 신경계에 입력시키는 스핀 타입 자전거에 태우지 마라. 나는 하키 선수들에게는 에어다인Airdyne과 어설트 에어바이크Assault AirBike를 선호하는데, 이는 저항이 자동적으로 조절되고 이 모델들이 운동에 상체 운동 요소(달리기와 스케이트처럼)를 추가하기 때문이며, 보다 상체를 곧추 세우는 자세를 하게 만들기 때문이다.

축구

대부분의 축구 선수들을 위한(특히 어리고 발전중인 선수들에게 있어서) 유산소 훈련은 생산적인 것과는 거리가 멀다. 축구 선수들은 스피드를 희생해서 체력에 전념하는 것으로 악명이 높다. 비록 이러한 접근법이 엘리트 수준에서는 효과가 있을지 모르지만, 엘리트 수준의 선수들은 이미 세계 수준의 스피드와 스킬을 가지고 있음에 주목해야 한다. 스피드보다 체력을 강조하는 접근법이 어린 선수들에게도 효과가 있으리라는 가정은 문제가 있을 뿐만 아니라, 역효과를 낳는다.

이 책에서 제시하는 정보들은 축구 선수들과 코치에게 위대한 것과 위대한 것에 가까운 것을 구분해주는, 속도와 방향 전환에 관한 중요한 기술을 발전시키도록 도움을 줄 것이다. 축구 선수는 조깅을 통해서가 아니라 템포 런과 셔틀 런을 통해서 체력을 발전시킬 필요가 있다. 위대한 축구 선수를 키워내는 핵심 요소는 전력질주를 잘하게 만드는 것이다. 코치들은 트레이닝이 테스트처럼 보일 필요는 없다는 사실을 이해해야만 한다.

레슬링과 투기 종목들

레슬링과 다른 투기 종목을 위한 컨디셔닝은 그 활동의 치열함 때문에 복잡해질 수 있다. 종종 이 스포츠들은 체급을 맞출 것이 요구되며, 선수들은 요구되는 체중까지 감량하기 위해서 식사 조절 대신에 운동을 하려고 시도할 것이다. 더 나아가, 이 스포츠들은 상대적으로 경기 사이의 휴식 시간이 경기 자체보다 짧다는 점에서 독특하기도 하다. 이것은 부정적인 휴식 대 운동 비negative rest to work ratio라고 불린다. 투기 종목 선수들은 실제 연습을 통해서 그들의 컨디셔닝 능력의 대부분을 얻을 것이며, '증량'을 위한 추가적인 컨디셔닝 훈련을 하는 데 신중해야 할 것이다.

다양한 스포츠를 하는 고등학생 운동선수들

다양한 종목의 경기를 뛰는 선수들은 그들에게 비시즌기가 있을 경우, 비시즌기 달리기 프로그램을 수행해야 한다. 두 종목 이상의 경기를 뛰는 선수는 거의 없으므로, 그들은 적어도 한 번의 비시즌기를 가질 것이다. 그러나 대부분의 고등학생 선수들은 1년 내내 선호하는 스포츠를 한다. 이 선수들은 그들이 경기에 참여하지 않는 시기 동안 휴식과 운동 사이의 적절한 균형이 필요하다. 그러나 그러한 운동선수들은 일반적으로 동기부여가 잘 되어 있으며, 언제나 활동적이다. 그것이 내가 코치에게 "오늘은 무슨 운동을 할 계획이니?"라는 질문을 선수에게 하라고 시키는 이유이다.

컨디셔닝 프로그램에 대한 결론

대부분의 스포츠는 차이점보다는 비슷한 점이 더 많다. 명확한 차이가 있긴 하지만 대부분의 스포츠가 공통적으로 가지고 있는 것은 가속, 감속, 그리고 방향 전환이라는 핵심 기술들이다. 당신이 축구 선수이든 피겨 스케이팅 선수이든, 이 기술들은 중요하다. 부상 위험을 감소시키면서 컨디셔닝 능력을 개발하기 위해 컨디셔닝 프로그램은 필수적으로 가속, 감속, 그리고 방향 전환을 훈련시켜야 한다. 게다가 틀을 벗어난 사고도 할 줄 알아야 한다. 슬라이드 보드와 중량조끼는 컨디셔닝 프로그램을 스포츠 특화적으로(이것이 보다 중요한데), 또한 특정 움직임에 특화적으로 만들어주는, 확실하지는 않지만 그래도 도움이 되는 도구들이다.

다음 움직임 표들은 비 스트렝스 트레이닝 비율이 어떻게 조직될 수 있는지를 보여준다.

표 11.10 여름 움직임 훈련 단계 1

Linear movement (days 1 and 3)	Lateral movement (days 2 and 4)
ROLL AND BREATHE (10 EACH SIDE)	
Glutes and hip rotators	Glutes and hip rotators
Hamstrings	Hamstrings
Calves	Calves
Lower and upper back	Lower and upper back
Posterior shoulder	Posterior shoulder
Adductors and quads	Adductors and quads
Supine knees-bent breathing	Supine knees-bent breathing
STRETCH CIRCUIT (5 BREATHS EACH SIDE)	
90/90 hip external and internal rotation	90/90 hip external and internal rotation
Box hip flexor	Box hip flexor
Adductor rock	Adductor rock
Alternating Spiderman	Alternating Spiderman
CORRECTIVES (10 EACH SIDE)	
Quadruped T-spine rotation	Supine floor slide
Leg lower	Leg lower
ACTIVATION	
Cook hip lifts (3×3) (10-second hold)	Cook hip lift (3×3) (10-second hold)
Mini-band external and internal rotation (5 each side)	Mini-band walk (10 each side)
Mini-band squat (10×)	—
MOVEMENT PREP	
Bear crawl	Half-kneeling ankle mob 10 each side
Inchworm	Body-weight squat
Knee hug	Split squat with 5-second isometric hold (5 each side)
Leg cradle	Lateral squat (5 each side)
Reverse lunge to hamstring stretch	Rotational squat (5 each side)
Single-leg straight-leg deadlift (5 each side)	Single-leg straight-leg deadlift (5 each side)
MOVEMENT SKILLS	
Straight-leg walk	Lateral march
Straight-leg skip	Lateral skip
High-knee run	Cross-behind skip
Butt kick	Cross-in-front skip
High-knee march	Shuffle
Linear skip (20 yards)	Carioca
—	Lateral crawl

Linear movement (days 1 and 3)		**Lateral movement (days 2 and 4)**	
Speed (4 each side)		**Ladder (day 2)**	
Day 1	Half-kneeling sprint	Shuffle wide + stick, forward and back	
Day 3	Lean, fall, and run	Cross-in-front, forward and back	
		Cross-behind, forward and back	
		In–in–out–out, forward and back	
		Scissors, right and left	
		Ladder (day 4) 3× each way	
		Crossover stick	
PLYOMETRICS			
Day 1	Box jump, 3×5	Day 2	1-leg low hurdle hop, 3×3 right and left (medial-lateral)
Day 3	1-leg hurdle hop, 3×5 right and left	Day 4	Lateral bound with stick, 3×5 each side
MEDICINE BALL			
Standing chest pass, 3×10		Standing overhead throw, 3×10 (top x on wall)	
Standing overhead slam, 3×10		Standing side toss, 3×5 each side	
AFTER LIFT			
Sled (7-8 sec)		**Conditioning**	
Days 1+3	Hard sled march (10 yd) 4/5/6 (total)	Sled crossover 2/3/3 (down and back)	
Day 1	Turf tempo run 10/12/14		
Day 3	Turf tempo run 10/12/14	Slide board 20 touch 6/7/8	
	Coach up turn	Assault bike 1 mile	

표 11.11 여름 움직임 훈련 단계 2

Linear movement (days 1 and 3)	Lateral movement (days 2 and 4)
ROLL AND BREATHE (10 EACH SIDE)	
Glutes and hip rotators	Glutes and hip rotators
Hamstrings	Hamstrings
Calves	Calves
Lower and upper back	Lower and upper back
Posterior shoulder	Posterior shoulder
Adductors and quads	Adductors and quads
Supine knees-bent breathing	Supine knees-bent breathing
STRETCH CIRCUIT (5 BREATHS EACH SIDE)	
90/90 hip external and internal rotation	90/90 hip external and internal rotation
Box hip flexor	Box hip flexor
Adductor rock	Adductor rock
Alternating Spiderman	Alternating Spiderman
CORRECTIVES (10 EACH SIDE)	
Quadruped T-spine rotation	Supine floor slide
Leg lower	Leg lower
ACTIVATION	
Cook hip lift (3×3) (10-second hold)	Cook hip lift (3×3) (10-second hold)
Mini-band external and internal rotation (5 each side)	Mini-band walk (10 each side)
Mini-band squat (10×)	—
MOVEMENT PREP	
Bear crawl	Half-kneeling ankle mob (10 each side)
Inchworm	Body-weight squat (10×)
Knee hug	Split squat (5 each side)
Leg cradle	Lateral squat (5 each side)
Backward lunge walk with hamstring stretch	Rotational squat (5 each side)
Single-leg straight-leg deadlift	Single-leg straight-leg deadlift (5 each side)
MOVEMENT SKILLS	
Straight-leg walk	Lateral skip
Straight-leg skip	Cross-behind skip
High knee run	Cross-in-front skip
Butt kick (with knees)	Shuffle
High knee march	Carioca
Linear skip 20 yards	Lateral crawl

<table>
<tr><th colspan="2">Linear movement (days 1 and 3)</th><th colspan="2">Lateral movement (days 2 and 4)</th></tr>
<tr><th colspan="2">Speed (2/3/4 each side)</th><th colspan="2">Ladder (day 2)</th></tr>
<tr><td>Day 1</td><td>2-point start</td><td colspan="2">Shuffle quick + stick, forward and back</td></tr>
<tr><td>Day 3</td><td>Ball drop</td><td colspan="2">1-2-3 step, forward and back</td></tr>
<tr><td></td><td></td><td colspan="2">Crossover stick, forward and back</td></tr>
<tr><td></td><td></td><td colspan="2">Lat in–in–out–out, forward and back</td></tr>
<tr><td></td><td></td><td colspan="2">Scissors, right and left</td></tr>
<tr><td></td><td></td><th colspan="2">Ladder (day 4)</th></tr>
<tr><td></td><td></td><td colspan="2">Crossover stick to sprint</td></tr>
<tr><th colspan="4">PLYOMETRICS</th></tr>
<tr><td>Day 1</td><td>Hurdle jump and stick, 3×5</td><td>Day 2</td><td>1-leg low hurdle hop, 3×3 R+L (medial-lateral) with mini-bounce</td></tr>
<tr><td>Day 3</td><td>1-leg hurdle hop with mini-bounce, 3×5 right and left</td><td>Day 4</td><td>45-degree bound with stick, 3×5 right and left</td></tr>
<tr><th colspan="4">MEDICINE BALL</th></tr>
<tr><td colspan="2">Standing chest pass, 3×10</td><td colspan="2">Staggered overhead throw, 3×5 each side (top X on wall)</td></tr>
<tr><td colspan="2">Standing overhead slam, 3×10</td><td colspan="2">Stepping side toss, 3×5 each side</td></tr>
<tr><th colspan="4">AFTER LIFT</th></tr>
<tr><th colspan="2">Sled (7-8 sec)</th><th colspan="2">Conditioning</th></tr>
<tr><td>Days 1+3</td><td>Hard sled march, (10 yards) 6 (total)</td><td colspan="2">Sled crossover, 3 (down and back)</td></tr>
<tr><td rowspan="2">Day 1</td><td>150-yard shuttle 3/4/5</td><td colspan="2" rowspan="2">Slide board 30-60 sec 6/7/8</td></tr>
<tr><td>Coach up turn</td></tr>
<tr><td>Day 3</td><td>Turf tempo run 12/14/16</td><td colspan="2">Assault bike 1 mile</td></tr>
</table>

표 11.12 여름 움직임 훈련 단계 3

Linear movement (days 1 and 3)	Lateral movement (days 2 and 4)
ROLL AND BREATHE (10 EACH SIDE)	
Glutes and hip rotators	Glutes and hip rotators
Hamstrings	Hamstrings
Calves	Calves
Lower and upper back	Lower and upper back
Posterior shoulder	Posterior shoulder
Adductors and quads	Adductors and quads
Supine knees-bent breathing	Supine knees-bent breathing
STRETCH CIRCUIT (5 BREATHS EACH SIDE)	
90/90 Hip external and internal rotation	90/90 hip external and internal rotation
Box hip flexor	Box hip flexor
Adductor rock	Adductor rock
Alternating Spiderman	Alternating Spiderman
CORRECTIVE (10 EACH SIDE)	
Quadruped T-spine rotations	Supine floor slide
Leg lower	Leg lower
ACTIVATION	
Cook hip lift (3×3) (10-second hold)	Cook hip lift (3×3) (10-second hold)
Mini-band external and internal rotation (5 each side)	Mini-band walk (10 each side)
Mini-band squat (10×)	—
MOVEMENT PREP	
Bear crawl	Half-kneeling ankle mob (10 each side)
Inchworm	Body-weight squat (10×)
Knee hug	Forward lunge (5 each side)
Leg cradle	Lateral lunge (5 each side)
Backward lunge walk with hamstring stretch	Rotational lunge (5 each side)
Single-leg straight-leg deadlift	Single-leg straight-leg deadlift (5 each side)
MOVEMENT SKILLS	
Straight-leg walk	Lateral skip
Straight-leg skip	Cross-behind skip
High-knee run	Cross-in-front skip
Butt kick	Shuffle
High-knee march	Carioca
Linear skip (20 yards)	Lateral crawl

Linear movement (days 1 and 3)		Lateral movement (days 2 and 4)	
Speed (2/3/4 each side)		**Ladder (day 2)**	
Day 1	Plate sprint	Shuffle quick + stick, forward and back	
Day 3	Partner chase	1-2-3 cross, forward and back	
		Hip switch, forward and back	
		Crossover, forward and back	
		Scissors, right and left	
		Ladder (day 4)	
		Crossover to sprint	
PLYOS			
Day 1	—	Day 2	Single-leg low hurdle hop, 3×3 right and left (medial-lateral)
Day 3	—	Day 4	45-degree bound with mini-bounce, 3×5 each side
MEDICINE BALL			
—		Stepping overhead throw, 3×5 each side (top X on wall)	
—		Stepping side toss, 3×5 each side	
AFTER LIFT			
Sled (7-8 sec)		**Conditioning**	
Days 1+3	Sled sprint, 6×	Sled crossover, 3× (down and back)	
Day 1	300-yard shuttle, 2/3/3	Slide board, 30-60 sec 6/7/8	
	150-yard shuttle, 1/0/1	Assault bike, 1 mile	
Day 3	Turf tempo run, 16×		

표 11.13 여름 움직임 훈련 단계 4

Linear movement (days 1 and 3)	Lateral movement (days 2 and 4)
ROLL/BREATHE (10 EACH SIDE)	
Glutes and hip rotators	Glutes and hip rotators
Hamstrings	Hamstrings
Calves	Calves
Lower and upper back	Lower and upper back
Posterior shoulder	Posterior shoulder
Adductors and quads	Adductors and quads
Supine knees bent breathing	Supine knees bent breathing
STRETCH CIRCUIT (5 BREATHS EACH SIDE)	
90/90 Hip external and internal rotators	90/90 hip external and internal rotators
Box hip flexor	Box hip flexor
Adductor rock	Adductor rock
Alternating Spiderman	Alternating Spiderman
CORRECTIVES (10 EACH SIDE)	
Quadruped T-spine rotation	Supine floor slide
Leg lower	Leg lower
ACTIVATION	
Cook hip lift (3×3) (10-second hold)	Cook hip lift (3×3) (10-second hold)
Mini-band external and internal rotation (5 each side)	Mini-band walk (10 each side)
Mini-band squat (10×)	—
MOVEMENT PREP	
Bear crawl	Half-kneeling ankle mob (10 each side)
Inchworm	Body-weight squat (10×)
Knee hug	Forward lunge (5 each side)
Leg cradle	Lateral lunge (5 each side)
Reverse lunge to hamstring stretch	Rotational lunge (5 each side)
Single-leg stiff-leg deadlift	Single-leg stiff-leg deadlift (5 each side)
MOVEMENT SKILLS	
Straight-leg walk	Lateral skip
Straight-leg skip	Cross-behind skip
High-knee run	Cross-in-front skip
Butt kick	Shuffle
High-knee march	Carioca
Linear skip (20 yards)	Lateral crawl

<table>
<tr><th colspan="2">Linear movement (days 1 and 3)</th><th colspan="2">Lateral movement (days 2 and 4)</th></tr>
<tr><th colspan="2">Speed (2/3/4 each side)</th><th colspan="2">Ladder (day 2)</th></tr>
<tr><td>Day 1</td><td>Plate sprint</td><td colspan="2">Shuffle quick + stick, forward and back</td></tr>
<tr><td>Day 3</td><td>Push-up start</td><td colspan="2">1-2-3 cross, forward and back</td></tr>
<tr><td colspan="2" rowspan="5"></td><td colspan="2">Hip switch, forward and back</td></tr>
<tr><td colspan="2">Lat in-in-out-out forward and back</td></tr>
<tr><td colspan="2">Scissors reach-behind right and left</td></tr>
<tr><th colspan="2">Ladder (day 4)</th></tr>
<tr><td colspan="2">Crossover sprint and return</td></tr>
<tr><th colspan="4">PLYOS</th></tr>
<tr><td>Day 1</td><td>Continuous hurdle jump (3×5)</td><td>Day 2</td><td>Single-leg low continuous hurdle hop (3×3 each side) (medial-lateral)</td></tr>
<tr><td>Day 3</td><td>Single-leg continuous hurdle hop (3×5 each side)</td><td>Day 4</td><td>Lateral bound continuous (3×5 each side)</td></tr>
<tr><th colspan="4">MEDICINE BALL</th></tr>
<tr><td colspan="2">Sprinter start chest pass (3×10)</td><td colspan="2">Stepping overhead throw (3×5 each side) (top X on wall)</td></tr>
<tr><td colspan="2">Standing overhead slam (3×10)</td><td colspan="2">Shuffle side toss (3×5 each side)</td></tr>
<tr><th colspan="4">AFTER LIFT</th></tr>
<tr><th colspan="2">Sled (7-8 sec)</th><th colspan="2">Conditioning</th></tr>
<tr><td>Days 1+3</td><td>Hard sled march 10 yards 6× (total)</td><td colspan="2">Sled crossover 3× down and back</td></tr>
<tr><td rowspan="2">Day 1</td><td>300-yard shuttle 2/3/3</td><td colspan="2">Slide board 30-60 sec 6/7/8</td></tr>
<tr><td>150-yard shuttle 1/0/1</td><td colspan="2" rowspan="2">Assault bike 1 mile</td></tr>
<tr><td>Day 3</td><td>Turf tempo run 12/14/16</td></tr>
</table>

표 11.14 겨울 움직임 훈련 단계 1

Breathing	Supine breathing with floor slide 10×
Roll (5 each side)	Glutes + hip rotators L
	Upper back
	Low back + QL R
	Posterior shoulder R
	Adductors and quads R
Stretch circuit (20 sec each side)	Supported leg lower hamstring stretch
	Box hip flexor stretch × 10 breaths (low boxes)
	Wedge hip rotator × 10 breaths
	Active Spiderman
	Active adductor rocking with breath
Activation	Bilateral hip lift 3 × 10-sec holds (exhale out air)
	Mini-band circuit ER isometric hold R/L/BI × 10 sec + 10 reps
	SL holds 2 × 10 sec each side (no band)
Active Warm-up (Focus on skip coaching and sprint coaching)	Bear crawl
	Inchworm
	Lateral bear crawl
	Knee to chest
	Leg cradle
	Heel to butt
	Single-leg deadlift with reach
	Backward lunge walk with hamstring stretch
	March to high knee skip
	Lateral skip
	High knee run
	Heel-ups
	Straight-leg walk
	Straight-leg skip
	Backpedal
	Backward run
Speed (Use wall drills for younger athletes that do not understand hip separation, 3×5 each side.)	Lean, fall, and run × 3 each side

Breathing	Supine breathing w/floor slide 10×
Roll (5 each side)	Glutes + hip rotators
	Upper back
	Low back + QL
	Posterior shoulder
	Adductors and quads
Stretch circuit (20 sec each side)	Supported leg lower hamstring stretch × 10 each side
	Box hip flexor stretch × 10 breaths (low boxes)
	Wedge hip rotator × 10 breaths
	Active Spiderman
	Active adductor rocking with breath
Mobility	Standing ankle mobs × 10 each side
	Leg swings × 15 each side
	Isometric split squat 5 + 5 split squat
	Lateral squat × 5 each side
Add hip hinge	Rotational squat × 5 each side
	Single-leg deadlift × 8 each side
Active warm-up	March to high-knee skip
	Lateral skip
	Cross-in-front skip
	Cross-behind skip
	Side shuffle
	Carioca
	Lateral crawl
Ladder	Shuffle wide + stick F/B
	Cross in front F/B
	Cross behind F/B
	In-in-out-out F/B
	Scissors R/L

Plyo	Day 1: Box jump: 3×5	Plyo	Day 1: Single-leg medial/lateral low hurdle hop: 3×3 each side
	Day 2: Single-leg ladder/low hurdle hop: 3×5		Day 2: Lateral bound in place with stick: 3×5 each side
Medicine ball	Medicine ball overhead throw: 3×10	Medicine ball	Medicine ball overhead throw: 3×10
	Medicine ball side toss: 3×10 each side		Medicine ball side toss: 3×10 each side
Conditioning	Treadmill tempo runs: ×8, ×10, ×12 Increase incline before speed; speed never above 10.0	Conditioning	Tempo runs (same as day 1)
	Beginners/Regression: mat runs/ walk on the treadmill if enough turf space		Explosive slide board × 20 total touches ×3, ×4, ×5 sets (coach 1 rep at a time)

참고문헌

Poliquin, C. 1988. Variety in strength training. *Science Periodical on Research and Technology in Sport*. 8 (8): 1-7.

저자에 대하여

마이클 보일은 스트렝스 & 컨디셔닝, 기능적 훈련, 일반 피트니스 분야에서 최고의 전문가 중 한 명이다. 그의 선도적인 업적은 국제적으로 알려져 있으며, 전 세계의 스트렝스 & 컨디셔닝 컨퍼런스 및 선수 훈련 클리닉으로부터 강연 요청을 받고 있다.

보일은 그의 스포츠 퍼포먼스 훈련 전문성 때문에 보스턴 레드삭스, 보스턴 브루인스, 뉴잉글랜드 레볼루션, 보스턴 브레이커스와 같은 팀과 미국 여자 올림픽 축구, 아이스하키 팀들을 지도해왔다. 2012년 보일은 보스턴 레드삭스 코칭 스태프에 팀의 스트렝스 & 컨디셔닝 컨설턴트로 합류했고 이후 월드시리즈에서 우승했다. 그의 고객 명단은 스포츠계의 후즈 후Who's Who라고 할 수 있으며, 미식축구 수비수 마셀러스 윌리, 2012년 올림픽 유도 금메달리스트 카일라 해리슨, 리버풀의 공격수 대니얼 스터리지 등이 있다.

보일은 1984~1997년까지 보스턴대학의 스트렝스 & 컨디셔닝 수석 코치였다. 1990~2012년까지는 보스턴대학에서 남자 아이스하키의 스트렝스 & 컨디셔닝 코치를 맡았다.

보일은 보스턴에 본사를 둔 자신의 체육관인 마이크 보일 스트렝스 앤 컨디셔닝을 통해 모든 레벨의 운동선수들을 위한 경기력 강화 훈련을 제공하고 있는데, 이곳은《멘스 헬스Men's Health》지가 선정한 미국 10대 체육관으로 선정되었다. 보일은 대부분의 주요 프로 스포츠에서 중학생부터 올스타까지의 선수들을 훈련시켜왔다.

보일은 스트렝스 & 컨디셔닝 코치와 퍼스널 트레이너 교육을 전담하는 웹사이트인 StrengthCoach.com의 소유주겸 편집장이다.

역자에 대하여

성진민

대진대학교 스포츠과학부 학사
현) 서초 평화스포웰빙 전임 트레이너
생활스포츠지도사 2급(보디빌딩)
StrongFirstGirya 1(케틀벨 인스트럭터)
DVRT level 1(샌드백 트레이닝 코치)
Classic Pilates Mat level 1

이제승

단국대학교 스포츠과학대학원 스포츠의학과 졸업
Animal Flow Master Instructor
101트레이너아카데미 강사
CFSC Level 2, CSCS, NSCA-CPT, 건강운동관리사, 선수 트레이너, 영양사

이준영

파워존 대구점 대표
StrongFirstGirya 팀 리더
IPF2급, Flexible Steel 2, Ground Force Method 2, FMSc

조욱래

MOST PT Lab대표
한국체육대학교 사회체육대학원 건강관리 석사
전) JDI스포츠 선수트레이닝센터 선수 트레이너
전) 현대캐피탈 스카이워커스 프로배구단 선수 트레이너
전) 호텔신라 Vantt 강사(AT 사내교육 강사)
현) MOST PT Lab 대표
SFG2, SFL, FMSc, DVRT, 불가리안백 코치 자격 IPF(파워리프팅) 2급

차민기

한의사

홍지현

한의사

제2판

뉴 펑셔널 트레이닝 포 스포츠

New Functional Training for Sports

1판 1쇄 펴냄: 2019년 9월 11일

지은이: 마이클 보일

옮긴이: 성진민, 이제승, 이준영, 조욱래, 차민기, 홍지현

펴낸이: 권오현

펴낸곳: 대성의학사

출판등록 2009년 6월 22일(제301-2013-095호)

서울특별시 중구 을지로 126-1 (을지로3가, 3층)

전화 02)2279-3444 / 팩스 02)2285-0108

Homepage www.medibook.co.kr

값 38,000원

ISBN 978-89-97436-97-2(13690)